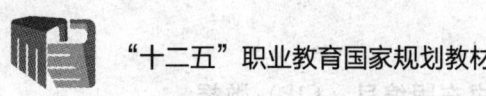

"十二五"职业教育国家规划教材

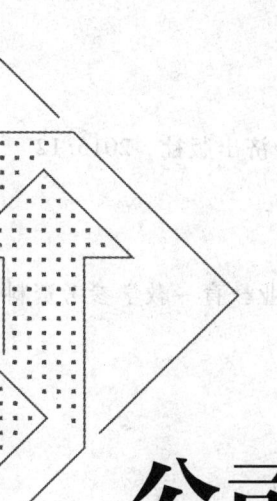

公司理财习题与案例
GONGSI LICAI XITI YU ANLI

常明敏 主编

中国财政经济出版社

图书在版编目（CIP）数据

公司理财习题与案例／常明敏主编. —北京：中国财政经济出版社，2015.12
"十二五"职业教育国家规划教材
ISBN 978 – 7 – 5095 – 6492 – 9

Ⅰ.①公…　Ⅱ.①常…　Ⅲ.①公司 – 财务管理 – 高等职业教育 – 教学参考资料
Ⅳ.①F276.6

中国版本图书馆 CIP 数据核字（2015）第 281356 号

责任编辑：蔡　宾　　　　　　　责任校对：杨瑞琦
封面设计：华乐功　　　　　　　版式设计：董生平

中国财政经济出版社 出版
URL: http://www.cfeph.cn
E – mail: jiaoyu@ cfeph.cn
（版权所有　翻印必究）
社址：北京市海淀区阜成路甲 28 号　邮政编码：100142
营销中心电话：88190406　北京财经书店电话：64033436　84041336
北京财经印刷厂印刷　各地新华书店经销
787×1092 毫米　16 开　13.75 印张　332 000 字
2015 年 12 月第 1 版　2015 年 12 月北京第 1 次印刷
定价：28.00 元
ISBN 978 – 7 – 5095 – 6492 – 9／F·5227
（图书出现印装问题，本社负责调换）
本社质量投诉电话：010 – 88190744
打击盗版举报热线：010 – 88190492、QQ：634579818

前 言

本教材是"十二五"职业教育国家规划教材《公司理财》教材的配套教辅教材。高等职业教育的目标是为我国经济建设培养一线高技能应用型人才,其特点是以就业为导向,务实、注重实践操作。高职高专《公司理财》课程的特点有四个高度:一是概念、理论及理财观念的高度抽象化;二是理财方法的高度灵活多样化;三是公式、模型及计算的高度复杂化;四是教与学的高度务实化。高度的理论抽象需要言简意赅的归纳总结,以易于读者理解和掌握;理财方法的高度灵活性和公式、模型计算的高度复杂化需要大量的练习辅以理解和掌握;教与学的高度务实化需要案例分析,这是学生理解理论在实践中正确运用的基础。

本教辅教材依据主教材内容分为:基础篇——公司理财目标、公司财务分析、公司理财观念(资金时间价值、风险及风险衡量)和公司资本成本;投资篇——证券估价、证券投资决策、公司资本预算和营运资本管理;融资篇——融资决策、资本结构和公司并购与重组;股利政策篇——股利政策影响因素、股利政策决策四大模块。全书包括十三个项目、十大专题理财案例、自测题及附录。内容全面、图文并茂、以项目编排,每个项目包括:内容综述,简要、概括地说明本章的主要概念、基本理论和主要方法;重难点精析,针对本章重点和难点内容进行较深入的分析;基础训练,主要以选择题、判断题形式体现,涵盖本章的主要概念、基本理论和基本方法;技能实训案例(部分实际案例,部分自编案例),案例涵盖了本项目要求掌握的技能,通过案例分析,提高实践能力。公司理财经典案例,选编了十个经典案例,方便于课堂讨论和对学生综合技能与知识应用能力的培养。全书最后选编了两套综合自测试卷,便于学生检测知识的掌握情况。

根据本课程的特点、高职高专学生的现状和教育目标,本教辅教材在编写上具有以下特点:

1. 综述简洁化。综述尽可能以图表体现,简洁明了,易于快速记忆。

2. 理论够用化。高等职业教育是要培养高技能的应用型人才,因此,本书综述总结中涉及的概念、理论以实务需要为原则。

3. 内容务实化。本书配以丰富的案例,通过对这些案例的分析可以较为轻松的掌握公司理财中较为复杂的问题,提高分析问题、解决问题的能力。

4. 实训多样化。每个项目都编写了基本知识与技能训练的基础训练题(包括选择题、判断题)和技能实训案例(案例分析题),既可用于教师教学,又可用于学生课后实践训练和及时复习掌握本项目的基本知识、基本技能及实际应用,便于学生综合能力的迅速提高。

本书可作为高职高专（或本科）投资理财专业及其他财经类专业公司理财（或财务管理）课程的教辅教材，也可作为财会实务工作者的参考学习用书。

本书由浙江商业职业技术学院常明敏副教授主编并修订，辽东学院刘桂丽副教授和安徽商贸职业技术学院颢孙艳老师参与了 2007 年第 1 版教材的编写工作，在此表示感谢。

限于编者的学识水平，书中难免存在不足之处，恳请读者给予批评指正。

编　者
2015 年 12 月

目录

基础篇

项目一	公司理财目标	3
	一、内容综述	3
	二、重难点精析	7
	三、基础训练	8
	四、技能实训案例	11
	五、参考答案	12
项目二	公司财务报表分析	14
	一、内容综述	14
	二、重难点精析	17
	三、基础训练	19
	四、技能实训案例	22
	五、参考答案	23
项目三	公司理财观念	26
	一、内容综述	26
	二、重难点精析	28
	三、基础训练	30
	四、技能实训案例	35
	五、参考答案	39

项目四	**公司资本成本** ·································	43
	一、内容综述 ·····································	43
	二、重难点精析 ···································	44
	三、基础训练 ·····································	46
	四、技能实训案例 ·································	48
	五、参考答案 ·····································	50

投 资 篇

项目五	**公司证券估价** ·································	55
	一、内容综述 ·····································	55
	二、重难点精析 ···································	56
	三、基础训练 ·····································	57
	四、技能实训案例 ·································	60
	五、参考答案 ·····································	61

项目六	**公司证券投资决策** ·····························	63
	一、内容综述 ·····································	63
	二、重难点精析 ···································	64
	三、基础训练 ·····································	66
	四、技能实训案例 ·································	68
	五、参考答案 ·····································	70

项目七	**公司资本预算** ·································	72
	一、内容综述 ·····································	72
	二、重难点精析 ···································	74
	三、基础训练 ·····································	76
	四、技能实训案例 ·································	81
	五、参考答案 ·····································	83

项目八	**公司营运资本管理** ·····························	86
	一、内容综述 ·····································	86
	二、重难点精析 ···································	88
	三、基础训练 ·····································	89
	四、技能实训案例 ·································	94

五、参考答案 …………………………………………………………… 96

融 资 篇

项目九　**公司筹资决策** …………………………………………………… 101
　　一、内容综述 …………………………………………………………… 101
　　二、重难点精析 ………………………………………………………… 104
　　三、基础训练 …………………………………………………………… 105
　　四、技能实训案例 ……………………………………………………… 109
　　五、参考答案 …………………………………………………………… 114

项目十　**公司资本结构** ……………………………………………………… 117
　　一、内容综述 …………………………………………………………… 117
　　二、重难点精析 ………………………………………………………… 119
　　三、基础训练 …………………………………………………………… 121
　　四、技能实训案例 ……………………………………………………… 126
　　五、参考答案 …………………………………………………………… 130

项目十一　**公司并购与重组** ………………………………………………… 134
　　一、内容综述 …………………………………………………………… 134
　　二、重难点精析 ………………………………………………………… 136
　　三、基础训练 …………………………………………………………… 139
　　四、技能实训案例 ……………………………………………………… 142
　　五、参考答案 …………………………………………………………… 145

股利政策篇

项目十二　**股利政策影响因素** ……………………………………………… 153
　　一、内容综述 …………………………………………………………… 153
　　二、重难点精析 ………………………………………………………… 154
　　三、基础训练 …………………………………………………………… 154
　　四、技能实训案例 ……………………………………………………… 157
　　五、参考答案 …………………………………………………………… 158

项目十三	**公司股利政策决策** …………………………………… 159
	一、内容综述 …………………………………… 159
	二、重难点精析 ………………………………… 160
	三、基础训练 …………………………………… 161
	四、技能实训案例 ……………………………… 165
	五、参考答案 …………………………………… 166
	公司理财经典案例分析 ………………………… 168

综合自测试卷 ……………………………………… 196
 自测试卷一 ……………………………………… 196
 自测试卷一参考答案 …………………………… 201
 自测试卷二 ……………………………………… 204
 自测试卷二参考答案 …………………………… 208

参考答案 …………………………………………… 212

基础篇

本篇内容

项目一　公司理财目标
项目二　公司财务报表分析
项目三　公司理财观念
项目四　公司资本成本

　　本篇实训目的：主要掌握公司理财所涉及的基本概念、应树立的基本观念、应采用的基本技术。具体包括企业组织形式及对公司理财的影响；理财的产生与发展；财务活动与财务关系；理财的目标及原则；财务分析方法；资金时间价值观念及其计算；风险及风险的衡量方法；资本成本的分析计算方法等。

项目一 公司理财目标

一、内容综述

(一) 企业组织形式及其特点

企业是从事经营活动的组织。企业的基本组织形式通常有三种，即个人独资企业、合伙企业和公司制企业。

表 1-1　　　　　　　　　　企业组织形式及其特点

企业组织形式			含义	特点
非公司制企业		个人独资企业	由一个自然人投资，财产为投资人个人所有，投资人以其个人财产对公司债务承担无限责任的经营实体	1. 只有一个出资者 2. 出资人对企业债务承担无限责任 3. 个人独资企业计算征收个人所得税，不作为企业所得税的纳税主体，不征企业所得税
	合伙企业	普通合伙企业	由普通合伙人组成	1. 有两个或两个以上所有者（出资者） 2. 对企业债务承担无限连带责任 3. 通常按出资比例分享利润或分担亏损 4. 不征企业所得税
		有限合伙企业	由普通合伙人和有限合伙人组成	1. 有两个或两个以上所有者（出资者） 2. 对企业债务承担有限连带责任 3. 通常按出资比例分享利润或分担亏损 4. 不征企业所得税

续表

企业组织形式		含义	特点
公司制企业	有限责任公司 一般有限责任公司	是依法设立，股东以其认缴的出资额为限对公司承担责任，公司以其全部资产对公司的债务承担责任的企业法人	1. 公司由五十个以下股东出资设立 2. 股东仅以其出资额为限对公司承担责任，公司以其全部财产对公司债务承担有限责任 3. 不公开募集股份，不发行股票 4. 公司交纳企业所得税 5. 股东会由全体股东组成
	一人有限责任公司	是指只有一个自然人股东或者一个法人股东的有限责任公司	1. 出资人为一个自然人或一个法人 2. 股东不能证明公司财产独立于股东自己的财产的，应当对公司债务承担连带责任 3. 一人有限责任公司不设股东会
	国有独资公司	是指国家单独出资、由国务院或者地方人民政府授权本级人民政府国有资产监督管理机构履行出资人职责的有限责任公司	1. 它是有限责任公司的一种，适用有限责任公司的一般原则 2. 只有一个股东 3. 公司股东是国家授权的投资机构或国家授权的部门 4. 不设股东会
	股份有限公司	是依法设立，其全部股本分为等额股份，股东以其认购的股份为限对公司承担责任，公司以其全部资产对公司的债务承担责任的企业法人	1. 股东人数是无限制的 2. 股东对股份有限公司的债务承担有限责任 3. 资本划分为等额股份，以公开发行股票募集资金 4. 股票流动性较强，易于变现且易于筹资 5. 公司交纳企业所得税

（二）理财的产生与发展

理财活动是市场经济条件下公司的一项最基本、最重要的管理活动。它在经济活动中早已存在，但它作为一项独立的管理工作，并成为一门独立的学科则形成较晚，仅有百余年历史。

18世纪，公司组织形式一般是独资或合伙，公司与外部的经济关系比较单纯，理财还只是公司管理者附带进行的活动；19世纪末，资本主义国家工业化速度加快，公司与外部的经济联系逐渐增多，理财活动逐渐从公司管理者活动中分离出来，成为一门独立的管理学科。

理财在西方国家的发展经历了三个阶段：第一阶段，19世纪末至20世纪初，理财所要研究的是：公司有哪些资金来源，应采取什么方式筹集资金，以及与公司成立、兼并及证券发行等有关的法律事务，理财为扩展公司服务；第二阶段，第一次世界大战至20世纪50年代理财所要研究的是：如何合理运用资金，维持公司的偿债能力；如何处理与破产、重组有关的财务问题，以及加强政府对证券的管理，理财由为公司扩展服务转变为为公司生存服务。第三阶段，20世纪50年代后期至20世纪末，理财无论从方法到内容都发生了根本性变革，即理财已从单纯的筹资管理和资金运用管理，发展为涉及多方面经济利益的收益分配管理，资本预算日趋完善，货币时间价值引起广泛重视。

第四阶段，20世纪末至今，西方理财活动已渗透到公司生产经营的各个方面。理财所研究的问题除一些传统内容外，已扩展到包括最佳资本结构、投资组合理论、风险的评估与预防、跨国理财等关系到公司生存和发展的重大问题。

理财在我国的发展基本上分为两个阶段：第一阶段，新中国成立以后至改革开放以前，实行的是计划经济，根据计划经济的特点，建立了集中计划管理和统收统支的理财管理体制，它对恢复我国经济和推动国民经济的高速发展曾起到十分重要的作用。第二阶段，改革开放至今，国家对理财管理体制实施了一系列的改革措施，公司理财自主权逐渐得到加强。公司将直接面向市场，成为自主经营、自负盈亏、自我发展、自我积累的独立商品生产经营实体，这样的变革为公司自主理财创造了可能性，理财在公司中的战略地位日益明显，理财将成为促进我国公司生产发展的重要手段。

（三）公司理财的涵义

公司理财是以微观经济学为理论基础，研究企业特别是公司制企业的资本价值经营问题，利用价值形式对公司经营活动进行的资金管理，是公司组织财务活动、处理财务关系的一项综合性的经济管理工作。其核心是投资、融资和收益分配管理。

公司的财务活动就是公司生产经营过程中的资金运动。包括资金的筹集、资金的投入、资金的营运、资金的回收及分配；公司的财务关系是指公司在财务活动过程中所产生的与利益相关者的经济利益关系，包括公司与股东之间的财务关系、公司与债权人之间的财务关系、公司与受资企业之间的财务关系、公司与债务人之间的财务关系、公司与国家之间的财务关系、公司与职工之间的财务关系。

（四）公司理财的目标：公司价值最大化

表1－2　　　　　　　　　　　公司的目标及其对公司理财的要求

公司的目标	实现公司目标的条件	对公司财务管理的要求
生存	以收抵支，偿还长期债务	保证公司以收抵支，按期偿还债务，减少破产的风险
发展	研究和开发，扩大市份额	选择投资方向，筹集投资所需要的资金
获利	获得盈利，增加公司价值	通过合理、有效地使用资金，提高获利水平

表1－3　　　　　　　　　　　公司理财目标观点比较表

公司理财目标	概念	优点	缺点
利润最大化	指公司通过合法经营，增收节支，使公司利润达到最大化	利润＝收入－费用，能够定量，易于明确责任，便于纳入公司的全面预算体系	1. 没有充分考虑资金时间价值 2. 没有充分考虑风险价值 3. 没有考虑所获利润和投入资本额的关系，可能受到"报表粉饰"的影响
每股盈余最大化	把企业的利润和股东投入的资本联系起来考察，用每股盈余来概括企业的理财目标	考虑了所获利润和投入资本额的关系，便于公司间的比较	1. 没有考虑每股盈余取得的时间 2. 没有考虑每股盈余的风险性

续表

公司理财目标	概念	优点	缺点
股东财富最大化	是指公司通过合法经营，采取有效的经营和财务策略，使公司股东财富达到最大化	考虑了风险因素，在一定程度上能够克服公司在追求利润上的短期行为	1. 只强调股东的利益，而对其他关系人的利益重视不够 2. 股票价格受多种因素影响，并非都是公司所能控制的
公司价值最大化	指公司通过合法经营，采取有效的经营和财务策略，使公司价值达到最大	1. 考虑了取得报酬的时间 2. 考虑了风险和报酬的关系 3. 克服了在追求利润上的短期行为	1. 计量比较困难 2. 价值影响因素具有多样性和时间性

（五）公司理财的原则

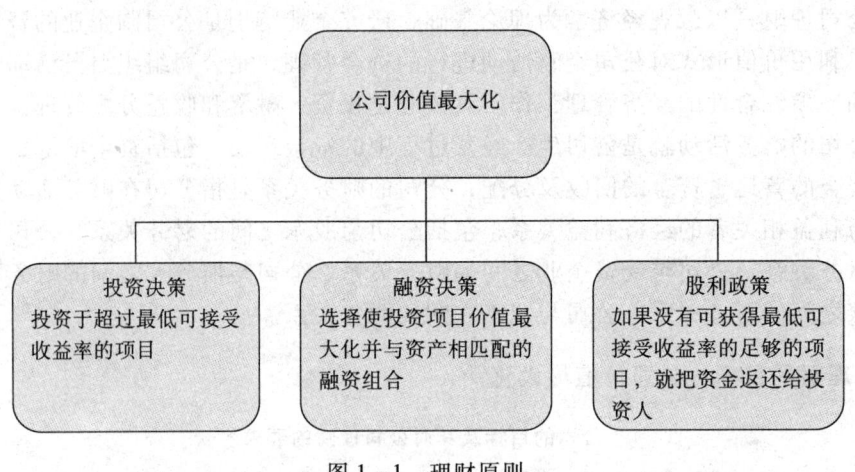

图 1-1 理财原则

（六）公司理财目标的协调

表 1-4　　　　　　　　　公司理财目标的协调

相关关系人	矛盾	协调方式
所有者与经营者	所有者追求公司价值或股东财富最大化；经营者追求在任职期内得到很好的享受、更高的薪水报酬	1. 解聘：通过所有者约束经营者 2. 接收：通过市场约束经营者 3. 激励：将经营者报酬与绩效挂钩
所有者与债权人	债权人希望能把债权安全地收回来，负债公司的负债越低越好；而对于所有者，只要回报率高于借入资金的利息率，为了实现财务杠杆效应，所有者希望提高负债程度	1. 限制性借债 2. 收回借款或不再提供新的借款

（七）公司理财的环境

公司理财环境，是指对公司理财活动产生影响作用的内外部条件或因素。包括法律环境、经济环境和金融环境，其中，金融环境对公司理财起着更为重要的作用。

二、重难点精析

本章重点是对理财目标的理解以及对金融环境的理解。

（一）理财目标

1. 利润最大化

利润最大化是指公司通过合法经营，增收节支，使公司利润达到最大化。从财务的角度讲，就是实现最大的利润。利润有绝对数（利润额）和相对数（利润率）。利润直接体现了投资者投资的目的和公司的获利目标，有其内在的理论依据和现实依据；利润是一定时期公司全部收入减去全部费用后的溢余，能够定量，易于明确责任，便于纳入公司的全面预算体系，因此在公司财务的实践中，公司往往将利润最大化作为财务目标。这种观点的缺陷是：（1）没有充分考虑资金的时间价值因素的影响；也就是利润取得的时间。（2）没有充分考虑风险价值因素的影响，也就是获取利润和所承担风险的大小。（3）没有考虑所获利润和投入资本额的关系。（4）可能受到"报表粉饰"的影响。

2. 每股盈余最大化

用每股盈余来概括企业的财务目标，可以避免利润最大化目标以绝对量表现的缺点，但这种观点仍存在缺陷：（1）仍然没有考虑每股盈余取得的时间性。（2）仍然没有考虑每股盈余的风险性。

3. 股东财富最大化目标

股东财富最大化是指公司通过合法经营，采取有效的经营和财务策略，使公司股东财富达到最大化。通常按照股东持有的股份乘以股票的市场价格来确定。与利润最大化目标相比，股东财富最大化目标：（1）考虑了风险因素。（2）在一定程度上能够克服公司在最求利润上的短期行为。

这种观点的缺陷是：（1）只强调股东的利益，而对其他关系人的利益重视不够。（2）股票价格受多种因素影响，并非都是公司所能控制的。

4. 公司价值最大化目标

公司价值最大化是指公司通过合法经营，采取有效的经营和财务策略，使公司价值达到最大。一个公司的价值是指该公司目前值多少。计量方法主要有：（1）公司价值等于其未来净收益（或现金流量，下同）按照一定折现率折算为现在价值，即公司预期未来现金净流量现值。但是，因为公司预期未来现金净流量难以测算，这种测算方法尚难以在实践中加以应用。（2）公司价值是其股票的现行市场价值。公司的股票究竟按哪个交易日的市场价格来计算？应否包括负债价值？这些问题尚未得到解决。（3）公司价值等于其长期债务和股票的折现价值之和。与上述两种测算方法相比，这种测算方法比较合理，也比较现实。

（二）金融环境

金融环境是影响理财的各项金融因素。具体包括金融机构、金融工具、金融市场和利息率等因素。

金融市场是资金融通的场所，即资金供应者和资金需求者双方通过某种形式融通资金的场所，它可以是有形的市场，也可以是无形的市场。

金融机构是处理金融业务的组织，包括银行金融机构和非银行金融机构。

金融工具是在信用活动中产生的、能够证明债权债务关系并据以进行货币资金交易的合法凭证，它对于债权债务双方所应承担的义务与享有的权利均具有法律效应。包括各种债券、股票、票据、可转让存单、借款合同、抵押契约等。金融工具一般具有期限性、流动性、风险性、收益性的特点。一般来说，风险性与流动性反方向变动，收益性与风险性同向变动。

利率是一定时期运用资金这一资源的交易价格。利率作为资金这种特殊商品的价格标准，实质上是资源的再分配。因此利率在资金分配及公司财务决策中起着重要作用。

利率主要是由供给与需求来决定的。除这两个因素外，经济周期、通货膨胀、国家金融财政政策、国际经济政治关系、国家利率管制程度等，对利率的变动均有不同程度的影响。因此，资金的利率通常由三部分组成：(1) 纯利率。(2) 通货膨胀补偿（或称通货膨胀贴水）。(3) 风险报酬。其中风险报酬又分违约风险报酬、流动性风险报酬和期限风险报酬三种。利率的一般计算公式可表示如下：

利率 = 纯利率 + 通货膨胀补偿率 + 风险报酬率

基准利率是起到决定作用的利率，在西方通常是中央银行的再贴现率，在我国是中国人民银行对商业银行贷款的利率。

三、基础训练

（一）单项选择题

1. （　　），理财活动逐渐从公司管理者活动中分离出来，成为一项独立的工作。西方理财学也正是在这样的经济环境中，从经济学中分离出来，成为一门独立的管理学科。

　　A. 15 世纪末　　　　　　　　　　B. 18 世纪
　　C. 17 世纪末至 18 世纪初　　　　D. 19 世纪末

2. 在其他条件相同的情况下，5 年期债券与 3 年期债券相比（　　）。

　　A. 通货膨胀补偿率较大　　　　　B. 违约风险收益率较大
　　C. 流动性风险收益率较大　　　　D. 期限风险收益率较大

3. 在协调企业所有者与经营者的关系时，通过所有者约束经营者的一种办法是（   ）。

 A. 解聘   B. 接受

 C. 激励   D. 提高报酬

4. 公司理财的核心内容是（   ）。

 A. 投资、融资及股利政策决策   B. 财务活动

 C. 财务关系   D. 筹资

5. 决定利息率高低最基本的因素为（   ）。

 A. 经济周期   B. 宏观经济政策

 C. 中央银行的利率水平   D. 资金的需求和供给水平

6. 公司价值是指（   ）。

 A. 公司账面资产的总价值   B. 公司全部财产的市场价值

 C. 公司有形资产的总价值   D. 公司的清算价值

7. 以公司价值最大化作为理财的目标，它具有的优点不包括（   ）。

 A. 考虑了资金的时间价值和投资的风险价值

 B. 有利于社会资源的合理配置

 C. 即期上市公司股价可以直接揭示企业获利能力

 D. 反映了对公司资产保值增值的要求

8. 对于公司财务关系的表述，下列不正确的是（   ）。

 A. 公司与受资者的财务关系体现所有权性质的投资与受资的关系

 B. 公司与职工之间的财务关系属于债务与债权关系

 C. 公司与政府间的财务关系体现为强制和无偿的分配关系

 D. 公司与债权人之间的财务关系属于债务与债权关系

9. 公司理财最为主要的环境因素是（   ）。

 A. 法律环境   B. 经济环境

 C. 金融环境   D. 政治环境

10. 下列说法中不正确的是（   ）。

 A. 受通货膨胀的影响，实行固定利率会使债权人利益受到损害

 B. 受通货膨胀的影响，实行固定利率会使债务人利益受到损害

 C. 受通货膨胀的影响，实行浮动利率，可使债权人减少损失

 D. 受通货紧缩的影响，实行浮动利率，会使债权人增加损失

（二）多项选择题

1. 20世纪末至今，西方理财活动已渗透到公司生产经营的各个方面，理财所研究的问题除一些传统内容外，已扩展到包括（   ）等重大问题。

 A. 最佳资本结构   B. 投资组合理论

 C. 风险评估与预防   D. 资产管理

2. 公司财务是指公司在生产经营过程中的客观存在的（   ）。

 A. 经营活动   B. 资金运动

C. 利益关系　　　　　　　　　　　D. 经济利益关系

3. 下列各项中，可用来协调公司债权人与所有者矛盾的方法有（　　）。
   A. 规定借款用途　　　　　　　　　B. 规定借款的信用条件
   C. 要求提供借款担保　　　　　　　D. 收回借款或不再借款

4. 下列各项中属于资本市场特点的是（　　）。
   A. 流动性好　　　　　　　　　　　B. 收益较高
   C. 交易期限短　　　　　　　　　　D. 价格变动幅度大

5. 利润最大化目标和每股利润最大化目标存在的共同缺陷有（　　）。
   A. 没有考虑货币时间价值　　　　　B. 没有考虑风险因素
   C. 没有考虑利润与资本的关系　　　D. 容易导致短期行为

6. 在不存在通货膨胀的情况下，利率的组成因素包括（　　）。
   A. 纯利率　　　　　　　　　　　　B. 违约风险收益率
   C. 流动性风险收益率　　　　　　　D. 期限风险收益率

7. 下列属于货币市场工具的有（　　）。
   A. 股票　　　　　　　　　　　　　B. 国库券
   C. 债券　　　　　　　　　　　　　D. 回购协议

8. 相对于其他企业而言，股份有限公司的特点是（　　）。
   A. 受政府管制少　　　　　　　　　B. 易于筹资
   C. 承担有限责任　　　　　　　　　D. 对公司的收益重复纳税

9. 个人独资企业的特点有（　　）。
   A. 只有一个出资者
   B. 出资人对企业债务承担有限责任
   C. 独资企业不作为企业所得税的纳税主体
   D. 我国的国有独资公司属于这类独资企业

10. 关于企业价值最大化的表述正确的有（　　）。
    A. 该目标考虑了时间价值和风险价值
    B. 该目标容易造成企业的短期行为
    C. 法人股东对股价最大化目标没有足够的兴趣
    D. 该目标有利于实现社会效益最大化

（三）判断题

1. 公司同其债权人的财务关系，在性质上属于投资与受资的关系。（　　）
2. 公司的理财活动会受到经济波动的影响，比如治理紧缩时期，利率下降，公司筹资比较困难。（　　）
3. 通货膨胀也是一种风险，投资者因通货膨胀而要求提高的利率也属于风险收益率。（　　）
4. 市场上国库券利率为5%，通货膨胀补偿率为2%，实际市场利率为15%，则风险报酬率为7%。（　　）
5. 金融市场只能是有形市场，不能是无形的市场。（　　）

6. 流动性风险报酬率是为了弥补因偿债期长而带来的风险,由债权人要求提高的利率。（   ）
7. 永续存在是股份有限公司与独资企业和合伙企业相比具有的特点。（   ）
8. 激励是一种通过所有者约束经营者的办法。（   ）
9. 在通货膨胀条件下采用固定利率,可使债权人减少损失。（   ）
10. 从资金的借贷关系来看,利率是一定时期运用资金资源的交易价格。（   ）

四、技能实训案例

案例 1-1：恒丰公司理财目标选择

（一）基本案情

恒丰煤矿,成立于1973年,属国营煤矿单位,当初设矿时,全部职工不过150人,拥有固定资产60万元,流动资金10万元,矿长张清海等领导由上级主管地区煤炭管理局任命。公司主要任务是完成国家下达的煤炭生产任务,表1-5为该厂1974年至1978年间的生产统计。

表 1-5　　　　　　　　恒丰煤矿生产任务完成统计表

年限	产量（万吨）			产值（万元）		
	计划	实际	增减	计划	实际	增减
1974	14	16	2	560	640	80
1975	14	16.5	2.5	560	660	100
1976	15	18.3	3	600	720	120
1977	15	19.4	4	600	760	160
1978	16	20.4	4	640	800	160
合计	74	89.5	15.5	2 960	3 580	620

由于恒丰煤矿年年超额完成国家下达的生产任务,多次被评为先进单位。

恒丰煤矿的煤炭属优质煤,由国家无偿调配,企业所需的生产资料及资金每年均由地区煤炭管理局预算下拨。曾有参观团问矿长材料及车辆是否够用,张矿长骄傲地说"仓库里的材料足可以放心实用3年,还有5辆新新的解放牌汽车没用呢。"参观人员惊叹地说："你们企业真富有！"

20世纪80年代,经济形势发生了深刻的变化,计划经济结束,商品经济时代开始。由于国家对企业拨款实行有偿制,流动资金实行贷款制,产品取消调配制,导致恒丰煤矿昼夜之间产生了危机感，好在张矿长能解放思想，大胆改革。首先成立了销售部，健全了会计机构，引入一批刚刚毕业的大学毕业生，在社会上又招聘了一批专业人才，使企业人员素质大幅度提高，队伍壮大到400人。人员管理方面打破了大锅饭，引入竞争机制，工效挂钩；物资管理方面实行限额领料、定额储备、定额消耗制度；成本管理方面推行全员负责制；生产管理方面实行以销定产，三班工作制；销售管理方面实行优质优价，送货上门制度等。按矿长的话讲：我们所做的一切管理工作都是为了实现自负盈亏，多创造利润，为国家多做贡献，为企业员工多发奖金，多搞福利。表1-6是恒丰煤矿1985—1989年间的生产经营统计。

表1-6　　　　　　　　恒丰煤矿生产经营统计表

年　限	1985	1986	1987	1988	1989	合计
煤炭产量（万吨）	30	32	32	28	26	148
营业收入（万元）	3 000	3 200	3 200	3 360	3 380	16 140
营业成本（万元）	1 800	1 920	1 760	1 820	1 690	8 900
营业利润（万元）	1 200	1 280	1 440	16 540	1 690	7 150

恒丰煤矿从规模上毕竟属于中小企业，进入20世纪90年代随着市场经济的建立，随着国家抓大放小政策的实施，恒丰煤矿不得已走上了股份制改造之路，1994年10月，国家将恒丰煤矿的自有资金2 000万元转化为2 000万股，向社会发售，每股面值1元，售价2元，民营企业家赵旭晟购买1 000万股，其余股份被50位小股东分割，赵旭晟成为当然的董事长。经董事会选举，董事长任命杨福生担任恒丰股份有限公司总经理。公司成立之后，决策层开始考虑负债融资问题，目标资本结构：自有与借入之比为1∶1；其次要考虑的是更新设备，引进先进生产线等重大投资问题。董事会决议：利用5年左右时间使公司的生产技术水平赶上一流，公司产品在本地区市场占有率达到3%，资本（自有资本）报酬率达到26%，股票争取上市并力争使价格突破15元/股。

（二）分析要点

1. 恒丰公司公司理财目标的演进过程。
2. 恒丰公司理财目标具有的特征。
3. 各种理财目标的优点及其局限性。

五、参考答案

（一）单项选择题

1. D　2. D　3. A　4. A　5. D　6. B　7. C　8. B　9. C

10. B

(二) 多项选择题

1. ABCD 2. BD 3. ABCD 4. BD 5. ABD 6. ABCD 7. BD
8. BCD 9. AC 10. ACD

(三) 判断题

1. × 2. × 3. × 4. × 5. × 6. × 7. √ 8. ×
9. × 10. √

(四) 技能实训案例

恒丰公司的发展经历了三个阶段：

第一阶段：1973年至1978年，处于计划经济时期。国家实行统购统销，资金由国家拨付，企业只管生产，只需完成国家下达的生产任务。因此将总产值最大化作为理财目标。这会导致只讲产值不讲效益。

第二阶段：1979年至1990年，随着我国改革开放的不断深入，市场经济逐渐形成与发展。这阶段国家把利润作为考核企业经营状况的首要指标。企业逐步成为自主经营、自负盈亏的经济实体，企业不得不关心市场，关心利润。因此，以利润最大化作为公司理财目标，有其合理的一面，但会导致短期行为。

第三阶段：1990年以后，随着我国市场经济体制的建立以及适应现代企业制度的发展，股份制企业普遍产生，所有权与经营权出现分离。金融市场成为影响公司发展的重要因素，公司理财的范围日益扩大。经营者为股东增加财富成为公司的重要任务，为实现公司的长久发展，满足股东利益需求与经营者利益需求，实现公司价值最大化成为理财的目标。

项目二 公司财务报表分析

一、内容综述

财务报表分析是指以财务报表和其他资料为依据和起点,采用专门方法,系统分析和评价公司过去和现在的经营成果、财务状况及其变动,目的是了解过去、评价现在、预测未来,帮助利益关系集团改善决策。财务报表分析的最基本功能,是将大量的报表数据转换成对特定决策有用的信息,减少决策的不确定性。

财务报表分析内容包括:(1)偿债能力分析。(2)资产管理能力分析。(3)盈利能力分析。(4)上市公司财务指标分析。

(一) 财务报表分析的方法

1. 比较分析法(见表 2-1)

表 2-1　　　　　　　　　比较分析法的种类及目的

种　类	内　容	目　的
按比较对象分类（和谁比）	与本公司历史比	揭示发展趋势
	与同类公司比	揭示存在的差距
	与计划预算比	揭示计划预算完成情况
按比较内容分类（比什么）	比较会计要素的总量	揭示公司相对规模和竞争地位
	比较结构百分比	进一步揭示问题及分析方向
	比较财务比率	强化指标的可比性,进一步揭示问题及分析方向

2. 因素分析法

它是用来确定几个相互联系的因素对分析对象综合财务指标或经济指标的影响程度的一种分析方法。具体又分为连环替代法和差额分析法。替换程序为:

基数:$F_0 = A_0 \times B_0 \times C_0$　　　(1)

置换 A 因素：$A_1 \times B_0 \times C_0$　（2）　　　　（2）－（1）即为 A 因素变动的影响

置换 B 因素：$A_1 \times B_1 \times C_0$　（3）　　　　（3）－（2）即为 B 因素变动的影响

置换 C 因素：$A_1 \times B_1 \times C_1$　（4）　　　　（4）－（3）即为 C 因素变动的影响

三因素影响合计 =（4）－（1）

（二）基本财务比率指标

表 2－2　　　　　　　　　　　　基本财务比率指标

指标名称		计算公式	评价
短期偿债能力分析	1. 流动比率	流动比率 = $\dfrac{\text{流动资产}}{\text{流动负债}}$	一般为 2∶1 比较适宜，但不是绝对标准，应与行业平均水平比较
	2. 速动比率	速动比率 = $\dfrac{\text{流动资产} - \text{存货}}{\text{流动负债}}$	一般为 1∶1 时较为适当，但不是绝对标准，应与行业平均水平比较
	3. 现金流动负债比率	现金流动负债比率 = $\dfrac{\text{年经营现金净流量}}{\text{年末流动负债}}$	一般越大越好，但也并不是越大越好。该指标过大则表明公司流动资金利用不充分，盈利能力不强
长期偿债能力分析	1. 资产负债率	资产负债率 = $\dfrac{\text{负债总额}}{\text{资产总额}} \times 100\%$	一般情况下，资产负债率越小，表明公司长期偿债能力越强。但是，也并非说该指标对谁都是越小越好
	2. 产权比率	产权比率 = $\dfrac{\text{负债总额}}{\text{股东权益}} \times 100\%$	一般情况下，产权比率越低，表明公司的长期偿债能力越强，债权人权益的保障程度越高，承担的风险越小，但公司不能充分地发挥负债的财务杠杆效应
	3. 已获利息倍数	已获利息倍数 = $\dfrac{\text{息税前利润}}{\text{利息费用}}$	越大越好，至少应大于 1。分母的"利息费用"是指本期发生的全部应付利息，不仅包括财务费用中的利息费用，还包括计入有关资产中的资本化利息
资产管理能力指标	1. 营业周期	营业周期 = 存货周转天数 + 应收账款周转天数	一般情况下，该指标值越小说明公司资产周转速度越快，反之，说明周转速度越慢
	2. 存货周转率	存货周转率（周转次数） = 营业成本 ÷ 平均存货	一般来说，存货周转速度越快，存货占用水平越低，流动性越强
	3. 应收账款周转率	应收账款周转率（周转次数） = 营业收入 ÷ 平均应收账款余额	应注意季节性原因、分期收款方式销售、现金结算销售及突击销售等因素对该指标正确评价的影响
	4. 流动资产周转率	流动资产周转率（周转次数） = 营业收入 ÷ 平均流动资产总额	一般越大越好
	5. 固定资产周转率	固定资产周转率（周转次数） = 营业收入 ÷ 平均固定资产净值	一般越大越好
	6. 总资产周转率	总资产周转率（周转次数） = 营业收入 ÷ 平均资产总额	一般越大越好

续表

指标名称		计算公式	评价
盈利能力指标	1. 营业利润率	营业利润率 =营业利润÷营业收入×100%	该指标越高越好
	2. 销售净利率	销售净利率 =净利润÷营业收入×100%	该指标越高越好。销售净利率能够分解为销售毛利率、销售税金率、销售成本率、销售期间费用率
	3. 销售毛利率	销售毛利率=（销售收入-销售成本）÷销售收入×100%	该指标越高越好
	4. 成本费用利润率	成本费用利润率 =利润总额÷成本费用总额	该指标越高越好
	5. 总资产报酬率	总资产报酬率=（利润总额+利息支出）÷平均资产总额=息税前利润÷平均资产总额	该指标说明了投资的回报，该指标越高越好
	6. 净资产收益率	净资产收益率=净利润÷平均净资产×100% =净利润÷平均所有者权益×100%	该指标值越高说明公司的综合管理能力越强，股东投入的每一元钱带来的收益越高

（三）上市公司财务比率指标

表2-3　　　　　　　　　　　上市公司财务比率指标

指标名称		计算公式	评价
1. 每股收益		每股收益 =净利润÷年末普通股总数	越大越好
	(1) 市盈率	市盈率 =普通股每股市价÷普通股每股收益	一般来说，市盈率高，说明投资者对该公司的发展前景看好，但市盈率过高，也不正常。正常市盈率一般在5~20之间
	(2) 每股股利	每股股利=普通股现金股利总额÷年末普通股总数	一般来讲，越大越好。
2. 每股净资产		每股净资产 =年末股东权益÷年末普通股总数	一般越大越好，它在理论上提供了股票的最低价值
市净率		市净率=每股市价÷每股净资产	一般越大越好，它可以说明市场对公司资产质量的评价
3. 净资产收益率		净资产收益率 =净利润÷平均净资产×100% =净利润÷平均所有者权益×100%	越大越好

(四) 杜邦财务分析体系

杜邦分析体系是由美国杜邦公司经理创造的,也称为杜邦系统 (The Du Pont System)。它是指利用各财务指标间的内在关系,对公司综合理财及经济效益进行系统分析评价的方法。其指标体系为:

净资产收益率 = 总资产净利率 × 权益乘数

净资产收益率 = 销售净利率 × 总资产周转率 × 权益乘数

二、重难点精析

(一) 流动比率

流动比率表明公司每一元流动负债有多少流动资产作为偿还的保证,反映公司可在短期内用流动资产转变为现金偿还到期流动负债的能力。计算公式如下:

$$流动比率 = \frac{流动资产}{流动负债}$$

运用流动比率时,应注意以下几个问题:

(1) 虽然流动比率越高,公司偿还短期债务的流动资产保证程度越强,但这并不等于说公司已有足够的现金或存款用来偿债。

(2) 从短期债权人的角度看,自然希望流动比率越高越好。但从公司经营角度看,过高的流动比率通常意味着公司闲置现金的持有量过多,必然造成公司机会成本的增加和获利能力的降低。公司应尽可能将流动比率维持在不使货币资金闲置的水平。

(3) 流动比率是否合理,不同行业、不同公司以及同一公司不同时期的评价标准是不同的,因此,不应用统一的标准来评价各公司流动比率合理与否。

(二) 资产负债率和产权比率

资产负债率又称负债比率,是公司负债总额与资产总额的比率。它表明公司资产中,债权人提供资金所占的比重,即公司举债规模。计算公式如下:

$$资产负债率 = \frac{负债总额}{资产总额} \times 100\%$$

一般情况下,资产负债率越小,表明公司长期偿债能力越强。但是,也并非说该指标对谁都是越小越好。

产权比率是指公司负债总额与股东权益的比率,也称作债务股权比率。计算公式如下:

$$产权比率 = \frac{负债总额}{股东权益} \times 100\%$$

一般情况下，产权比率越低，表明公司的长期偿债能力越强，债权人权益的保障程度越高，承担的风险越小，但公司不能充分地发挥负债的财务杠杆效应。

产权比率与资产负债率的区别：资产负债率侧重于分析债务偿付安全性的物质保障程度，产权比率则侧重于揭示财务结构的稳健程度以及自有资金对偿债风险的承受能力；资产负债率主要表明公司举债规模，而产权比率则主要说明公司进一步举债的能力。

（三）应收账款周转率

应收账款周转率可以反映公司应收账款的回收速度，说明公司管理应收账款的效率。一般有以下两个指标：

$$应收账款周转率（周转次数）= 营业收入 \div 平均应收账款余额$$

$$应收账款资产周转天数 = 360 \div 应收账款周转率$$

一般来讲，应收账款周转率越高，平均收现期越短，应收账款回收速度越快。

应收账款周转率计算与分析应注意的问题：

（1）公式中的应收账款包括会计核算中"应收账款"和"应收票据"等全部赊销账款在内。

（2）如果应收账款余额的波动性较大，应尽可能使用更详尽的计算资料，如按每月的应收账款余额来计算其平均占用额。

（3）分子、分母的数据应注意时间的对应性。

（4）应注意季节性原因、分期收款方式销售、现金结算销售及突击销售等因素对该指标正确评价的影响。

（四）市盈率

市盈率是指普通股每股市价为每股收益的倍数，反映了市场对公司的评价。其公式为：

$$市盈率 = 普通股每股市价 \div 普通股每股收益$$

一般来说，市盈率高，说明投资者对该公司的发展前景看好，愿意出较高的价格购买该公司的股票。但是，也应注意，如果某一种股票的市盈率过高，则也意味着这种股票具有较高的投资风险。正常市盈率一般在 5~20 之间。

（五）杜邦财务分析体系指标分解公式

$$净资产收益率 = 总资产净利率 \times 权益乘数$$

$$净资产收益率 = 销售净利率 \times 总资产周转率 \times 权益乘数$$

可见，这一体系很好地将盈利能力指标销售净利率、资产管理能力指标总资产周转率、偿债能力指标负债率有机地结合起来，从而全面对公司加以分析和评价。

三、基础训练

（一）单项选择题

1. 某公司上年度和本年度的流动资产年均占用额分别为 100 万元和 120 万元，流动资产周转率分别为 6 次和 8 次，则本年比上年营业收入增加（　　）万元。
   A. 180　　　　　　　　　　　　B. 320
   C. 360　　　　　　　　　　　　D. 80

2. 某公司 2006 年利润总额为 300 万元，利息支出 40 万元，期初资产总额为 800 万元，期末资产总额为 1 200 万元，则该公司 2006 年的总资产报酬率为（　　）。
   A. 70%　　　　　　　　　　　　B. 30%
   C. 66%　　　　　　　　　　　　D. 34%

3. （　　）不仅是一个综合性很强的财务比率，也是杜邦财务分析体系的核心。
   A. 总资产周转率　　　　　　　　B. 净资产收益率
   C. 资产净利率　　　　　　　　　D. 权益乘数

4. 如果流动比率大于 1，则下列结论成立的是（　　）。
   A. 营运资金大于 0　　　　　　　B. 现金比率大于 1
   C. 速动比率大于 1　　　　　　　D. 短期偿债能力绝对有保障

5. 如果公司速动比率很小，下列结论成立的是（　　）。
   A. 企业流动资产占用过多　　　　B. 企业短期偿债风险很大
   C. 企业短期偿债能力很强　　　　D. 企业资产流动性很强

6. 在计算速动资产时，之所以要扣除存货等项目，是由于（　　）。
   A. 这些项目变现能力较差　　　　B. 这些项目质量难以保证
   C. 这些项目数量不易确定　　　　D. 这些项目价值变动较大

7. 下列说法中，不正确的是（　　）。
   A. 每股收益是本年净利润与年末普通股总数的比值，它反映公司的获利能力的大小
   B. 每股股利是本年发放的现金股利与年末普通股总数的比值，它反映上市公司当期利润的积累和分配情况
   C. 每股净资产是年末净资产与普通股总数的比值
   D. 市盈率是普通股每股市价相当于每股收益的倍数，市盈率越高越好

8. 下列指标中，属于盈利比率指标的是（　　）。
   A. 流动比率　　　　　　　　　　B. 权益净利率
   C. 资产负债率　　　　　　　　　D. 权益乘数

9. 某公司的部分年末数据为：流动负债 60 万元，速动比率为 2.5，流动比率 3.0，

营业成本为 50 万元。若公司无预付账款、待摊费用和待处理财产损失等项目，则存货周转次数为（   ）。

A. 1.2 次 B. 3 次
C. 2.4 次 D. 1.67 次

10. 下列指标，既是公司举债经营的前提依据，又是衡量公司长期偿债能力大小的重要标志的指标是（   ）。

A. 权益乘数 B. 产权比率
C. 已获利息倍数 D. 资产负债率

11. 下列各项中，不会影响流动比率的业务是（   ）。

A. 用现金购买原材料 B. 以银行存款归还银行借款
C. 用存货进行对外长期投资 D. 从银行取得长期借款

12. 与产权比率相比，资产负债率评价企业偿债能力的侧重点是（   ）。

A. 揭示财务结构的稳健程度
B. 揭示债务偿付安全性的物质保障程度
C. 揭示自有资金对偿债风险的承受能力
D. 揭示所有者权益对债权人权益的保障程度

13. 某企业 2006 年总投资 2 400 万元，权益乘数保持为 1.5，则投资额中权益资金为（   ）万元。

A. 2 040 B. 1 600 C. 800 D. 360

（二）多项选择题

1. 在其他条件不变的情况下，会引起总资产周转率指标上升的经济业务是（   ）。

A. 借入一笔短期借款 B. 用现金偿还负债
C. 用银行存款购入一台设备 D. 用银行存款支付一年的电话费

2. 下列各项中，可能直接影响企业净资产收益率指标的措施有（   ）。

A. 提高流动比率 B. 提高资产负债率
C. 提高总资产周转率 D. 提高销售净利率

3. 下列关于杜邦分析体系说法不正确的是（   ）。

A. 销售净利率是杜邦分析体系的核心
B. 权益乘数越小，说明企业负债程度越高
C. 杜邦分析体系更偏重于企业所有者的利益
D. 其他条件不变时，资产负债率越高，净资产收益率就越高

4. 某公司当年的经营利润很多，却不能偿还到期债务。为查清原因，应检查的财务比率包括（   ）。

A. 流动比率 B. 资产负债率
C. 存货周转率 D. 应收账款周转率

5. 运用因素分析法进行分析时，应注意的问题有（   ）。

A. 因素分解的内在关系 B. 因素替代的顺序性
C. 顺序替代的连环性 D. 计算结果的准确性

6. 流动比率为120%，则赊购材料一批（不考虑增值税），将会导致（　　）。
   A. 速动比率降低　　　　　　　　B. 流动比率降低
   C. 流动比率不变　　　　　　　　D. 流动比率提高
7. 下列对于流动比率指标的表述中正确的有（　　）。
   A. 流动比率比速动比率更加准确地反映了企业的短期偿债能力
   B. 流动比率较高，并不意味着企业就一定具有短期偿债能力
   C. 流动比率需要用速动比率加以补充和说明
   D. 不同企业的流动比率有统一的衡量标准
8. 运用比率分析时，需要选用一定的标准，通常科学合理的对比标准有（　　）。
   A. 预算标准　　　　　　　　　　B. 历史标准
   C. 行业标准　　　　　　　　　　D. 公认标准
9. 应收账款周转率高则表明（　　）。
   A. 收账迅速，账龄较短　　　　　B. 短期偿债能力强
   C. 会增加收账费用和坏账损失　　D. 资产流动性强

（三）判断题

1. 在计算存货周转率时，存货计价方法对存货周转率没有什么影响，不用加以考虑。（　　）
2. 如果产权比率为0.6，则权益乘数为1.6。（　　）
3. 速动比率较之流动比率更能反映出流动负债偿还的安全性和稳定性，速动比率低的企业流动负债到期绝对不能偿还。（　　）
4. 在采用因素分析法时，各因素的顺序可以任意排列，进行替代，其计算结果是相同的。（　　）
5. 财务分析的几个方面中，偿债能力是理财目标实现的稳健保证，资产管理能力是理财目标实现的物质基础，盈利能力对两者起推动作用。（　　）
6. 流动比率越高，反映企业短期偿债能力越强，企业财务状况越稳定可靠，所以流动比率越高越好。（　　）
7. 已获利息倍数不仅反映了企业获利能力的大小，而且反映了获利能力对偿还到期债务的保证程度。（　　）
8. 应收账款周转率计算公式中的应收账款金额是指期初期末平均应收账款的余额，不包括应收票据等项目。（　　）

四、技能实训案例

案例 2-1

（一）资料（见表 2-4）

宏达公司资产负债表

表 2-4　　　　　　　　　2006 年 12 月 31 日　　　　　　　　　单位：万元

资产	年初	年末	负债及所有者权益	年初	年末
货币资金	50	45	流动负债合计	175	150
应收账款	60	90	长期负债合计	245	200
存货	92	144	所有者权益合计	280	350
待摊费用	23	36			
流动资产合计	225	315			
固定资产净值	475	385			
总计	700	700	总计	700	700

同时，该公司 2005 年度营业净利率为 16%，总资产周转率为 0.5 次（年末总资产），权益乘数为 2.5（年末数），净资产收益率为 20%（年末净资产），2006 年度营业收入为 420 万元，净利润为 63 万元。

（二）要求

（1）计算 2006 年年末的流动比率、速动比率、资产负债率和权益乘数。

（2）计算 2006 年总资产周转率、营业净利率和净资产收益率（资产、净资产均按期末数计算）。

（3）计算 2006 年产权比率。

（4）通过差额分析法，结合已知资料和（1）、（2）分析营业净利率、总资产周转率和权益乘数变动对净资产收益率的影响（假设按此顺序分析）。

案例 2-2

（一）资料

中原公司 2005 年年初的负债总额 400 万元，股东权益是负债总额的 3 倍，年资本积累率50%，2005年年末的资产负债率40%。2005年该公司的固定成本总额170万元，实现净利润300万元，所得税率33%。2005年年末的股份总数为600万股，假设普通股股数在05年和06年年度内未发生变化，2005年年末的普通股市价为5元/股（计算结果保留两位小数）。

（二）要求

（1）计算2005年年初的股东权益总额、资产总额、年初的资产负债率。

（2）计算2005年年末的股东权益总额、负债总额、资产总额、产权比率。

（3）计算2005年的总资产净利率、权益乘数（使用平均数计算）、平均每股净资产、每股收益、市盈率。

（4）2006年实现净利润400万元，2006年年末保持2005年末的资金结构和2005年的资本积累率，计算2006年的每股收益，并结合连环替代法分析总资产净利率，权益乘数以及平均每股净资产对于每股收益的影响数额。

五、参考答案

（一）单项选择题

1. C   2. D   3. B   4. A   5. B   6. A   7. D   8. B   9. D
10. C   11. A   12. B   13. B

（二）多项选择题

1. BD   2. BCD   3. AB   4. ACD   5. ABC   6. AB   7. BC
8. ABCD   9. ABD

（三）判断题

1. ×   2. √   3. ×   4. ×   5. √   6. ×   7. √   8. ×

（四）技能实训案例

案例2-1

（1）流动比率 = 315/150 = 2.1

速动比率 = (45 + 90)/150 = 0.9

资产负债率 = 350/700 = 50%

权益乘数 = 1/(1 - 50%) = 2

（2）总资产周转率 = 420/700 = 0.6

营业净利率 = 63/420 = 15%

净资产收益率 = 63/350 = 18%
(3) 产权比率 = 权益乘数 − 1 = 1
(4) 0.6 × 15% × 2 = 18%
0.5 × 16% × 2.5 = 20%
18% − 20% = −2%
其中：营业净利率变动对净资产收益率的影响
(15% − 16%) × 0.5 × 2.5 = −1.25%
总资产周转率变动对净资产收益率的影响
15% × (0.6 − 0.5) × 2.5 = 3.75%
权益乘数变动对净资产收益率的影响
15% × 0.6 × (2 − 2.5) = −4.5%

案例 2−2
(1) 2005 年年初的股东权益总额 = 400 × 3 = 1 200（万元）
2005 年年初的资产总额 = 1 200 + 400 = 1 600（万元）
2005 年年初的资产负债率 = 400/(400 + 1 200) × 100% = 25%
(2) 2005 年年末的股东权益总额 = 1 200 + 1 200 × 50% = 1 800（万元）
2005 年年末的负债总额 = 1 800/(1 − 40%) × 40% = 1 200（万元）
2005 年年末的资产总额 = 1 800 + 1 200 = 3 000（万元）
2005 年年末的产权比率 = 1 200/1 800 × 100% = 66.67%
(3) 总资产净利率 = 300/[(1 600 + 3 000)/2] × 100% = 13.04%
使用平均数计算的权益乘数 = [(1 600 + 3 000)/2]/[(1 200 + 1 800)/2]
= 1.53
平均每股净资产 = [(1 200 + 1 800)/2]/普通股总数 = 1 500/600
= 2.5（元/股）
每股收益 = 净利润/普通股股数 = 300/600 = 0.5（元/股）
2005 年年末的市盈率 = 普通股每股市价/普通股每股收益 = 5/0.5 = 10
(4) 2006 年的每股收益 = 净利润/普通股总数 = 400/600 = 0.67（元/股）
因为 2006 年年末企业保持 2005 年年末的资金结构和 2005 年的资本积累率，
所以 2006 年年末的股东权益 = 1 800 × (1 + 50%) = 2 700（万元）
因为资产负债率 = 40%，
所以 2006 年年末的资产总额 = 2 700/(1 − 40%) = 4 500（万元）
2006 年的总资产平均额 = (3 000 + 4 500)/2 = 3 750（万元）
2006 年的总资产净利率 = 净利润/平均总资产 = 400/3 750 × 100% = 10.67%
2006 年使用平均数计算的权益乘数 = [(3 000 + 4 500)/2]/[(1 800 + 2 700)/2]
= 1.67
2006 年的平均每股净资产 = [(1 800 + 2 700)/2]/600 = 3.75（元/股）
每股收益变动额 = 0.67 − 0.5 = 0.17
2005 年的每股收益 = 13.04% × 1.53 × 2.5 = 0.5

替代总资产净利率：$10.67\% \times 1.53 \times 2.5 = 0.41$
替代权益乘数：$10.67\% \times 1.67 \times 2.5 = 0.45$
替代平均每股净资产：$10.67\% \times 1.67 \times 3.75 = 0.67$
所以：总资产净利率变动的影响额 $= 0.41 - 0.5 = -0.09$
权益乘数变动的影响额 $= 0.45 - 0.41 = 0.04$
平均每股净资产变动的影响额 $= 0.67 - 0.45 = 0.22$

项目三 公司理财观念

一、内容综述

(一) 资金时间价值的概念

资金的时间价值,也称为货币的时间价值,是指资金经历一定时间的投资和再投资所增加的价值,它表现为同一数量的资金在不同的时点上具有不同的价值。

今天的一元钱比未来的一元钱更值钱,这就是资金的时间价值。

资金的时间价值是资金在周转使用中产生的,是资金所有者让渡资金使用权而参与社会财富分配的一种形式,它是客观存在的经济现象。通常情况下,资金的时间价值相当于没有风险和没有通货膨胀条件下的社会平均资金利润率,这是利润平均化规律作用的结果;实务上相当于通货膨胀率很低情况下的政府债券利率。

资金时间价值的作用:

(1) 投资的未来价值。
(2) 未来现金流的现值。

资金时间价值的计算(见表3-1):

表3-1 资金时间价值计算公式一览表

名称	公式	系数	系数名称及一般表达式
单利终值	$F = P(1+i \cdot n)$	$(1+i \cdot n)$	—
单利现值	$P = F/(1+i \cdot n)$	$1/(1+i \cdot n)$	—
复利终值	$F = P \cdot (1+i)^n$	$(1+i)^n$	复利终值系数$(F/P, i, n)$
复利现值	$P = F/(1+i)^n$	$1/(1+i)^n$	复利现值系数$(P/F, i, n)$
普通年金终值	$F = A \cdot \dfrac{(1+i)^n - 1}{i}$	$\dfrac{(1+i)^n - 1}{i}$	年金终值系数$(F/A, i, n)$

续表

名称	公式	系数	系数名称及一般表达式
普通年金现值	$P = A \cdot \dfrac{1-(1+i)^{-n}}{i}$	$\dfrac{1-(1+i)^{-n}}{i}$	年金现值系数（P/A, i, n）
预付年金终值	$F = A \cdot \left[\dfrac{(1+i)^{n+1}-1}{i} - 1\right]$	$\left[\dfrac{(1+i)^{n+1}-1}{i} - 1\right]$	预付年金终值系数 [（F/A, i, n+1）−1]
预付年金现值	$P = A \cdot \left[\dfrac{1-(1+i)^{-(n-1)}}{i} + 1\right]$	$\left[\dfrac{1-(1+i)^{-(n-1)}}{i} + 1\right]$	预付年金现值系数 [（P/A, i, n−1）+1]
永续年金现值	$P = A \cdot \dfrac{1}{i}$	$1/i$	—
名义利率与实际利率的换算	$i = \left(1+\dfrac{r}{M}\right)^M - 1$	—	—

（二）风险的概念及分类

风险是指在一定条件下和一定时期内可能发生的各种结果的变动程度。风险是指未来的不确定性，未来的实际结果和我们预期的结果有偏差，那么就称作有风险。风险具有客观性。风险是"一定条件下"的风险。

风险分为市场风险和公司特有风险两类：市场风险（又称不可分散风险或系统风险）是指那些对所有企业产生影响的因素引起的风险；公司特有风险（也称可分散风险或非系统风险）是指发生于个别企业的特有事项造成的风险。公司特有风险又分为经营风险和财务风险两大类：经营风险（也称为商业风险）是指因生产经营方面的原因给企业盈利带来的不确定性；财务风险（又称筹资风险）是指由于举债而给企业财务成果带来的不确定性。

1. 风险报酬

风险报酬是指投资者因冒风险进行投资而获得的超过资金时间价值的那部分额外报酬。风险报酬的表现形式是风险报酬率。

期望投资报酬率 = 无风险报酬率 + 风险报酬率

风险报酬率 = 风险报酬斜率（风险系数）× 风险程度

风险报酬与风险成正比。

2. 风险衡量与风险收益的确定

风险可用实际值与预期值的差额来度量，即用收益的方差、标准差或标准离差率来测定。

依据："风险报酬率 = 风险报酬斜率（风险系数）× 风险程度"，可确定风险收益。其中风险系数一般根据历史同类项目的情况确定。

二、重难点精析

（一）名义利率与实际利率

复利的计息期不一定总是一年，有可能是季度、月或日。当利息在一年内要复利几次时，给出的年利率叫作名义利率，而实际获得的收益率叫做实际利率。

一般来讲，当每年复利次数超过一次时，这样的年利率叫作名义利率，而每年只复利一次的利率才是实际利率。其计算公式为：

$$i = (1 + \frac{r}{M})^M - 1$$

（二）年金

年金是指在 n 期内多次发生等额收付款业务，形成多时点收付款数列。在一定时期内每隔相同的时间（如一年）就发生相同数额的系列收付款项称作年金，如折旧、租金、利息、保险金等通常都采用年金的形式。年金的特点是：相等金额、固定间隔期、系列款项。

年金收付款的方式有多种，年金按其每次收付发生的时点不同，可分为普通年金、预付年金、递延年金和永续年金等。

1. 普通年金

普通年金是指从第一期起，在一定时期内每期期末等额发生的系列收付款项，又称后付年金。

2. 预付年金

预付年金是指从第一期起，在一定时期内每期期初等额收付的系列款项，又称即付年金或先付年金。预付年金与普通年金的区别仅在于收付款的时间不同。

实际上在 n 期普通年金终值的基础上乘上 (1+i) 就是 n 期即付年金的终值。

（1）"预付年金终值系数"，它是在普通年金终值系数的基础上，期数加1，系数减1 所得的结果。通常记为 [(F/A,i,n+1)-1]，可直接查阅"年金终值系数表"得到 (n+1) 期的值，减去 1 后便可得出对应的预付年金系数的值。

（2）"预付年金现值系数"，它是在普通年金现值系数的基础上，期数减1，系数加1 所得的结果。通常记为 [(P/A,i,n-1)+1]，可直接查阅"年金现值系数表"得到 (n-1) 期的值，然后加 1，便可得出对应的预付年金现值系数的值。

3. 递延年金

递延年金是指第一次支付发生在第二期或第二期以后的年金。它是普通年金的特殊形式，凡不是从第一期开始的年金都是递延年金。

递延年金的计算可借助普通年金和复利终值现值的计算进行。

4. 永续年金

永续年金是指无限期定额支付的年金。永续年金可视为普通年金的特殊形式，即期限趋于无穷的普通年金。由于永续年金没有终止时间，因此永续年金没有终值，只有现值。

5. 期间和利率的计算采用插值计算法。插值计算公式如下：

$$i = i_1 + (i_2 - i_1)\frac{p_1 - p}{p_1 - p_2}$$

（三）复利终值现值与年金的换算

1. F——A

由 $F = A \cdot (F/A, i, n)$ 可以得出：$A = F(A/F, i, n)$，其中：$(A/F, i, n)$ 称作偿债基金系数，$(A/F, i, n)$ 与年金终值系数 $(F/A, i, n)$ 互为倒数关系。

2. P——A

由 $P = A(P/A, i, n)$ 可以得出：$A = P(A/P, i, n)$，其中 $(A/P, i, n)$ 称作资本回收系数，$(A/P, i, n)$ 与年金现值系数 $(P/A, i, n)$ 互为倒数关系。

（四）风险的类别

1. 从个别理财主体的角度看

风险分为市场风险和公司特有风险两类。

市场风险主要来自于战争、自然灾害、经济衰退、通货膨胀等。这类风险涉及所有企业，不能通过多角化投资来分散。公司特有风险主要来自于罢工、诉讼失败、失去销售市场、新产品开发失败等。这类事件是随机发生的，因而可以通过多角化投资来分散。

2. 从企业本身来看

风险可分为经营风险和财务风险两大类。

经营风险是任何商业活动都有的，主要来自于市场销售、生产成本、生产技术等。财务风险主要是因企业息税前资金利润率和借入资金利息率差额具有不确定性，从而引起自有资金利润率的高低变化。

（五）风险衡量的步骤

1. 确定项目收益的概率分布

概率必须符合：$0 \leq P_i \leq 1$，$\sum_{i=1}^{n} P_i = 1$

2. 计算收益的期望值（即平均收益水平）

$$\overline{E} = \sum_{i=1}^{n} X_i P_i$$

3. 确定离散程度（即确定风险程度）

（1）方差。

$$\sigma^2 = \sum_{i=1}^{n}(X_i - \bar{E})^2 \cdot P_i$$

方差以绝对数衡量决策方案的风险,在期望值相同的情况下,方差越大,风险越大;反之,方差越小,则风险越小。

(2) 标准差。

标准离差:$\sigma = \sqrt{\sum_{i=1}^{n}(x_i - \bar{E})^2 \times p_i}$

标准差以绝对数衡量决策方案的风险,在期望值相同的情况下,标准差越大,风险越大;反之,标准差越小,则风险越小。

(3) 标准离差率。

标准离差率:$V = \dfrac{\sigma}{E} \times 100\%$

标准离差率是一个相对指标,它以相对数反映决策方案的风险程度。方差和标准差作为绝对数,只适用于期望值相同的决策方案风险程度的比较,对于期望值不同的决策方案,评价和比较其各自的风险程度只能借助于标准离差率这一相对数值。在期望值不同的情况下,标准离差率越大,风险越大;反之,标准离差率越小,风险越小。

三、基础训练

(一) 单项选择题

1. 某公司发行债券,在名义利率相同的情况下,对其最有利的复利计息期是( )。
   A. 1 季　　　　　　　　　　B. 半年
   C. 1 年　　　　　　　　　　D. 1 月

2. 某大学决定建立科研奖金,现准备存入一笔资金,预计以后无限期地在每年年末支取利息 20 000 元用来发放奖金。在存款年利率为 10% 的条件下,现在应存入( )元。
   A. 200 000　　　　　　　　B. 250 000
   C. 215 000　　　　　　　　D. 16 000

3. 假设公司按 12% 的年利率取得贷款 200 000 元,要求在 5 年内每年年末等额偿还,每年的偿付额应为( )元。
   A. 40 000　　　　　　　　　B. 52 000
   C. 64 000　　　　　　　　　D. 55 482

4. 如果通货膨胀率很低,可用来表现资金时间价值的是( )。
   A. 公司债券利率　　　　　　B. 政府债券利率

C. 金融债券利率　　　　　　　　　　D. 公司可转换债券利率

5. 李鸿拟存入一笔资金以备三年后使用。假定银行三年期存款年利率为5%，李鸿三年后需用的资金总额为34 500元，则在单利计息的情况下，目前需存入的资金为（　　）元。

A. 31 500　　　　　　　　　　　　　B. 29 803.04
C. 32 857.14　　　　　　　　　　　　D. 30 000

6. 与年金终值系数互为倒数的是（　　）。

A. 偿债基金系数　　　　　　　　　　B. 投资回收系数
C. 复利现值系数　　　　　　　　　　D. 年金现值系数

7. 蓝梦美容院年初存入银行5万元，在年利率为12%，期限为5年，每半年复利一次的情况下，其实际利率为（　　）。

A. 24%　　　　　　　　　　　　　　B. 12.25%
C. 6%　　　　　　　　　　　　　　　D. 12.36%

8. 在10%的利率下，一至三年期的复利现值系数分别为0.9091、0.8264、0.7513，则三年期年金现值系数为（　　）。

A. 2.4868　　　　　　　　　　　　　B. 1.7355
C. 0.7513　　　　　　　　　　　　　D. 2.7355

9. 王强现有退休金20 000元，准备存入银行。在银行年复利率为4%的情况下，其10年后可以从银行取得（　　）元。

A. 30 000　　　　　　　　　　　　　B. 29 604
C. 24 000　　　　　　　　　　　　　D. 28 000

10. 王敬拟进行一项投资，希望进行该项投资后每半年都可以获得1 000元的收入，年收益率为10%，则目前的投资额应是（　　）元。

A. 10 000　　　　　　　　　　　　　B. 11 000
C. 20 000　　　　　　　　　　　　　D. 21 000

11. 某人在第一年、第二年、第三年年初分别存入1 000元，年利率2%，单利计息的情况下，在第三年年末此人可以取出（　　）元。

A. 3 120　　　　　　　　　　　　　　B. 3 060.4
C. 3 121.6　　　　　　　　　　　　　D. 3 130

12. 已知利率为10%的一期、两期、三期的复利现值系数分别是0.9091、0.8264、0.7513，则可以判断利率为10%，3年期的年金现值系数为（　　）。

A. 2.5436　　　　　　　　　　　　　B. 2.4868
C. 2.855　　　　　　　　　　　　　　D. 2.4342

13. 某人分期购买一辆汽车，每年年末支付10 000元，分5次付清，假设年利率为5%，则该项分期付款相当于现在一次性支付（　　）元。

A. 55 256　　　　　　　　　　　　　B. 43 259
C. 43 295　　　　　　　　　　　　　D. 55 265

14. 某企业进行一项投资，目前支付的投资额是10 000元，预计在未来6年内收回投资，在年利率是6%的情况下，为了使该项投资是合算的，那么企业每年至少应当收回（　　）元。

　　A. 1 433.63　　　　　　　　　　B. 1 443.63
　　C. 2 023.64　　　　　　　　　　D. 2 033.64

15. 下列因素引起的风险中，企业可以通过多角化投资予以分散的是（　　）。
　　A. 市场利率上升　　　　　　　　B. 新产品开发风险
　　C. 社会经济衰退　　　　　　　　D. 通货膨胀

16. 某公司新产品销售良好的概率为90%，投资报酬率为40%；销售不好的概率为10%，投资报酬率为-100%，则该产品销售的预期投资报酬率为（　　）。
　　A. 26%　　　　　　　　　　　　B. 16%
　　C. 28%　　　　　　　　　　　　D. 18%

17. 关于标准离差和标准离差率，下列表述正确的是（　　）。
　　A. 如果以标准离差评价方案的风险程度，标准离差越小，投资方案的风险越大
　　B. 标准离差是各种可能报酬率偏离预期报酬率的平均值
　　C. 对比期望收益率不同的各个投资项目的风险程度，应用标准离差率进行衡量
　　D. 标准离差率即风险报酬率

18. 下列不属于经营风险的是（　　）。
　　A. 产品质量不稳定　　　　　　　B. 生产组织不合理
　　C. 销售决策失误　　　　　　　　D. 发行债券

19. 任何经济单位对风险的对策，首先应考虑到的是（　　）。
　　A. 规避风险　　　　　　　　　　B. 减少风险
　　C. 转移风险　　　　　　　　　　D. 接受风险

20. 某项目的风险价值系数为0.8，标准离差率为16%，无风险收益率为10%，在不考虑通货膨胀因素的情况下，该项目的投资收益率为（　　）。
　　A. 22.8%　　　　　　　　　　　B. 10%
　　C. 16%　　　　　　　　　　　　D. 24%

21. 下列各项中（　　）会引起企业财务风险。
　　A. 新材料出现　　　　　　　　　B. 生产组织不合理
　　C. 销售决策失误　　　　　　　　D. 举债经营

22. 关于风险报酬，下列表述中不正确的有（　　）。
　　A. 在不考虑通货膨胀的情况下，资金时间价值＝无风险收益率
　　B. 风险越小，获得的风险报酬越大
　　C. 高收益往往伴有高风险
　　D. 风险收益率是指投资者因冒风险进行投资而要求的，超过无风险收益率的那部分额外收益率

23. 甲项目收益率的期望值为10%，标准差为10%，乙项目收益率的期望值为15%，标准差为10%，则可以判断（　　）。
　　A. 由于甲项目期望值小于乙项目，所以甲项目的风险小于乙项目
　　B. 由于甲乙项目的期望值不等，所以无法判断二者的风险大小
　　C. 由于甲项目的标准离差率大于乙项目，所以甲项目风险大于乙项目

D. 由于甲乙项目的标准差相等，所以两个项目的风险相等

24. 下列风险因素中，（ ）是属于系统风险。

A. 国家新出台的经济政策　　　　　　B. 新产品设计错误

C. 信用考核不严谨而出现贷款拖欠　　D. 偷工减料引起产品事故

（二）多项选择题

1. 资金时间价值存在的前提条件是（ ）。

A. 借贷关系的普遍存在　　　　　　　B. 商品经济的高度发展

C. 商品经济的出现　　　　　　　　　D. 金融市场的存在

2. 下列关于资金时间价值的表述，正确的有（ ）。

A. 资金时间价值是资金所有者让渡资金使用权而参与社会财富分配的一种形式

B. 资金的时间价值相当于没有风险和没有通货膨胀条件下的社会平均资金利润率

C. 资金时间价值是指一定量资金在某一时点上的价值量

D. 资金时间价值必须按复利方式计算

3. 某项目从现在开始投资，2年内没有回报，从第3年开始每年获利额为10万元，获利年限为5年，则该项目利润的现值为（ ）。

A. $10 \times (P/A,i,5) \times (P/F,i,2)$　　B. $10 \times (P/A,i,5) \times (P/F,i,3)$

C. $10 \times (P/A,i,7) - 10 \times (P/A,i,2)$　　D. $10 \times (P/A,i,7) - 10 \times (P/A,i,3)$

4. 递延年金的特点有（ ）。

A. 没有终值　　　　　　　　　　　　B. 年金的第一次支付发生在若干期以后

C. 年金的现值与递延期无关　　　　　D. 年金的终值与递延期无关

5. 某人决定在未来5年内每年年初存入银行1 000元（共存5次），年利率为2%，则在第5年年末能一次性取出的款项额计算正确的是（ ）。

A. $1\,000 \times (F/A,2\%,5)$　　　　　　B. $1\,000 \times (F/A,2\%,5) \times (1+2\%)$

C. $1\,000 \times (F/A,2\%,5) \times (F/P,2\%,1)$　　D. $1\,000 \times [(F/A,2\%,6) - 1]$

6. 下列说法中，正确的是（ ）。

A. 永续年金是期限趋于无穷的普通年金，它没有终值

B. 即付年金与普通年金的区别仅在于付款时间的不同

C. 凡不是从第一期开始的年金都是递延年金

D. 偿债基金的计算实际上是年金现值的逆运算

7. 下列各项中属于年金的是（ ）。

A. 零存整取的整取数　　　　　　　　B. 等额分期付款

C. 零存整取的零存数　　　　　　　　D. 保险费

8. 某公司向银行借入13 000元，借款期为3年，每年的还本付息额为5 000元，则借款利率为（ ）。

A. 大于8%　　　　　　　　　　　　B. 小于8%

C. 小于6%　　　　　　　　　　　　D. 大于7%

9. 从个别理财主体的角度看，风险可分为（ ）。

A. 纯粹风险　　　　　　　　　　　　B. 投机风险

C. 系统风险 D. 非系统风险
10. 下列各项所引起的风险中属于市场风险的是（　　）。
   A. 自然灾害 B. 通货膨胀
   C. 销售决策失误 D. 罢工
11. 下列公式正确的是（　　）。
   A. 风险收益率＝风险价值系数×标准离差率
   B. 风险收益率＝风险价值系数×标准离差
   C. 投资收益率＝无风险收益率＋风险收益率
   D. 投资收益率＝无风险收益率＋风险价值系数×标准离差率
12. 下列有关风险的说法，不正确的是（　　）。
   A. 风险就是发生损失的可能性 B. 风险是指未来收益的不确定性
   C. 风险都是可以规避的 D. 风险是无法预测和衡量的
13. 在公司理财中，经常用来衡量风险大小的指标有（　　）。
   A. 标准离差 B. 风险报酬率
   C. 杠杆系数 D. 标准离差率
14. 投资决策中用来衡量项目风险的，可以是项目的（　　）。
   A. 预期报酬率 B. 各种可能的报酬率的概率分布
   C. 预期报酬率的平均值 D. 预期报酬率的标准差
15. 影响期望报酬率的因素有（　　）。
   A. 无风险报酬率 B. 风险程度
   C. 风险报酬率 D. 风险报酬斜率
16. 下列各项中属于经营风险的有（　　）。
   A. 竞争使供产销不稳定 B. 筹资决策带来的风险
   C. 原材料价格上涨 D. 社会经济不景气
17. 下列关于风险的论述中，不正确的有（　　）。
   A. 风险越大要求的报酬率越高 B. 风险是无法选择和控制的
   C. 随时间的延续，风险将不断加大 D. 有风险就会有损失，二者是相伴而生的

（三）判断题

1. 6年分期付款购物，每年年初付款500元，设银行存款利率为10%，该项分期付款相当于现在一次现金支付的购价是2 395.40元。　　　　　　　　　　（　　）
2. 递延年金终值的大小与递延期无关，故计算方法和普通年金终值相同。（　　）
3. 名义利率指一年内多次复利时给出的年利率，它等于每期利率与年内复利次数的乘积。　　　　　　　　　　　　　　　　　　　　　　　　　　　　（　　）
4. 等量资金在不同时点上的价值不相等，根本的原因是通货膨胀的存在。（　　）
5. 在复利终值和计息期数确定的情况下，贴现率越高，则复利现值越大。（　　）
6. 某人在年初存入一笔资金，存满5年后每年年末取出1 000元，至第10年末取完，银行存款利率为10%，则此人应在最初一次存入银行的钱数可以用1 000×(F/A,10%,5)×(P/F,10%,10)来进行计算。　　　　　　　　　　　　　　　　（　　）

7. 当公司息税前资金利润率高于借入资金利率时，增加借入资金，可以提高自有资金利润率。（ ）

8. 即付年金的现值系数是在普通年金的现值系数的基础上系数+1，期数-1得到的。（ ）

9. 递延年金有终值，终值的大小与递延期是有关的，在其他条件相同的情况下，递延期越长，则递延年金的终值越大。（ ）

10. 利率不仅包含时间价值，而且也包含风险价值和通货膨胀补偿率。（ ）

11. 风险是客观存在的经济现象，企业在理财过程中，不管是短期财务决策，还是长期财务决策，都必须考虑风险因素。（ ）

12. 在风险反感普遍存在的情况下，诱使投资者进行风险投资的因素是风险收益。（ ）

13. 标准离差率不但能正确评价投资风险程度的大小，而且还可以将风险与收益结合起来进行分析。（ ）

14. 对于多个投资方案而言，无论各方案的期望值是否相同，标准离差率最大的方案一定是风险最小的方案。（ ）

15. 偷工减料引起的产品事故属于经营风险。（ ）

16. 风险从个体理财者角度看可以分为经营风险和财务风险。（ ）

17. 根据风险收益原理，投资低风险项目，一定会得到高收益。（ ）

18. 企业的财务风险主要是因为企业的息税前资金利润率低于借入资金的利息率而造成的。（ ）

19. 采用多领域、多地域、多项目、多品种的投资以分散公司特有风险。（ ）

20. 风险就意味着损失，因此人们不喜欢风险。（ ）

四、技能实训案例

案例 3-1

（一）资料

东兴公司拟进行一投资项目，经测算，项目的初始投资额为 120 000 元，项目有效期为 10 年。项目建成投产后，预计第 1~5 年年末每年可获得 25 000 元现金流入，第 6~8 年年末每年可获得 20 000 元的现金流入，第 9~10 年年末每年只能获得 10 000 元的现金流入。

（二）要求

如果公司投资要求的最低报酬率为10%，试通过计算，确定甲公司投资该项目是否有利可图？计算结果保留两位小数。

案例 3-2

（一）资料

王智拟于明年年初借款 42 000 元，从明年年末开始，每年年末还本付息额均为 6 000 元，连续 10 年还清。假设预期最低借款利率为 8%。

（二）要求

请问王智是否能按其利率借到款项？

案例 3-3

（一）资料

华源公司准备购买一套设备，现草拟三套方案：甲方案：从现在起每年年初付款 10 万元，连续支付 5 年，共计 50 万元；乙方案：从第 3 年起，每年年初付款 12 万元，连续支付 5 年，共计 60 万元（分别用三种方法进行计算）；丙方案：从现在起每年年末付款 11.5 万元，连续支付 5 年，共计 57.5 万元。

（二）要求

（1）假设公司要求使该设备的付款总现值为 40 万元，但分 5 年支付，每半年支付一次，则每次需要支付多少金额？

（2）假设公司要求使该设备的付款总现值为 40 万元，并且每年年末支付 10 万元，如投资报酬率为 10%，最多只能支付几年公司才会购买？

案例 3-4

（一）资料

1. 萧华公司 2004 年 1 月 1 日向浙江信托投资公司融资租赁一台清洗机床，双方在租赁协议中明确：租期截止到 2009 年 12 月 31 日，年租金 5 600 元，于每年年末支付一次，浙江信托投资公司要求的利息及手续费率通常为 5%。

2. 萧华公司 2006 年 9 月拟在浙江某大学设立一笔"助学奖学基金"。奖励计划为每年特等奖 1 人，金额为 1 万元；一等奖 2 人，每人金额 5 000 元；二等奖 3 人，每人金额 3 000 元；三等奖 4 人，每人金额 1 000 元。目前银行存款年利率为 4%，并预测短期内不会发生变动。

3. 萧华公司 2002 年 1 月 1 日向工行浙江分行借入一笔款项，银行贷款年利率 6%，同时萧华公司与浙江分行约定：前三年不用还本付息，但从 2005 年 12 月 31 日起至 2009 年 12 月 31 日止，每年年末要偿还本息 2 万元。

(二) 要求

(1) 根据资料 1，计算系列租金的现值与终值？如果年租金改为按每年年初支付一次，再计算系列租金的现值与终值？

(2) 根据资料 2，分析萧华公司为此项奖学基金，应一次性存入银行多少钱？

(3) 根据资料 3，分析萧华公司当初向工行浙江分行借入多少本金？至 2009 年 12 月 31 日向工行浙江分行偿还本息时共计金额多少？

案例 3-5

(一) 资料

瑞德公司现持有华南实业股份 2 000 万元和广伟电子股份 1 000 万元。两家股份的预期报酬率及概率分布，见表 3-2。

表 3-2　　　　华南实业和广伟电子股份预期报酬率及概率分布表

经济情况	华南实业股份		广伟电子股份	
	报酬率	概率	报酬率	概率
衰退	20%	0.20	0	0.20
正常	30%	0.60	30%	0.60
繁荣	40%	0.20	60%	0.20

经专家测定华南实业股份的风险报酬系数为 6%，广伟电子股份的风险报酬系数为 8%。

(二) 要求

(1) 计算两种股份的期望报酬率并计量两者风险的大小。

(2) 计算两种股份的风险报酬率及风险报酬。

案例 3-6

(一) 资料

钱江公司有甲、乙两个投资项目，计划投资额均为 1 000 万元，其收益率的概率分布，见表 3-3。

表 3-3　　　　　　　　　　甲乙项目收益率及概率分部表

市场状况	概率	甲项目	乙项目
好	0.3	20%	30%
一般	0.5	10%	10%
差	0.2	5%	-5%

（二）要求

（1）分别计算甲、乙两个项目收益率的期望值。
（2）分别计算甲、乙两个项目收益率的标准差。
（3）比较甲、乙两个投资项目风险的大小。
（4）如果无风险收益率为 6%，甲项目的风险价值系数为 10%，计算甲项目投资的总收益率。

案例 3-7

（一）资料

华南实业股份有限公司准备开发新产品，现有三个方案可供选择。根据市场预测，三种不同市场情况的预计年报酬，见表 3-4。

表 3-4　　　　　　　　　　新产品开发市场预测概率分布表

市场状况	发生概率	A 产品预计年报酬率	B 产品预计年报酬率	C 产品预计年报酬率
繁荣	0.3	30%	40%	50%
一般	0.5	15%	15%	15%
衰退	0.2	0	-15%	-30%

（二）要求

（1）分别计算三个方案的期望报酬率。
（2）分别计算三个方案的标准差。
（3）分别计算三个方案的标准离差率。
（4）评价各方案的风险大小。

五、参考答案

（一）单项选择题

1. C 2. A 3. D 4. B 5. D 6. A 7. D 8. A 9. B
10. C 11. A 12. B 13. C 14. D 15. B 16. A 17. C
18. D 19. A 20. A 21. D 22. B 23. C 24. A

（二）多项选择题

1. AC 2. AB 3. AC 4. BD 5. BCD 6. ABC 7. BCD
8. BD 9. CD 10. AB 11. ABCD 12. ACD 13. ACD 14. BD
15. ABCD 16. ACD 17. ACD

（三）判断题

1. √ 2. √ 3. √ 4. × 5. × 6. √ 7. √ 8. √
9. × 10. √ 11. × 12. √ 13. × 14. × 15. √ 16. ×
17. × 18. × 19. √ 20. ×

（四）技能实训案例

案例 3-1

方法一：未来现金流入的现值
= 25 000 × (P/A,10%,5) + 20 000 × (P/A,10%,3) × (P/F,10%,5) + 10 000 × (P/A,10%,2) × (P/F,10%,8)
= 25 000 × 3.7908 + 20 000 × 2.4869 × 0.6209 + 10 000 × 1.7355 × 0.4665
= 133 748.43（元）

方法二：未来现金流入的现值
= 25 000 × (P/A,10%,10) − 5 000 × (P/A,10%,3) × (P/F,10%,5) − 15 000 × (P/A,10%,2) × (P/F,10%,8)
= 25 000 × 6.1446 − 5 000 × 2.4869 × 0.6209 − 15 000 × 1.7355 × 0.4665
= 133 750.26（元）

方法三：未来现金流入的现值
= 20 000 × (P/A,10%,10) + 5 000 × (P/A,10%,5) − 10 000 × (P/A,10%,2) × (P/F,10%,8)
= 20 000 × 6.1446 − 5 000 × 3.7908 − 10 000 × 1.7355 × 0.4665
= 133 749.89（元）

结论：由于未来现金流入的现值大于初始投资额，所以甲公司投资该项目有利可图。

案例 3-2
根据题意，已知 P＝42 000，A＝6 000，n＝10，
则：P/A＝42 000/6 000＝7＝α
即 α＝7＝P/A,i,10，查 n＝10 的 1 元年金系数表。在 n＝10 一列上找不到恰为 α 的系数值，于是找其临界值，分别为：
同时找出临界利率，分别为：i1＝7%，i2＝8%
＝7%＋(7.0236－7)/(7.0236－6.7101)×(8%－7%)
＝7%＋0.075%
＝7.075%＜8%
可见王智的计划借款利率低于预期最低利率，不能按原计划借到款项。

案例 3-3
正确答案：（1）甲方案：付款总现值＝10×[(P/A,10%,5－1)＋1]
＝10×(P/A,10%,5)(1＋10%)＝41.7（万元）
乙方案：
第一种方法：付款总现值＝12×(P/A,10%,5)×(P/F,10%,1)
＝12×3.7908×0.9091＝41.35（万元）
第二种方法：付款总现值＝12×[(P/A,10%,6)－(P/A,10%,1)]＝12×(4.3553－0.9091)
＝12×3.4462＝41.35（万元）
第三种方法：付款总现值＝12×(F/A,10%,5)×(P/F,10%,6)
＝12×6.1051×0.5645＝41.36（万元）
丙方案：付款总现值＝11.5×(P/A,10%,5)＝11.5×3.7908＝43.59（万元）
通过计算可知，该公司应选择乙方案。
（2）40＝A×(P/A,5%,10)，则 A＝40/(P/A,5%,10)＝40/7.7217＝5.18（万元）
即每半年需要支付 5.18 万元。
（3）40＝10×(P/A,10%,n)，则(P/A,10%,n)＝40/10＝4
当 n＝5 时，(P/A,10%,5)＝3.7908
当 n＝6 时，(P/A,10%,6)＝4.3553
运用内插法，求出 n＝6－＝5.37（年）

案例 3-4
（1）计算租金的现值与终值。
租金于每年年末支付
租金现值＝5 600×(P/A,5%,6)＝5 600×5.0757＝28 423.92（元）
租金终值＝5 600×(F/A,5%,6)＝5 600×6.8019＝38 090.64（元）

(2) 租金于每年年初支付。
租金现值 = 5 600 × [(P/A,5%,5) + 1] = 5 600 × 5.3295 = 29 845.2（元）
租金终值 = 5 600 × [(F/A,5%,7) − 1] = 5 600 × 7.1420 = 39 995.2（元）
(3) 一次性存入银行款额 = (10 000 × 1 + 5 000 × 2 + 3 000 × 3 + 1 000 × 4)/4%
　　　　　　　　　　　= 825 000（元）
(4) 借入本金 = 20 000 × (P/A,6%,5) × (P/F,6%,3)
　　　　　　= 20 000 × 4.2124 × 0.8396
　　　　　　= 70 735（元）
本例合计 = 20 000 × (F/A,6%,5) = 20 000 × 5.6371 = 112 742（元）

案例 3 − 5
(1) 华南股份收益率的期望值 = 0.2 × 20% + 0.6 × 30% + 0.2 × 40% = 30%
广伟股份收益率的期望值 = 0.2 × 0% + 0.6 × 30% + 0.2 × 60% = 30%
华南股份标准差 = [(20% − 30%)^2 × 0.2 + (30% − 30%)^2 × 0.6 +
　　　　　　　　(40% − 30%)^2 × 0.2]$^{1/2}$
　　　　　　　= 6.32%
广伟股份标准差 = [(0% − 30%)^2 × 0.2 + (30% − 30%)^2 × 0.6 +
　　　　　　　　(60% − 30%)^2 × 0.2]$^{1/2}$
　　　　　　　= 18.97%
因为两种股份的期望值相同，所以应当比较二者的标准差以判断风险的大小。
因为广伟股份标准差大于华南股份的标准差，所以广伟股份的风险大于华南股份。
(2) 华南股份风险收益率 = 6% × 6.32% = 0.38%
广伟股份风险收益率 = 8% × 18.97% = 15.18%
华南股份的风险报酬 = 0.38% × 2 000 = 7.6（万元）
广伟股份风险报酬 = 15.18% × 1 000 = 151.8（万元）

案例 3 − 6
(1) 甲项目收益率的期望值 = 0.3 × 20% + 0.5 × 10% + 0.2 × 5% = 12%
乙项目收益率的期望值 = 0.3 × 30% + 0.5 × 10% + 0.2 × (−5%) = 13
(2) 甲项目收益率的标准差 = [(20% − 12%)^2 × 0.3 + (10% − 12%)^2 × 0.5 +
　　　　　　　　　　　　　(5% − 12%)^2 × 0.2]$^{1/2}$ = 5.57%
乙项目收益率的标准差 = [(30% − 13%)^2 × 0.3 + (10% − 13%)^2 × 0.5 +
　　　　　　　　　　　(−5% − 13%)^2 × 0.2]$^{1/2}$ = 12.49%
(3) 因为甲乙两个项目的期望值不同，所以应当比较二者的标准离差率进而比较风险的大小。
甲项目的标准离差率 = 5.57%/12% × 100% = 46.42%
乙项目的标准离差率 = 12.49%/13% × 100% = 96.08%
因为乙项目的标准离差率大于甲项目的标准离差率，所以乙项目的风险大于甲项目。

(4) 风险收益率 = 风险价值系数 × 标准离差率 = 10% × 46.42% = 4.64%
甲项目投资的总的收益率 = 无风险收益率 + 风险收益率 = 6% + 4.64% = 10.64%

案例 3-7
(1) A 的期望值 = 0.3 × 30% + 0.5 × 15% + 0.2 × 0 = 16.5%
B 的期望值 = 0.3 × 40% + 0.5 × 15% + 0.2 × (-15%) = 16.5%
C 的期望值 = 0.3 × 50% + 0.5 × 15% + 0.2 × (-30%) = 16.5%
(2) A 的标准差 = $[(30\% - 16.5\%)^2 \times 0.3 + (15\% - 16.5\%)^2 \times 0.5 + (0 - 16.5\%)^2 \times 0.2]^{1/2} = 10.5\%$
B 的标准差 = $[(40\% - 16.5\%)^2 \times 0.3 + (15\% - 16.5\%)^2 \times 0.5 + (-15\% - 16.5\%)^2 \times 0.2]^{1/2} = 19.11\%$
C 的标准差 = $[(50\% - 16.5\%)^2 \times 0.3 + (15\% - 16.5\%)^2 \times 0.5 + (-30\% - 16.5\%)^2 \times 0.2]^{1/2} = 27.75\%$
(3) A 的标准离差率 = 10.5%/16.5% × 100% = 63.64%
B 的标准离差率 = 19.11%/16.5% × 100% = 115.82%
C 的标准离差率 = 27.75%/16.5% × 100% = 168.18%
(4) 风险依次：C > B > A

项目四 公司资本成本

一、内容综述

（一）资本成本的概念

资本成本是指公司为筹措和使用资金所必须支付的代价，也称作资金成本。资本成本包括资金占用费用（如利息、股利）和筹资费用（如借款手续费用、发行股票的佣金等）两部分内容。

资本成本的经济学含义为投入新项目的资金的机会成本。在财务决策中，体现为所有融资来源所要求的收益率（公司要求的收益率、最低收益率、贴现率等）。

一般来说，短期负债不列入资本预算的资本成分中。资本的成分为：全部长期负债；全部优先股权益；全部普通股权益，包括面值、超面值资本和保留盈余。

（二）资本成本的作用

1. 资本成本在公司筹资决策中的作用
（1）资本成本是影响公司筹资总额的重要因素。
（2）资本成本是公司选择资金来源的基本依据。
（3）资本成本是公司选用筹资方式的参考标准。
（4）资本成本是确定最优资金结构的主要参数。
2. 资本成本在投资决策中的作用
（1）在利用净现值指标决策时，常以资本成本作为折现率。
（2）在利用内部收益率指标进行决策时，一般以资本成本作为基准收益率。

（三）资本成本的一般计量

资本成本大小一般用相对数表示，即表示为资金占用费用与实际筹得资金（即筹资数额扣除筹资费用后的差额）的比率。

表 4-1　　　　　　　　　资本成本计算公式一览表

名　称	公　式	特　点
资本成本	$K = \dfrac{D}{P-F}$ 或 $K = \dfrac{D}{P(1-f)}$	分母为筹资净额
债券成本	$K_b = \dfrac{I(1-T)}{P(1-f)}$	有节税功能
长期借款资本成本	$K_b = \dfrac{I(1-T)}{P(1-f)}$ 或 $K_b = i(1-T)$	有节税功能；手续费很低可忽略不计
优先股成本	$K_P = \dfrac{D_P}{P_P \cdot (1-f)}$	
普通股成本	1. $K_s = \dfrac{D_1}{P_0} + g$ 或 $K_e = \dfrac{D_1}{P_0(1-f)} + g$ 2. $K_s = k_f + \beta_i (k_m - k_f)$	成本随股价的变动在变动
留存收益成本	$K_s = \dfrac{D_1}{P_0} + g$	同普通股但无筹资费用
加权平均资本成本	$K_w = \sum\limits_{i=1}^{n} W_i \cdot K_i$	影响因素有：资金比重和个别资本成本

在筹资决策中要考虑加权平均资本成本；再追加资金决策中要考虑边际资本成本。

二、重难点精析

（一）普通股成本

普通股股权资本有两种来源：发行新普通股；公司内部未分配利润，即留存收益。

目前常用的普通股资本成本计算方法有：固定股利增长率模型、资本资产定价模型及风险溢价法等。

（1）固定股利增长率模型。公式为：

$$K_s = \dfrac{D_1}{P_0} + g$$

若公司在市场上发行新股，则公式为：

$$K_e = \dfrac{D_1}{P_0(1-f)} + g$$

(2) 资本资产定价模型。公式为：
$$K_s = k_f + \beta_i(k_m - k_f)$$

其中β系数是收益率对随机折现系数的敏感度，即风险的大小，通常称之为风险的价格。风险的数量与风险价格之积便是该资产的风险溢价（即风险收益）。

资本资产定价模型运用非常广泛，特别在证券投资评价中有着重要意义。

对于同一个公司，估算普通股的依据不同可以产生不同的结果。如果其结果相差较远时，则要进行仔细分析和判断。

（二）加权平均资本成本

在投资决策时，我们所要考虑的是筹措资金所付出的总代价，而不仅仅是某一渠道资金的代价。因此，应采用全部资本成本的加权成本，而不是单项资本的成本作为资本预算的贴现率。所以，资本成本的计算对象是加权平均资本成本。其计算公式如下：

$$K_w = \sum_{i=1}^{n} W_i \cdot K_i$$

（三）边际资本成本

边际资本成本是边际加权平均成本的简称，是指资金每增加一个单位而增加的成本。

注意：资金的边际成本需要采用加权平均法计算，其权数应为市场价值权数，不应使用账面价值权数。一般而言，边际资本成本随筹资数量的增大而上升。在计算边际成本时，组成边际加权平均成本的各单项成本也是边际成本。边际成本的权重是最优资本结构的权重。

假设前提：公司始终按照目标资本结构（加权平均资本成本最低时的负债和所有者权益构成）追加资金。

计算步骤：

（1）确定目标资金结构，即确定个别资金占总体的比重。

（2）确定不同筹资方式在不同筹资范围的个别资金成本（找出个别资金分界点）。

分界点是指特定筹资方式成本变化的分界点。

（3）计算筹资总额分界点。

筹资总额分界点 = 个别资金的成本分界点/目标资本结构中该种资金占的比重

（4）计算资金的边际成本。

三、基础训练

（一）单项选择题

1. 进行筹资决策时首先需要考虑的问题是（　　）。
   A. 资本成本　　　　　　　　　　B. 偿还期限
   C. 偿还方式　　　　　　　　　　D. 筹资风险

2. 某公司发行面值为1 000元的债券，票面利率为10%，偿还期限为3年，发行费率为4%，若该公司的所得税率为30%，该债券的发行价为900元，则债券资本成本为（　　）。
   A. 7.78%　　　　　　　　　　　B. 8.5%
   C. 7.29%　　　　　　　　　　　D. 8.1%

3. 某企业发行新股，筹资费率为股票市价的10%，已知每股市价为30元，本年每股股利3元，股利的固定年增长率为4%，则发行新股的资本成本为（　　）。
   A. 14%　　　　　　　　　　　　B. 10%
   C. 15.56%　　　　　　　　　　 D. 10.56%

4. 资本成本在企业筹资决策中的作用不包括（　　）。
   A. 是企业选择资金来源的基本依据
   B. 是企业选择筹资方式的参考标准
   C. 作为计算净现值指标的折现率使用
   D. 是确定最优资金结构的主要参数

5. 某企业发行5年期债券，债券面值为1 000元，票面利率10%，每年付息一次，发行价为1 100元，筹资费率3%，所得税税率为30%，则该债券的资本成本是（　　）。
   A. 6.56%　　　　　　　　　　　B. 9.37%
   C. 7.36%　　　　　　　　　　　D. 6.66%

6. 企业向银行取得借款100万元，年利率5%，期限3年。每年付息一次，到期还本，所得税税率30%，手续费忽略不计，则该项借款的资本成本为（　　）。
   A. 4.5%　　　　B. 3%　　　　C. 3.5%　　　　D. 5%

7. 某公司普通股目前的股价为10元/股，筹资费率为8%，刚刚支付的每股股利为2元，股利固定增长率3%，则该股票的资本成本为（　　）。
   A. 21.74%　　　　　　　　　　　B. 25.39%
   C. 24.74%　　　　　　　　　　　D. 22.39%

8. 按照（　　）权数计算的加权平均资本成本更适用于企业筹措新资金。
   A. 账面价值　　　　　　　　　　B. 市场价值
   C. 目标价值　　　　　　　　　　D. 目前价值

9. 某企业的资金总额中，债券筹集的资金占40%，已知债券筹集的资金在500万元以下时其资本成本为4%，在500万元以上时其资本成本为6%，则在债券筹资方式下企业的筹资总额分界点是（   ）元。

    A. 1 500　　　　　　　　　　　　　　B. 1 250

    C. 1 000　　　　　　　　　　　　　　D. 1 650

10. 一般情况下，在各种资金来源中，（   ）的资本成本最高。

    A. 留存收益　　　　　　　　　　　　B. 债券

    C. 普通股　　　　　　　　　　　　　D. 长期借款

11. 企业在进行追加筹资决策时，应使用（   ）。

    A. 边际资本成本　　　　　　　　　　B. 机会成本

    C. 综合资本成本　　　　　　　　　　D. 个别资本成本

12. 如果企业长期借款、长期债券和普通股的比例为2∶3∶5，企业发行债券在300 000万元以内，其资本成本即维持在12%。则筹资分界点为（   ）万元。

    A. 400 000　　　　　　　　　　　　　B. 1 500 000

    C. 700 000　　　　　　　　　　　　　D. 1 000 000

13. 甲公司准备发行普通股，预计第一年股利率为13%，筹资费率为5%，普通股成本为25%，则股利年增长率为（   ）。

    A. 9.5%　　　　　　　　　　　　　　B. 11.32%

    C. 25%　　　　　　　　　　　　　　　D. 12%

14. 在个别资本成本的计算中，不必考虑筹资费用影响因素的是（   ）。

    A. 长期借款成本　　　　　　　　　　B. 债券成本

    C. 普通股成本　　　　　　　　　　　D. 留存收益成本

（二）多项选择题

1. 下列关于资本成本的说法中，正确的有（   ）。

    A. 资本成本的本质是企业为筹集和使用资金而付出的代价

    B. 资本成本并不是企业筹资决策中要考虑的唯一因素

    C. 资本成本必须用相对数表示，即用资费用与实际筹得资金的比例

    D. 资本成本是研究最优资金结构的主要参数

2. 资本成本包括资本占用费用和筹资费用两部分，其中属于占用费用的是（   ）。

    A. 向股东支付的股利　　　　　　　　B. 向债权人支付的利息

    C. 借款手续费　　　　　　　　　　　D. 债券发行费

3. 资本成本并不是企业筹资决策中所要考虑的唯一因素，企业筹资还需要考虑（   ）。

    A. 限制条件　　　　　　　　　　　　B. 资金期限

    C. 偿还方式　　　　　　　　　　　　D. 财务风险

4. 权益资本成本包括（   ）。

    A. 优先股成本　　　　　　　　　　　B. 债券成本

    C. 普通股成本　　　　　　　　　　　D. 留存收益成本

5. 资本成本包括占用费用和筹资费用，下列属于筹资费用的是（　　）。
   A. 发行股票向证券发行部门支付的佣金
   B. 向债权人支付的利息
   C. 向银行借款的手续费
   D. 发行债券支付的发行费

(三) 判断题

1. 资金的边际成本需要采用加权平均法计算，其权数应为市场价值权数，不应使用账面价值权数。（　　）
2. 计算个别资金占全部资金的比重时，可以采用账面价值确定，也可以采用市场价值或目标价值确定，按市场价值权数计算得出的加权平均资本成本更适用于企业筹措新资金。（　　）
3. 在利用内部收益率指标进行项目可行性评价时，一般以资本成本作为基准收益率。即只有当投资项目的内部收益率高于资本成本时，投资项目才可行。（　　）
4. 资本成本只能用相对数表示，即表示为用资费用与实际筹得资金的比率。（　　）
5. 超过筹资分界点筹集资金，只要维持现有的资本结构，其资本成本率就不会增加。（　　）
6. 在计算债券的资本成本时，债券的筹资额一般是指债券的发行价格。（　　）
7. 利用债务筹资可以降低企业的综合资本成本。（　　）
8. 优先股股东的风险大于债券持有人的风险，优先股成本通常要高于债券成本。（　　）
9. 某公司股票的 β 系数为 1.2，无风险利率为 8%，市场上所有股票的平均收益率为 13%，则该公司股票的普通股成本为 15%。（　　）
10. 在所有资金来源中，一般来说，普通股的资本成本最高。（　　）
11. 某企业发行股利固定增长的普通股，市价为 10 元/股，预计第一年的股利为 2 元，筹资费率 4%，已知该股票资本成本为 23.83%，则股利的年增长率为 2.5%。（　　）
12. 最便宜的资金来源就是最经济的资金来源。（　　）

四、技能实训案例

案例 4-1

(一) 资料

中原实业股份有限公司拟筹资 5 000 万元，其中包括：1 200 万元债券（按面值发行),该债券票面利率为10%,筹资费率为2%;800万元优先股按面值发行,股利率为12%,筹资费率为3%;其余全部为普通股,该普通股筹资费率为4%,预计第一年股利率为10%,以后年度保持第一年的水平,该公司所得税税率为30%。

(二) 要求

(1) 计算债券成本。
(2) 计算优先股成本。
(3) 计算普通股成本。
(4) 计算加权平均资本成本。

案例 4-2

(一) 资料

力兴公司原资金结构,见表4-2。

表4-2　　　　　　　　力兴公司资本结构表　　　　　　　　单位:万元

筹资方式	金额
债券（年利率8%）	3 000
普通股（每股面值1元,发行价12元,共500万股）	6 000
合　计	9 000

目前普通股的每股市价为12元,预期第一年的股利为1.5元,以后每年以固定的增长率3%增长,不考虑证券筹资费用,企业适用的所得税税率为30%。

企业目前拟增资2 000万元,以投资于新项目,有以下两个方案可供选择:

方案一:按面值发行2 000万元债券,债券年利率10%,同时由于企业风险的增加,所以普通股的市价降为11元/股（股利不变）。

方案二:按面值发行1 340万元债券,债券年利率9%,同时按照11元/股的价格发行普通股股票筹集660万元资金（股利不变）。

(二) 要求

计算资本成本并判断企业应采用哪一种方案。

案例 4-3

(一) 资料

德迈斯公司计划筹集资金,并维持目前的资金结构（债券占60%,普通股占40%）不变。随筹资额的增加,各筹资方式的资本成本变化,见表4-3。

表 4-3 各筹资方式的资本成本变化表

筹资方式	新筹资额	资本成本
债券	60 万元以下 60 万元~120 万元 120 万元以上	8% 9% 10%
普通股	60 万元以下 60 万元以上	14% 16%

（二）要求

计算各筹资总额范围内资金的边际成本。

五、参考答案

（一）单项选择题

1. A　2. D　3. C　4. C　5. A　6. C　7. B　8. C　9. B　10. C
11. A　12. D　13. B　14. D

（二）多项选择题

1. ABD　2. AB　3. ABCD　4. ACD　5. ACD

（三）判断题

1. √　2. ×　3. √　4. ×　5. ×　6. √　7. ×　8. √　9. ×
10. √　11. ×　12. ×

（四）技能实训案例

案例 4-1

（1）债券成本 = 7.14%

（2）优先股成本 = 12%/（1-3%）= 12.37%

（3）普通股成本 = 10%/（1-4%）= 10.42%

（4）综合资本成本 = 9.94%

案例 4-2

筹资前企业的加权平均资本成本：

债务资本成本 = 8%×（1-30%）= 5.6%

普通股资本成本 = 1.5/12 × 100% + 3% = 15.5%
加权平均资本成本 = 3 000/9 000 × 5.6% + 6 000/9 000 × 15.5% = 12.2%
使用方案一筹资后的加权平均资本成本：
原债务资本成本 = 8% × (1 - 30%) = 5.6%
新债务资本成本 = 10% × (1 - 30%) = 7%
普通股资本成本 = 1.5/11 × 100% + 3% = 16.64%
加权平均资本成本 = 3 000/11 000 × 5.6% + 2 000/11 000 × 7% + 6 000/11 000 × 16.64%
　　　　　　　　 = 11.88%
使用方案二筹资后的加权平均资本成本：
原债务资本成本 = 8% × (1 - 30%) = 5.6%
新债务资本成本 = 9% × (1 - 30%) = 6.3%
普通股资本成本 = 1.5/11 × 100% + 3% = 16.64%
加权平均资本成本 = 3 000/11 000 × 5.6% + 1 340/11 000 × 6.3% + 6 660/11 000 × 16.64%
　　　　　　　　 = 12.37%
因为方案一的加权平均资本成本最低，所以应当选择方案一进行筹资。

案例 4-3

表 4-4　　　　　　　　　　　　筹资总额分界点计算表

筹资方式及 目标资本结构	资本成本	特定筹资方式 的筹资范围	筹资总额分界点	筹资总额的范围
债券	8% 9% 10%	60 万元以下 60 万元~120 万元 120 万元以上	60 ÷ 60% = 100 120 ÷ 60% = 200	100 万元以下 100 万元~200 万元 200 万元以上
普通股	14% 16%	60 万元以下 60 万元以上	60 ÷ 40% = 150	150 万元以下 150 万元以上

由上表可得出四组新的筹资范围并计算资金的边际成本：
（1）0~100 万范围资金的边际成本 = 8% × 0.6 + 14% × 0.4 = 10.4%
（2）100 万元~150 万范围资金的边际成本 = 9% × 0.6 + 14% × 0.4 = 11%
（3）150 万元~200 万范围资金的边际成本 = 9% × 0.6 + 16% × 0.4 = 11.8%
（4）200 万元以上范围资金的边际成本 = 10% × 0.6 + 16% × 0.4 = 12.4%

投资篇

本篇内容

项目五　公司证券估价
项目六　公司证券投资决策
项目七　公司资本预算
项目八　公司营运资本管理

本篇实训目的：主要掌握公司债券、股票的基本概念、特点；掌握债券、股票的估价方法和收益率的计算；掌握证券投资的决策原则。理解项目投资的有关概念；掌握现金流量的内容；掌握并能灵活应用项目投资的评价指标及其分析方法；掌握现金、应收账款和存货的管理方法。

项目五 公司证券估价

一、内容综述

（一）证券及证券估价的概念

证券是指用以证明或设定权利所做成的书面凭证，它表明证券持有人或第三者有权取得该证券拥有的特定权益。其最基本的特征表现在两个方面：一是法律特征；二是书面特征。

证券估价是指对有价证券价值的估计。这里的"价值"是指债券、股票等金融资产的内在价值，即经济价值，是用适当利率（贴现率）计算的该有价证券预期未来现金流量的现值。它不同于账面价值和现行价格。

影响估价的主要因素：有价证券未来的现金流量、贴现率（包含对风险的考虑）、持有的时间。

（二）证券的种类及特点

表 5-1　　　　　　　　　　　　证券的种类及特点

分类标志	种类	实例	特点
按照证券性质不同分类	凭证证券	如借据、收据等	本身不能使持券人或第三者取得一定收入
	有价证券	如股票、债券及其衍生品如基金证券、可转换证券等	持有者可凭以直接取得一定量的商品、货币或取得股息、利息等收入
按照证券发行主体不同分类	政府证券	如国债	风险小
	金融证券	如短期融资券	风险比政府证券风险大
	公司证券	—	风险相对较大
按照证券体现权益关系分类	所有权证券	如股票	风险大且收益随行就市不固定
	债权证券	如债券	有一定风险但收益固定

(三) 证券估价的模型

表 5-2   证券估价模型一览表

大类名称	细类名称	模型公式
证券估价一般模型	—	$V = \sum_{t=1}^{n} \dfrac{D_t}{(1+k)^t}$
债券估价模型	基本模型	$V = \dfrac{I_1}{(1+k)} + \dfrac{I_2}{(1+k)^2} + \cdots\cdots + \dfrac{I_n}{(1+k)^n} + \dfrac{M}{(1+k)^n}$
	典型债券估价模型	$V = I \cdot (P/A, k, n) + M \cdot (P/F, k, n)$
	到期一次还本付息债券估价模型	$V = \dfrac{M+I}{(1+k)^t}$
	流通债券估价模型	$V = \sum_{t=n}^{m} \dfrac{I}{(1+k)^t} + \dfrac{M}{(1+k)^t}$ $= I(P/A, k, t) + M(P/F, k, t)$
股票估价模型	永久性持有股票的估价模型	$V = \sum_{t=1}^{\infty} \dfrac{D_t}{(1+k)_t}$
	零成长股票的估价模型	$V = \dfrac{D}{k}$
	固定成长股票估价模型	$V = \dfrac{D_t(1+g)}{k-g} = \dfrac{D_1}{k-g}$
	短期持有股票估价模型	$V = \sum_{t=1}^{n} \dfrac{D_t}{(1+k)^t} + \dfrac{P_n}{(1+k)^n}$ $= \sum_{t=1}^{n} D_t(P/F, k, t) + P_n(P/F, k, n)$
	市盈率估价模型	股票价值 = 行业平均市盈率 × 该股票每股年收益

二、重难点精析

（一）债券估价

1. 债券及其特征

债券是公司和政府发行的信用票据。是发行者为筹集资金，向债权人发行的，在约定时间支付一定比例的利息，并在到期时偿还本金的一种有价证券。债券的基本要素有债券面值、票面利率、到期期限、付息期、提前偿还条款及偿还方式。

债券的特征有的特征主要有：期限性、流动性、安全性和收益性。

2. 债券的估价

债券的价值，也称债券的内在价值，是指债券预期未来现金流入的现值。债券投资的现金流出是其购买债券的价格，其现金流入主要包括利息和到期归还的本金或出售时获得的现金。

债券估价模型公式见表 5-2。

若债券的价值大于其目前价格，说明预期会有较好的收益，值得投资。

（二）股票估价

1. 股票及其特征

股票是股份有限公司为筹措自有资本而签发的证明股东所持股份的法律凭证。相对于债券而言股票有的特征为：风险性、流动性、波动性和决策权。

2. 股票的估价

股票的价值，是指股票预期的未来现金流入的现值，是由投资人要求的必要报酬率决定的。也称"股票的内在价值"，它是股票的真实价值，也叫理论价值。

股票的价格主要是由预期股利和当时的市场利率决定，即股利的资本化价值决定了股票价格。另外，股票价格还受整个经济环境变化和投资者心理等复杂因素的影响。

股利是股息和红利的总称。股利是公司从其税后利润中分配给股东的，是公司对股东投资的一种报酬。

股票估价模型见表 5-2。

对于非固定成长股票的估价实际上就是固定成长股票价值计算的分段运用。若股票的价值大于其目前价格，说明预期会有较好的收益，值得投资。

三、基础训练

（一）单项选择题

1. 甲公司拟发行面值为 1 000 元的 5 年期债券，其票面利率为 8%，每年付息一次，当前的市场利率为 10%。乙公司准备购买该债券进行投资，该债券定价为（　　）元时，乙公司才会购买。

　　A. 高于 924.16　　　　　　　　B. 高于 1 000
　　C. 低于 1 000　　　　　　　　　D. 低于 924.16

2. 发票属于（　　）。

　　A. 有价证券　　　　　　　　　B. 凭证证券
　　C. 资本证券　　　　　　　　　D. 货币证券

3. 某种股票为固定成长股票，年增长率为 5%，预期一年后的股利为 6 元，现行国库券的收益率为 11%，平均风险股票的必要收益率等于 16%，而该股票的贝塔系数为

1.2，那么，该股票的价值为（　　）元。
　　A. 45　　　　　　　　　　　　　　B. 33
　　C. 50　　　　　　　　　　　　　　D. 80
4. 作为证券，必须具备的两个基本特征是（　　）。
　　A. 法律特征和书面特征　　　　　　B. 募集特征和交易特征
　　C. 风险特征和收益特征　　　　　　D. 市场特征和财务特征
5. 某公司发行的股票，预期报酬率为20%，最近刚支付的股利为每股2元，估计股利年增长率为10%，则该种股票的价格为（　　）元。
　　A. 20　　　　　　　　　　　　　　B. 24
　　C. 22　　　　　　　　　　　　　　D. 18
6. 按照证券的性质可将证券分为（　　）。
　　A. 凭证证券和有价证券　　　　　　B. 所有权证券和债权证券
　　C. 原生证券和衍生证券　　　　　　D. 固定收益证券和变动收益证券
7. 某公司发行5年期债券，债券的面值为1 000元，票面利率5%，每年付息一次，到期还本，投资者要求的必要报酬率为6%。则该债券的价值为（　　）元。
　　A. 769　　　　　　　　　　　　　B. 957.92
　　C. 1 000　　　　　　　　　　　　D. 784.67
8. 某种股票为固定成长股票，股利年增长率6%，预计第一年的股利为8元/股，无风险收益率为10%，市场上所有股票的平均收益率为16%，而该股票的贝塔系数为1.3，则该股票的内在价值为（　　）元。
　　A. 55.63　　　　　　　　　　　　B. 71.86
　　C. 65.53　　　　　　　　　　　　D. 67.8
9. 某债券期限为12年，面值1 000元，年利率8%，投资者要求的利率为12%，则该债券的价值为（　　）元。
　　A. 752.25　　　　　　　　　　　　B. 999.99
　　C. 1 000　　　　　　　　　　　　D. 920
10. 下列关于股票价值表述正确的有（　　）。
　　A. 股票价值是指股票在证交所的开盘价
　　B. 股票价值是指股票预期的未来现金流入的现值
　　C. 股票价值是指股票在证交所的收盘价
　　D. 股票价值是指股票在发行市场的发行价

（二）多项选择题

1. 与股票相比，债券的特征包括（　　）。
　　A. 本金安全性高　　　　　　　　　B. 购买力风险较小
　　C. 收入稳定性强　　　　　　　　　D. 市场流动性好
2. 与长期持有，股利固定增长的股票内在价值呈同方向变化的因素有（　　）。
　　A. 预期第1年的股利　　　　　　　B. 股利年增长率
　　C. 投资人要求的资金收益率　　　　D. β系数

3. 关于证券价值的下列说法中正确的有（　　）。
   A. 投资者要求的必要报酬率决定证券的内在价值
   B. 市场平均收益率决定证券的市场价格
   C. 市场利率决定证券的内在价值
   D. 投资者要求的必要报酬率决定证券的市场价格
4. 下列（　　）属于所有权证券。
   A. 政府债券　　　　　　　　　　B. 优先股股票
   C. 公司债券　　　　　　　　　　D. 普通股股票
5. 影响估价的主要因素有（　　）。
   A. 有价证券未来的现金流量　　　B. 贴现率（包含对风险的考虑）
   C. 持有的时间　　　　　　　　　D. 有价证券的面值
6. 股票相对于债券来讲其主要特征有（　　）。
   A. 风险较大　　　　　　　　　　B. 流动性较强
   C. 价格具有波动性　　　　　　　D. 有选举权和表决权
7. 关于市盈率估价模型正确的计算公式有（　　）。
   A. 股票价格＝行业平均市盈率×该股票每股年收益
   B. 股票价值＝该股票市盈率×该股票每股年收益
   C. 股票价值＝行业平均市盈率×该股票每股年收益
   D. 股票价格＝该股票市盈率×该股票每股年收益
8. 债券的价值，是指债券预期未来现金流入的现值，具体包括（　　）。
   A. 债券的面值
   B. 债券面值按投资者要求的必要报酬率计算的现值
   C. 债券每期利息按投资者要求的必要报酬率计算的现值
   D. 每期利息和到期归还的本金按市场利率计算的现值

（三）判断题

1. 提货单、运货单等都属于凭证证券。（　　）
2. 股票投资的风险大，主要是因为它的求偿权居后，价格不稳定，并且股利收入也不稳定。（　　）
3. 债券的价值就是指债券的市场价格。（　　）
4. 投资者要求的必要报酬率与股票的价值同向变动。（　　）
5. 股票的价格是由市场利率决定的。（　　）
6. 影响零成长股票估价的主要因素是股利及投资者要求的必要报酬率。（　　）
7. 固定成长股票的估价模型是目前股利与投资者必要报酬率和预期股利增长率差额的比值。（　　）
8. 股利增长率与股票价值反向变动。（　　）
9. 非固定成长股票价值的计算，实际上就是固定成长股票价值计算的分段运用。（　　）
10. 影响股票估价的因素是该股票市盈率和该股票每股年收益。（　　）

四、技能实训案例

案例 5-1

(一) 资料

新石业公司计划利用一笔长期资金投资购买股票。现有甲公司股票和乙公司股票可供选择,新石业公司只准备投资一家公司股票。已知甲公司股票现行市价为每股 7 元,上年每股股利为 0.15 元,预计以后每年以 8% 的增长率增长。乙公司股票现行市价为每股 6 元,上年每股股利为 0.5 元,股利分配政策将一贯坚持固定股利政策。新石业公司所要求的投资必要报酬率为 10%。

(二) 要求

(1) 利用股票估价模型,分别计算甲、乙公司股票价值。
(2) 代新石业公司做出股票投资决策。

案例 5-2

(一) 资料

天乐公司股票的 β 系数为 1.5,无风险利率为 8%,市场上股票的平均报酬率为 12%。

(二) 要求

(1) 若天乐股票成长率为 4%,预计一年后的股利为 1.4 元,则该股票的价值为多少?
(2) 若股票未来三年股利零增长,每期股利为 1.5 元,预计从第四年起转为正常增长,成长率为 4%,则该股票的价值为多少?

案例 5-3

(一) 资料

华北电器公司发行公司债券,面值为 1 000 元,票面利率为 10%,期限为 5 年。已知市场利率为8%。

(二) 要求

公司总经理要求财务经理提供下列数据：(1) 债券为按年付息、到期还本，发行价格为 1 020 元，投资者是否愿意购买？

(2) 债券为单利计息、到期一次还本付息债券，发行价格为 1 010 元，投资者是否愿意购买？

(3) 债券为贴现债券，到期归还本金，发行价为 700 元，投资者是否愿意购买？

五、参考答案

(一) 单项选择题

1. D　2. B　3. C　4. A　5. C　6. A　7. B　8. D　9. A　10. B

(二) 多项选择题

1. ACD　2. AB　3. AB　4. BD　5. ABC　6. ABCD　7. CD　8. BC

(三) 判断题

1. ×　2. √　3. ×　4. ×　5. √　6. √　7. ×　8. ×　9. √　10. ×

(四) 技能实训案例

案例 5-1

(1) 计算甲、乙公司股票价值。

甲公司股票价值 = 0.15 × (1 + 8%) ÷ (10% - 8%) = 8.1（元）

乙公司股票价值 = 0.50 ÷ 10% = 5（元）

(2) 分析与决策。

由于甲公司股票现行市价为 7 元，低于其投资价值 8.1 元，故甲公司股票值得投资。乙公司股票现行市价为 6 元，高于其投资价值 5 元，故乙公司股票不值得投资，所以新石业公司应购买甲公司股票。

案例 5-2

(1) 根据资本资产定价模型，则：

天乐公司股票的预期收益率 = 8% + 1.5 × (12% - 8%) = 14%

根据固定成长股票的估价模型，则：

该股票价值 = 1.4/(14% - 4%) = 14（元/股）
（2）该股票价值 = 1.5×(P/A,14%,3) + 1.5×(1+4%)÷(14%-4%)×(P/F,14%,3)
     = 1.5×2.3216 + 15.6×0.6750 = 14.01（元/股）

案例 5-3
（1）债券价值 = 1 000×10%×(P/A,8%,5) + 1 000×(P/F,8%,5)
     = 100×3.9927 + 1 000×0.6806
     = 1 079.87（元）
因为债券的价值高于债券的发行价格，所以投资者会购买该债券。
（2）债券价值 = 1 000×(1 + 5×10%)×(P/F,8%,5)
     = 1 500×0.6806
     = 1 020.9（元）
因为债券的价值高于债券的发行价格，所以投资者会购买该债券。
（3）债券价值 = 1 000×(P/F,8%,5) = 1 000×0.6806 = 680.6（元）
因为债券的价值低于债券的发行价格，所以投资者不会购买该债券。

项目六 公司证券投资决策

一、内容综述

（一）证券投资的概念及目的

证券投资是指投资者将资金投资于股票、债券、基金及衍生证券等资产，从而获取收益的一种投资行为。证券投资具有流动性强、价值不稳定、交易成本低等特点。

证券投资的目的：获取投资收益、分散风险、替代现金。

（二）证券投资的风险

证券投资风险包括系统风险、非系统风险。具体包括：

1. 利息率风险

利息率风险是指由于利率变动而引起金融资产价格波动，使投资者遭受损失的风险。证券资产的市场价格与市场利率存在着反比关系。规避利息率风险的办法是分散债券的到期日。

2. 再投资风险

再投资风险是指由于市场利率下降而造成的无法通过再投资而实现预期收益的风险。规避再投资风险的方法是购买长期债券。

3. 购买力风险

购买力风险是指由于通货膨胀而使证券到期或出售时所获得的货币资金购买力降低的风险。规避购买力风险的办法是，投资于预期报酬率会上升的资产。

4. 违约风险

违约风险是指证券发行人无法按时支付利息或偿还本金的风险。规避该风险主要是购买质量好的有价证券。

5. 流动性风险

流动性风险指持有人想出售持有的证券获取现金时，证券不能立即出售的风险。规避该风险的方法是购买国库券等流通性强的有价证券。

6. 破产风险

破产风险是指证券发行者破产清算时，投资者无法收回应得权益的风险。

（三）证券投资的收益

证券投资的收益内容包括证券交易现价与原价的差额以及定期的股利或利息收益。以收益率表示。具体有：息票收益率（息票利息率）、本期收益率（当前收益率）、到期收益率。

（四）证券投资组合

通过有效地进行证券投资组合，便可削减证券风险，达到降低风险的目的。

1. 证券投资组合的风险与收益率

非系统性风险可通过证券持有的多样化来抵销，是可分散的风险。系统性风险，不能通过证券组合分散掉。其风险的程度，通常用 β 系数来计量。

作为整个证券市场的 β 系数为 1。如果某种股票的风险情况与整个证券市场的风险情况一致，则这种股票的 β 系数等于 1；如果某种股票的 β 系数大于 1，说明其风险大于整个市场的风险；如果某种股票的 β 系数小于 1，说明其风险小于整个市场的风险。

投资组合的 β 系数是单个证券 β 系数的加权平均数：$\beta_p = \sum_{j=1}^{n} X_j \cdot \beta_j$

组合后的收益为：$k_p = \sum_{i=1}^{n} W_i \cdot k_i$

一个重要的模型——资本资产定价模型（Capital Asset Pricing Model，简写为 CAPM）：

$$k_i = R_F + \beta_i \cdot (k_m - R_F)$$

2. 证券投资组合的策略与方法

证券投资组合策略有：保守型策略、冒险型策略、适中型策略。

证券投资组合的方法有：（1）选择足够数量的证券进行组合。（2）把风险大、风险中等、风险小的证券放在一起进行组合。（3）把投资收益呈负相关的证券放在一起进行组合。

二、重难点精析

（一）证券投资收益率

1. 息票收益率（息票利息率）

息票收益率是指证券发行人承诺在一定时期内支付的名义利息率。

息票利息率 = 支付的年利息（股利）总额/证券的面值

2. 本期收益率（当前收益率）

本期收益率是指支付的证券利息（股利）额对本期证券的市场价格的比值。

本期收益率 = 支付的年利息（股利）总额/证券的市场价格

3. 到期收益率

到期收益率是指从现在购买证券一直持有到到期日的投资收益率。

（1）短期证券到期收益率。

由于期限短，一般不用考虑时间价值因素。计算公式为：

$$K = \frac{S_1 - S_0 + P}{S_0 \times n} \times 100\%$$

（2）长期证券到期收益率。由于时间较长，要考虑资金时间价值因素。计算方法是找到能够使未来的现金流入的现值等于现金流出的折现率即为该证券的到期收益率。求折现率的过程，采用内插法来计算。

4. 持有期收益率

它与到期收益率相似，只是持有人在到期前出售其证券。

长期股票投资收益率的计算原理与长期债券投资收益率相同，但由于股利是变动的，不能采用年金的方法计算股利的现值。一般而言，长期股票投资收益率是股票投资的净现值（预期未来现金流入现值与流出现值的差额）等于零时的折现率。其计算公式为：

$$\sum_{t=1}^{n} D_t (P/F, i, n) + S_n (P/F, i, n) - S_0 = 0$$

（二）证券投资决策原则

有价证券的价值是有价证券预期未来现金流入的现值，而利率即收益率则是决定证券价值的关键因素，二者有着密切的内在联系，并成反向变动。投资人要求的必要报酬率决定有价证券的内在价值，市场利率则决定有价证券的市场价值即市价。投资决策的原则是：

当债券（股票）价值（内在价值）＞该债券（股票）市场价格时，投资可行（即值得购买）。

此时，投资人要求的必要报酬率 < 债券（股票）预期投资收益率（即预期会获得更高的收益）。

反之，不值得购买。

三、基础训练

（一）单项选择题

1. 某债券 5 年期，按溢价 25% 发行，票面利率为 12.5%，单利计息，到期一次性还本付息，其到期收益率为（　　）。
   A. 5.40%　　　　B. 5.%　　　　C. 6%　　　　D. 6.20%

2. 下列证券中，能够更好地避免证券投资购买力风险的是（　　）。
   A. 公司债券　　　　　　　　B. 优先股
   C. 普通股　　　　　　　　　D. 国库券

3. 由于市场利率下降而造成的无法实现预期收益的风险是（　　）。
   A. 购买力风险　　　　　　　B. 流动性风险
   C. 利息率风险　　　　　　　D. 再投资风险

4. 2007 年 1 月 1 日，某公司以 10 200 元的价格购买面值为 10 000 元的 2003 年 1 月 1 日发行的 5 年期债券，票面利率 8%，每年付一次息，若该公司持有至到期日，其到期收益率为（　　）。
   A. 6.86%　　　　　　　　　B. 5.88%
   C. 8%　　　　　　　　　　　D. 7.84%

5. 甲公司于 2006 年 3 月 1 日购买了乙公司的普通股 400 万元，该股票市价为 8 元/股，2007 年 1 月甲公司获得现金股利 120 万元。2007 年 3 月 1 日，甲公司以每股 8.5 元的价格将乙公司股票全部售出。就该股票而言，甲公司持有期收益率为（　　）。
   A. 3.75%　　　　　　　　　B. 6.25%
   C. 15%　　　　　　　　　　D. 10%

6. 某企业于 2006 年 4 月 1 日以 10 000 元购得面额为 10 000 元的新发行债券，票面利率 12%，两年后一次还本付息，该公司若持有该债券至到期日，其到期收益率为（　　）。
   A. 10.67%　　　　　　　　B. 11.37%
   C. 8.56%　　　　　　　　　D. 12%

7. 甲公司在 2003 年 4 月 1 日投资 515 万元购买 B 股票 100 万股，在 2004 年、2005 年、2006 年的 3 月 31 日每股分配现金股利 0.5 元、0.6 元和 0.8 元，并于 2006 年 3 月 31 日以每股 6 元的价格将股票全部出售，则该项投资的持有期收益率为（　　）。
   A. 16.70%　　　B. 16.34%　　　C. 17.59%　　　D. 18.20%

8. 企业进行长期债券投资的目的主要是（　　）。
   A. 合理利用暂时闲置资金　　　B. 调节现金余额
   C. 获得稳定的收益　　　　　　D. 获得企业的控制权

9. 关于债券收益率的说法错误的是（　　）。
   A. 易被赎回的债券的名义收益率比较高　B. 享受税收优惠的债券的收益率比较低
   C. 流动性低的债券收益率较高　　　　　D. 违约风险高的债券收益率比较低
10. 某公司于 2006 年 1 月 1 日发行 5 年期、到期一次还本付息债券，面值为 1 000 元，票面利率 10%，甲投资者于 2007 年 1 月 1 日以 1 020 元的价格购买该债券并打算持有至到期日，则该投资者进行该项投资的到期收益率为（　　）。
    A. 41.18%　　　　B. 10.12%　　　　C. 4.12%　　　　D. 10%

（二）多项选择题

1. 证券投资的系统风险包括（　　）。
   A. 流动性风险　　　　　　　　　　B. 利息率风险
   C. 再投资风险　　　　　　　　　　D. 购买力风险
2. 证券投资收益包括（　　）。
   A. 证券交易的现价　　　　　　　　B. 证券交易的原价
   C. 证券交易现价与原价的差　　　　D. 定期的股利或利息
3. 企业在选择投资对象时应当遵循的原则包括（　　）。
   A. 安全性原则　　　　　　　　　　B. 流动性原则
   C. 重要性原则　　　　　　　　　　D. 收益性原则
4. 债券收益率的影响因素包括（　　）。
   A. 债券的买价　　　　　　　　　　B. 债券的期限
   C. 债券的税收待遇　　　　　　　　D. 债券的违约风险
5. 下列关于证券投资收益的说法正确的是（　　）。
   A. 息票收益率通常是指证券发行人承诺在一定时期内支付的实际利息率
   B. 本期收益率等于债券的年利息与债券的买入价之比率
   C. 贴现债券持有期收益率 =（债券卖出价 – 债券买入价）/债券买入价 × 100%
   D. 剩余流通期限在一年以上的到期一次还本付息债券的到期收益率采取复利计算
6. 股票投资的优点包括（　　）。
   A. 能获得较高的投资收益　　　　　B. 能适当降低购买力风险
   C. 投资风险小　　　　　　　　　　D. 拥有一定的经营控制权
7. 证券投资的非系统风险包括（　　）。
   A. 违约风险　　　　　　　　　　　B. 购买力风险
   C. 流动性风险　　　　　　　　　　D. 破产风险
8. 关于证券投资决策正确的表述是（　　）。
   A. 当债券（股票）价值 > 该债券（股票）市场价格时，投资可行
   B. 当债券（股票）价值 > 该债券（股票）市场价格时，投资不可行
   C. 当投资人要求的必要报酬率 < 债券（股票）预期投资收益率时，不值得购买
   D. 当投资人要求的必要报酬率 < 债券（股票）预期投资收益率时，值得购买
9. 下列关于证券投资组合表述正确的是（　　）。
   A. 证券投资组合可以分散掉所有的风险

B. 证券投资组合只能分散掉非系统风险
C. 两只完全负相关的股票组合可以分散全部非系统风险
D. 证券投资组合的收益是组合中各种证券收益的加权平均数

10. 证券投资组合策略主要有（　　）。
   A. 保守型策略　　　　　　　　　　B. 冒险型策略
   C. 适中型策略　　　　　　　　　　D. 1/3 策略

（三）判断题

1. 当通货膨胀发生时，变动收益证券如普通股劣于固定收益证券如公司债券。（　　）

2. 再投资风险是由于市场利率上升而造成的无法通过再投资而实现预期收益的风险。（　　）

3. 固定收益证券风险较小，但报酬不高；而变动收益证券风险较大，但报酬较高。优先股股票是典型的变动收益证券。（　　）

4. 一般而言，短期证券的风险小，变现能力强，但收益率相对较低，而长期证券的收益一般较高，但风险较大。（　　）

5. 决定债券收益率的主要有债券的票面利率、市场利率、期限和面值等因素。（　　）

6. 普通股与公司债券相比能够更好地避免购买力风险。（　　）

7. 再投资风险是指市场利率上升而造成的无法通过再投资而实现预期收益的风险。（　　）

8. 短期债券与长期债券相比，利息率风险大，再投资风险小。（　　）

9. 债券的当前收益率和票面收益率一样，不能全面地反映投资者的实际收益。（　　）

10. 普通股投资与优先股投资相比投资风险较大，而收益较低。（　　）

四、技能实训案例

案例 6-1

（一）资料

南海公司 2005 年 1 月 1 日以 65 元的价格购入某公司股票。

（二）要求

请分别回答下列问题：

（1）假设本年可以获得7.8元的现金股利，计算本期收益率。

（2）假设持有6个月之后以69元的价格售出，在持有期间获得7.8元的现金股利，计算该股票的持有期收益率。

（3）假设南海公司于2005年和2006年的12月31日分别获利现金股利7.8元和8.5元，2007年1月1日将股票以70元的价格售出，计算该股票的持有期收益率。

案例6-2

（一）资料

力华公司欲投资购买债券，目前有两家公司债券可供挑选：（1）甲公司债券，债券面值为1 000元，5年期，票面利率为8%，每年付息一次，到期还本，债券的发行价格为1 100。（2）乙公司债券，债券面值为1 000元，5年期，票面利率为8%，单利计息，到期一次还本付息，债券的发行价格为1 100。

（二）要求

（1）若投资人要求的必要收益率为6%，则甲公司债券的价值为多少；若力华公司欲投资甲公司债券，并一直持有到期日，其到期收益率为多少；应否购买？

（2）若投资人要求的必要收益率为6%，则乙公司债券的价值为多少；若力华公司欲投资乙公司债券，并一直持有至到期日，其到期收益率为多少；应否购买？

（3）若力华公司持有乙公司债券3年后，将其以1 400元的价格出售，则持有期收益率为多少？

案例6-3

（一）资料

信源公司准备投资购买股票，现有甲、乙两家公司可供选择，从甲、乙公司2006年12月31日的有关会计报表及补充资料中获知，2006年甲公司发放的每股股利为10元，股票每股市价为40元；2006年乙公司发放的每股股利为3元，股票每股市价为30元。预期甲公司未来年度内股利恒定；预期乙公司股利将持续增长，年增长率为6%，假定目前无风险收益率为10%，市场上所有股票的平均收益率为16%，甲公司股票的β系数为3，乙公司股票的β系数为2。

（二）要求

（1）计算甲公司股票的必要收益率为多少？

(2) 计算乙公司股票的必要收益率为多少？
(3) 通过计算股票价值并与股票市价相比较，判断两公司股票是否应当购买。
(4) 若投资购买两种股票各100股，计算该投资组合的综合β系数。
(5) 若投资购买两种股票各100股，该投资组合投资人要求的必要收益率为多少？
(6) 若打算长期持有甲公司股票，则持有收益率为多少？
(7) 若打算长期持有乙公司股票，则持有收益率为多少？
(8) 若以每股40元买入甲公司股票并打算持有半年，半年后以45元的价格卖出，持有期间获得了5元股利，则持有期收益率为多少？

五、参考答案

（一）单项选择题

1. A　2. C　3. D　4. B　5. D　6. B　7. A　8. C　9. D　10. B

（二）多项选择题

1. BCD　2. CD　3. ABD　4. ABCD　5. BD　6. ABD　7. ACD　8. AD
9. BCD　10. ABC

（三）判断题

1. ×　2. ×　3. ×　4. √　5. ×　6. √　7. ×　8. ×　9. √
10. ×

（四）技能实训案例

案例6-1

(1) 本期收益率 = 7.8/65 × 100% = 12%
(2) 持有期收益率 = [(69 − 65)/(6/12) + 7.8]/65 × 100% = 24.31%
(3) 65 = 7.8 × (P/F, i, 1) + 8.5 × (P/F, i, 2) + 70 × (P/F, i, 2)

经过测试得知：

当 i = 16% 时

7.8 × (P/F, 16%, 1) + 8.5 × (P/F, 16%, 2) + 70 × (P/F, 16%, 2)
= 7.8 × 0.8621 + 78.5 × 0.7432 = 65.0656

当 i = 18% 时

7.8 × (P/F, 18%, 1) + 8.5 × (P/F, 18%, 2) + 70 × (P/F, 18%, 2)
= 7.8 × 0.8475 + 78.5 × 0.7182 = 62.9892

用内插法可知：

$$i = 16\% + (18\% - 16\%) \times \frac{65.0656 - 65}{65.0656 - 62.9892} = 16.06\%$$

即：持有期收益率为16.06%。

案例6-2

（1）甲公司债券的价值 = 80 × (P/A,6%,5) + 1 000 × (P/F,6%,5) = 1 084.29（元）

当债券发行价格为1 100元时，求债券的到期收益率：

设 I = 4%，80 × (P/A,4%,5) + 1 000 × (P/F,4%,5) = 1 178.04（元）

利用内插法：债券投资收益率 I = 5.66%

甲公司债券价值低于其发行价格，或者说该债券投资收益率低于投资人要求的必要收益率，所以不应该购买。

（2）乙公司债券的价值 = (1 000 + 1 000 × 8% × 5) × (P/F,6%,5) = 1 046.22（元）

当债券发行价格为1 100元时，求债券的到期收益率：

1 100 = 1 400(P/F,I,5)

(P/F,I,5) = 1 100/1 400 = 0.7857

I = 5%, (P/F,I,5) = 0.7835

I = 4%, (P/F,I,5) = 0.8219

利用插值法：债券投资收益率 = 4.94%

乙公司债券价值低于其发行价格，或者说该债券投资收益率低于投资人要求的必要收益率，所以也不应该购买。

（3）1 400 × (1 + I) - 3 = 1 100，则(1 + I)3 = 1 400/1 100 = 1.27

求出债券的到期收益率 I = 8.37%。

案例6-3

（1）利用资本资产定价模型计算甲公司的必要收益率为：k_i = 10% + 3 × (16% - 10%) = 28%

（2）利用资本资产定价模型计算乙公司的必要收益率为：k_i = 10% + 2 × (16% - 10%) = 22%

（3）甲公司的股票价值 = 10/28% = 35.71（元/股）

乙公司的股票价值 = 3 × (1 + 6%)/(22% - 6%) = 19.875 元/股

由于甲公司股票价值小于其市价，所以不应该购买；乙公司的股票价值也小于其市价，所以也不应该购买。

（4）β = 3 × 100 × 40/(100 × 40 + 100 × 30) + 2 × 100 × 30/(100 × 40 + 100 × 30) = 2.57

（5）投资组合的必要收益率 = 10% + 2.57 × (16% - 10%) = 25.42%

（6）设长期持有收益率为KA，则：40 = 10/KA，KA = 10/40 = 25%

（7）设长期持有收益率为K，则 30 = 3 × (1 + 6%)/(K - 6%)，K = 16.6%

（8）持有期收益率 = [(45 - 40) ÷ 0.5 + 5]/40 = 37.5%

项目七 公司资本预算

一、内容综述

项目投资是一种以特定项目为对象,直接与新建项目或更新改造项目有关的长期投资行为。项目投资决策也称作资本预算。具体分为新建项目投资和更新改造项目投资,其中新建项目又分为单纯固定资产投资和完整工业项目投资。

纯固定资产投资:只包括为取得固定资产而发生的垫支资本的投入,而不涉及周转资本的投入。完整工业投资项目:不仅包括固定资产投资,而且还涉及流动资金投资。

(一)现金流量估算

1. 现金流量的含义及内容

现金流量是指特定的投资项目所引起的现金的流入量和流出量。流入量与流出量的差称为现金净流量。

各阶段现金流量内容如下:

初始现金流量,包括建设投资、流动资金投资(只有新建项目由)等。

营业现金流量,由于生产经营带来的现金流入和流出的数量。

终结现金流量,包括回收的残值和回收的流动资金投资。

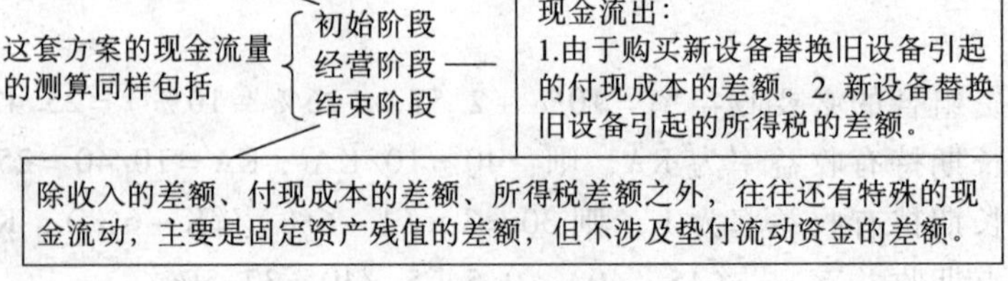

```
这套方案的现金流量     ┌ 初始阶段    现金流出量=购置新固定资产的现金流出-旧固定资产的变现收入
的测算同样包括      ┤ 经营阶段  ──
                    └ 结束阶段    现金流出:
                                  1.由于购买新设备替换旧设备引起的付现成本的差额。2.新设备替换旧设备引起的所得税的差额。

                                  除收入的差额、付现成本的差额、所得税差额之外,往往还有特殊的现金流动,主要是固定资产残值的差额,但不涉及垫付流动资金的差额。
```

图 7-1 固定资产更新改造现金流

2. 现金流量与现金净流量的计算

某年净现金流量 = 该年现金流入量 - 该年现金流出量

初始现金流量：

构成：固定资产投资、流动资金投资、其他投资费用。

一般只有流出、没有流入，现金净流量为负值。

建设期现金净流量 = - 原始总投资

营业现金净流量 = 净利 + 折旧、摊销 + 财务费用中的利息

终结点的现金净流量 = 净利 + 折旧、摊销 + 利息 + 回收额

（二）投资项目评价指标

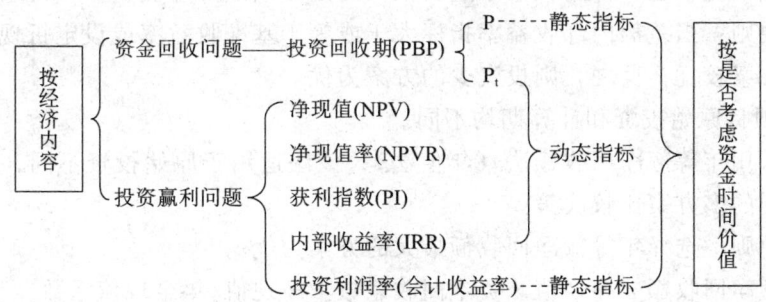

图 7-2 项目投资评价指标的体系构成

对同一个投资项目来说，所有的动态指标：净现值、净现值率、获利指数和内部收益率指标之间存在同方向变动关系。即：

当净现值 >0 时，净现值率 >0，获利指数 >1，内部收益率 > 基准收益率；

当净现值 =0 时，净现值率 =0，获利指数 =1，内部收益率 = 基准收益率；

当净现值 <0 时，净现值率 <0，获利指数 <1，内部收益率 < 基准收益率。

内部收益率 IRR 的计算本身与 i_c 的高低无关。也就是这个指标的计算与行业基准收益率或给定的折现率是没有关系的，主要与投资项目的计算期和各年的现金净流量有关系。动态指标是项目（或方案）的主要评价依据。

两个静态指标，投资回收期、投资收益率只能作为辅助指标，不能作为主要的评价依据。

（三）项目投资决策方法应用

1. 单一的独立投资项目的财务可行性评价

具体原则为：

（1）如果某一投资项目的评价指标同时满足各项动态财务可行性评价指标，则可以断定该投资项目无论从哪个方面看完全具备财务可行性，应当接受此投资方案。

（2）若主要指标处于可行区间，而次要或辅助指标处于不可行区间，则基本具备财务可行性。

（3）若主要指标处于不可行区间，而次要或辅助指标处于可行区间，则基本不具备财务可行性。

（4）若主要指标处于不可行区间，次要或辅助指标也处于不可行区间，则完全不具备财务可行性。

2. 多个互斥方案的比较与优选

（1）净现值法。当原始投资相同且项目计算期相等时：即可以选择净现值大的方案作为最优方案。

（2）净现值率法。该法适用于原始投资相同的多个互斥方案的比较决策。

（3）差额内部收益率法。该法适用于原始投资不相同，但计算期相同的多方案比较决策。

差额内部收益率是根据差量的净现金流量计算的使得净现值为0的折现率。其计算方法与内部收益率是一样的，只不过所依据的是差量净现金流量。

决策原则：当差额内部收益率指标大于或等于基准收益率或设定折现率时，原始投资额大的方案较优；反之，则投资少的方案为优。

（4）项目原始投资和计算期均不同。

一般采用年等额净回收额法（年值法），该法适用于原始投资不同，特别是项目计算期也不同的多方案比较决策。

决策原则：选择年等额净回收额最大的方案为优。

年等额净回收额 = 净现值 × 资本回收系数 = 净现值/年金现值系数

3. 多方案组合排队的投资决策（即独立项目选优）

总原则：在主要考虑投资效益的条件下，多方案比较决策的主要依据，就是能否保证在充分利用资金的前提下，获得尽可能多的净现值总量。

具体原则：

（1）在资金总量不受限制的情况下，选择所有净现值大于等于0的方案进行组合，可按每一项目的净现值大小来排队，确定优先考虑的项目顺序。

（2）在资金总量受到限制时，则需按净现值率的大小，结合净现值进行各种组合排队，从中选出能使 ΣNPV 最大的最优组合。

二、重难点精析

（一）对现金流量的理解应注意三点

（1）投资决策中使用的现金流量，是投资项目的现金流量，是特定项目引起的，是一个相关的现金流量。

（2）现金流量是指"增量"现金流量。

（3）这里的"现金"是广义的现金，它不仅包括各种货币资金，而且包括项目需要投入公司拥有的非货币资源的变现价值或重置成本。

(二)确定现金流量的假设前提

(1) 项目类型假定：这里的项目是指与固定资产建设相关联的项目。
(2) 财务可行性分析假定：我们所遇到的项目都是国民经济评价可行的项目。
(3) 全投资假设：向股东支付的股利和向债权人支付的利息不作为现金的流出。
(4) 建设期投入全部资金假定：投资在建设期内发生，以后再发生投资应作为新的项目看待。
(5) 经营期与折旧年限一致假定：认为固定资产折旧在经营期内完成，且年限相同。
(6) 时点指标：时点指标假设是指项目引起的现金流动假设为某一特定时点的流入和流出。一般情况下，如果有建设期，垫付的流动资金通常假设在建设期期末流出；原始投资往往假设在建设期的期初流出的；项目完工后的正常经营阶段，既有流入也有流出，流入主要是收入，流出主要是付现成本和所得税，该阶段的流入和流出假设发生在期末。
(7) 确定性假定：未来的收入、成本、税率等因素不变。

(三)实践中净现金流量估算应注意的问题

(1) 必须考虑现金流量的增量：只有增量现金流量才是与项目投资决策有关的现金流量。
(2) 尽量利用现有的会计利润数据：从项目整个时间段上考察，现金流量与利润是一致的。
(3) 必须考虑机会成本。
(4) 不能考虑沉没成本因素。

(四)项目投资评价指标

(1) 投资回收期（PP）。
概念：投资回收期（PP）是指收回初始投资所需要的年数。该指标可以衡量项目收回初始投资速度的快慢。PP包括静态回收期和动态回收期。
评价标准：P项目≤P标准，项目可以接受。相对比较时取回收期短者。
优点：能够直观地反映原始投资的返本期限；便于理解，计算简单；可以直接利用回收期之前的净现金流量信息。
缺点：静态投资回收期没有考虑资金时间价值因素；不考虑回收期满后继续发生的净现金流量的变化情况；不能正确反映投资方式的不同对项目的影响。
(2) 净现值（NPV）。
概念：净现值（记作NPV）是指在项目计算期内，按行业基准收益率或其他设定折现率计算的各年净现金流量现值的代数和。即流入现值与流出现值之差。
评价标准：NPV≥0 接受项目，NPV<0 拒绝项目。相对比较，取NPV大者。
净现值指标的优点与缺点：
优点：充分考虑了资金时间价值；能够利用项目计算期内的全部净现金流量信息。

缺点：因为需要事先设定贴现率，故无法直接反映投资项目的实际收益率水平。

（3）净现值率（NPVR）。

概念：净现值率是反映项目的净现值占原始投资现值的比率。

评价标准：NPVR≥0 项目可取，否则不可取。相对比较，取其大者。

净现值率指标的优缺点同净现值。

（4）获利指数（PI）。

概念：获利指数是项目投产后经营阶段每年的现金净流量的现值之和与原始投资现值的商。

评价标准：PI≥1 项目可取，否则为不可取。相对比较取其大者。

获利指数的优缺点：同净现值。

（5）内部收益率（IRR）。

概念：内部收益率是指项目投资实际可望达到的收益率，即能使投资项目的净现值等于零时的折现率，又叫内含报酬率或内部报酬率。

评价标准：IRR≥K。项目可行，否则不可行。

优点：能从动态的角度直接反映投资项目的实际收益水平；计算过程不受行业基准收益率高低的影响，比较客观。

缺点：计算过程复杂。尤其当经营期大量追加投资时，又有可能导致多个IRR出现，或偏高或偏低，缺乏实际意义。

（6）投资利润率（ROI）。

概念：投资利润率又称投资报酬率（会计收益率），是指达产期正常年度利润或年均利润占投资总额的百分比。投资利润率的计算公式为：

$$投资利润率（ROI）=\frac{年利润或年均利润}{投资总额}\times100\%$$

评价标准：ROI≥ROI。项目可行。ROI是公司预期平均投资收益率。

优点：是计算过程比较简单，能够反映建设期资本化利息的有无对项目的影响。

缺点：①没有考虑资金时间价值因素。②不能正确反映建设期的长短、投资方式的不同和回收额的有无等条件对项目的影响。③无法直接利用净现金流量信息。④计算公式分子分母的时间特征不同，不具有可比性。

三、基础训练

（一）单项选择题

1. 甲公司准备购置一新的生产设备，设备价款为200万元，该设备投产后，预计每年可获得净利30万元，设备使用期10年，残值为0，则投资回收期为（   ）。

  A. 5年 B. 4年

C. 2 年 　　　　　　　　　　　　D. 6.67 年

2. 某企业去年年末流动资金占用额为 100 万元，今年准备投产一个新的项目，估计新项目每年流动资产需用额为 70 万元，每年流动负债需用额为 40 万元。新项目需要的流动资金投资额为（　　）万元。

A. 30　　　　　　　　　　　　　B. 130
C. 70　　　　　　　　　　　　　D. 100

3. 下列投资项目评价指标中，不受建设期长短，投资回收时间先后及现金流量大小影响的评价指标是（　　）。

A. 投资回收期　　　　　　　　　B. 净现值率
C. 投资利润率　　　　　　　　　D. 内部收益率

4. 某投资项目于建设期初一次投入原始投资 400 万元，建设期为 0，获利指数为 1.35，则该项目净现值为（　　）万元。

A. 400　　　　　　　　　　　　B. 200
C. 100　　　　　　　　　　　　D. 140

5. 某投资项目投产后预计第一年流动资产需用额为 100 万元，流动负债需用额为 80 万元，第二年流动资产需用额 120 万元，流动负债需用额 90 万元，则第二年的流动资金投资额为（　　）万元。

A. 30　　　　　　　　　　　　　B. 20
C. 10　　　　　　　　　　　　　D. 0

6. 下列无法直接利用净现金流量信息计算的指标是（　　）。

A. 投资利润率　　　　　　　　　B. 投资回收期
C. 净现值率　　　　　　　　　　D. 内含报酬率

7. 原始投资额不同，特别是项目计算期不同的多方案比较决策，最适合采用的评价方法是（　　）。

A. 净现值法　　　　　　　　　　B. 内部收益率法
C. 差额投资内部收益率法　　　　D. 年等额净回收额法

8. 下列指标中，反映项目投资总体规模的价值指标是（　　）。

A. 原始投资总额　　　　　　　　B. 投资总额
C. 投资成本　　　　　　　　　　D. 建设成本

9. 在全部投资均于建设起点一次投入，建设期为零，投产后每年净现金流量相等的条件下，为计算内部收益率 IRR 所求得年金现值系数的数值应等于该项目的（　　）。

A. 静态投资回收期指标的值　　　B. 净现值率指标的值
C. 获利指数的值　　　　　　　　D. 投资利润率指标的值

10. 以营业收入替代经营现金流入基于的假设是（　　）。

A. 营业成本全部为付现成本
B. 经营期与折旧期一致
C. 每期发生的赊销额与回收的应收账款大体相等
D. 没有其他现金流入

11. 估算现金流量时应该注意的问题不包括（　　）。

A. 尽量利用现有的会计利润数据　　　B. 必须考虑全部的现金流量
C. 考虑项目对企业其他部门的影响　　D. 不能考虑沉没成本因素

12. 如果某一投资方案的净现值为正数，则必然存在的结果是（　　）。
A. 年均现金流量大于原始投资额　　　B. 投资回收期在 1 年以内
C. 投资利润率高于 100%　　　　　　　D. 获利指数大于 1

13. 甲设备原值为 100 000 元，税法规定残值率为 10%，最终报废残值 8 000 元，该公司所得税税率为 30%，则该设备由于残值带来的现金流入量为（　　）元。
A. 8 600　　　　　　　　　　　　　　B. 8 400
C. 9 000　　　　　　　　　　　　　　D. 9 600

14. 已知甲项目的原始投资额为 250 万元，建设期为 2 年，投产后 1 至 5 年的每年净现金流量为 45 万元，第 6 至 10 年的每年净现金流量为 40 万元，则该项目包括建设期的静态投资回收期为（　　）年。
A. 7　　　　　　　　　　　　　　　　B. 10
C. 5　　　　　　　　　　　　　　　　D. 7.625

15. 若甲投资方案贴现率为 12% 时，净现值为 4.85，当贴现率为 14% 时，净现值为 -2.16，则甲方案的内含报酬率为（　　）。
A. 12.11%　　　　　　　　　　　　　　B. 14.28%
C. 13.38%　　　　　　　　　　　　　　D. 12.85%

（二）多项选择题

1. 原始总投资包括（　　）。
A. 固定资产投资　　　　　　　　　　B. 开办费投资
C. 资本化利息　　　　　　　　　　　D. 流动资金投资

2. 与其他形式的投资相比，项目投资具有（　　）的特点。
A. 影响时间长　　　　　　　　　　　B. 投资风险大
C. 投资金额大　　　　　　　　　　　D. 变现能力强

3. 与项目相关的经营成本等于总成本扣除（　　）后的差额。
A. 折旧　　　　　　　　　　　　　　B. 无形资产摊销
C. 开办费摊销　　　　　　　　　　　D. 计入财务费用的利息

4. 下列属于静态投资回收期法指标缺点的是（　　）。
A. 不能直接利用净现金流量信息
B. 不能正确反映投资方式的不同对项目的影响
C. 不考虑回收期满后继续发生的净现金流量的变化情况
D. 没有考虑资金时间价值因素

5. 在其他因素不变时，提高折现率，下列（　　）指标的数值会变小。
A. 净现值　　　　　　　　　　　　　B. 内部收益率
C. 获利指数　　　　　　　　　　　　D. 净现值率

6. 关于项目的回收期说法不正确的有（　　）。
A. 属于动态指标　　　　　　　　　　B. 考虑了资金的时间价值

C. 它不能测算项目的盈利性　　　　　　D. 属于正指标
7. 单纯固定资产投资项目的现金流出量包括（　　）。
   A. 固定资产投资　　　　　　　　　　B. 流动资金投资
   C. 新增经营成本　　　　　　　　　　D. 增加的各项税款
8. 某投资项目终结点年度的税后利润为 100 万元，折旧为 10 万元，回收流动资金 20 万元，固定资产残值 5 万元。下列表述正确的有（　　）。
   A. 回收额为 5 万元　　　　　　　　　B. 回收额为 25 万元
   C. 经营净现金流量为 110 万元　　　　D. 终结点净现金流量为 135 万元
9. 下列说法正确的是（　　）。
   A. 在其他条件不变的情况下降低折现率会使得净现值变大
   B. 在利用动态指标对同一个投资项目进行评价和决策时，会得出完全相同的结论
   C. 在多个方案的组合排队决策中，如果资金总量受限，则应首先按照净现值的大小进行排队，然后选择使得净现值之和最大的组合
   D. 两个互斥方案的差额内部收益率大于基准收益率，则原始投资额大的方案为较优方案
10. 下列项目投资评价指标中，属于动态指标的有（　　）。
    A. 投资利润率　　　　　　　　　　　B. 净现值率
    C. 获利指数　　　　　　　　　　　　D. 内部收益率
11. 完整的工业投资项目的现金流入量主要包括（　　）。
    A. 营业收入　　　　　　　　　　　　B. 其他现金流入量
    C. 回收固定资产余值　　　　　　　　D. 回收流动资金
12. 下列有关净现值指标的说法，正确的有（　　）。
    A. 只有当该指标大于 1 时投资项目才具有财务可行性
    B. 净现值是一个折现的绝对值正指标
    C. 净现值能够反映项目的实际收益率水平
    D. 净现值能够利用项目期内的全部净现金流量
13. 某公司拟于 2007 年年初新建一生产车间用于某种新产品的开发，则与该投资项目有关的现金流量是（　　）。
    A. 2005 年公司曾支付 5 万元的咨询费请专家论证过此事
    B. 利用现有的库存材料，该材料目前的市价为 10 万元
    C. 车间建在距离总厂 10 公里外，于 1995 年已购入的土地上，该块土地若不使用可以 300 万元出售
    D. 需购置新的生产流水线价值 150 万元，同时垫付 20 万元流动资金
14. 静态投资回收期和投资利润率指标共同的缺点包括（　　）。
    A. 没有考虑资金的时间价值
    B. 不能正确反映投资方式的不同对项目的影响
    C. 不能直接利用净现金流量信息
    D. 不能反映原始投资的返本期限
15. 计算净现值时的折现率可以是（　　）。

A. 投资项目的资金成本 B. 投资的机会成本
C. 银行存款利率 D. 社会平均资金收益率

(三) 判断题

1. 在计算项目的现金流入量时，以营业收入替代经营现金流入是由于假定年度内没有发生赊销。（　　）
2. 在全投资假设条件下，经营期计入财务费用的利息费用不属于现金流出量的内容，但在计算固定资产原值时，必须考虑建设期资本化利息。（　　）
3. 项目投资决策中所使用的现金仅是指各种货币资金。（　　）
4. 经营成本的节约相当于本期现金流入的增加，因此在实务中将其列入现金流入量的项目中。（　　）
5. 一般情况下，使某投资方案的净现值小于零的折现率，一定大于该投资方案的内含报酬率。（　　）
6. 完整的项目计算期包括试产期和达产期。（　　）
7. 投资总额就是初始投资，是指企业为使项目完全达到设计的生产能力，开展正常经营而投入的全部现实资金。（　　）
8. 内含报酬率是能使项目的获利指数等于 1 时的贴现率。（　　）
9. 如果某项目的动态评价指标处于可行区间，但静态评价指标处于不可行区间，则可以判定该项目基本上具有财务可行性。（　　）
10. 经营成本的节约相当于本期现金流入的增加，所以在实务中将节约的经营成本列入现金流入量中。（　　）
11. 经营期某年的净现金流量等于该年的经营净现金流量。（　　）
12. 已知项目的获利指数为 1.2，则可以知道项目的净现值率为 2.2。（　　）
13. 净现值指标可以反映出项目投资的流动性与收益性的统一及投资项目的实际收益水平。（　　）
14. 存在所得税的情况下，以"利润+折旧"估计经营期净现金流量时，"利润"是指利润总额。（　　）
15. 内部收益率法的优点是非常注重资金时间价值，能从动态的角度直接反映投资项目的实际收益水平，但受行业基准收益率高低的影响，主观性较强。（　　）

四、技能实训案例

案例 7-1

(一) 资料

瑞德公司准备投产一新产品,需要购置一套专用设备。预计价款 900 000 元,追加流动资金 145 822 元。设备按 5 年提折旧,采用直线法计提,净残值率为零。该新产品预计销售单价 20 元/件,单位变动成本 12 元/件,每年固定经营成本 500 000 元。该公司所得税税率为 40%;投资的最低报酬率为 10%。

(二) 要求

(1) 计算净现值为零时的息税前利润。
(2) 计算净现值为零时的销售量水平(计算结果保留整数)。

案例 7-2

(一) 资料

恒丰电器股份公司计划进行一项投资活动,现有甲、乙两个方案,有关资料为:甲方案原始投资为 120 万元,其中固定资产投资 100 万元,流动资金投资 20 万元,全部资金于建设起点一次投入,该项目经营期 5 年,到期残值收入 5 万元,预计投产后年营业收入 90 万元,年总成本 60 万元。乙方案原始投资为 180 万元,其中固定资产投资 100 万元,无形资产投资 25 万元,流动资金投资 55 万元,固定资产和无形资产投资于建设起点一次投入,流动资金投资于完工时投入,固定资产投资所需资金专门从银行借款取得,年利率为 8%,期限为 7 年,单利计息,利息每年年末支付。该项目建设期为 2 年,经营期为 5 年,到期残值收入 16 万元,无形资产自投产年份起分 5 年摊销完毕。该项目投产后,预计年营业收入 163 万元,年经营成本 80 万元(未包括借款利息)。该企业按照直线法折旧,全部流动资金于终结点一次收回,假设所得税税率为 30%,该企业要求的最低投资报酬率为 10%。

(二) 要求

(1) 计算甲、乙方案的净现值。
(2) 采用年等额净回收额法确定该企业应选择哪个投资方案。

案例 7-3

(一) 资料

绿野股份有限公司拟购置一台新设备来替换一台尚可使用的旧设备，新设备价款为 230 000 元，旧设备的折余价值为 125 000 元，其变价收入为 110 000 元，至第 6 年年末新设备与继续使用旧设备届时的预计净残值相等。新设备建设期为零，使用新设备可使公司在经营期第 1 年增加营业收入 40 000 元，增加经营成本 20 000 元；从第 2 至 6 年内每年增加营业收入 60 000 元，节约经营成本 3 000 元。直线法计提折旧。企业所得税率为 33%。

(二) 要求

（1）计算该公司差量净现金流量。
（2）计算该公司差额内部收益率。
（3）若公司预期报酬率为 25%，利用差额内部收益率法判断该项目是否应进行更新？

案例 7-4

(一) 资料

力鑫公司有 A、B、C、D 四个投资项目可供选择，其中 A 与 D 是互斥方案，有关资料见表 7-1。

表 7-1　　　　　　　　　力鑫公司投资项目资料

投资项目	原始投资	净现值	净现值率
A	120 000	67 000	56%
B	150 000	79 500	53%
C	300 000	111 000	37%
D	160 000	80 000	50%

(二) 要求

（1）确定投资总额不受限制时的投资组合。
（2）如果投资总额限定为 50 万元时，做出投资组合决策。

五、参考答案

（一）单项选择题

1. B 2. A 3. C 4. D 5. C 6. A 7. D 8. B 9. A 10. C
11. B 12. D 13. A 14. D 15. C

（二）多项选择题

1. ABD 2. ABC 3. ABCD 4. BCD 5. ACD 6. ABD 7. ACD
8. BCD 9. ABD 10. BCD 11. ABCD 12. BD 13. BCD 14. AB
15. ABD

（三）判断题

1. × 2. √ 3. × 4. × 5. √ 6. × 7. × 8. √ 9. √
10. √ 11. × 12. × 13. × 14. × 15. ×

（四）技能实训案例

案例 7-1

（1）净现值为零，即预期未来现金净流量的现值应等于原始投资流出的现值：
原始投资流出的现值为 1 045 822 元（900 000 + 145 822）
（2）未来收回的流动资金现值 = 145 822 × (P/F,10%,5) = 145 822 × 0.6209
= 90 541（元）
（3）未来经营活动现金净流量的现值 = 1 045 822 - 90 541 = 955 281（元）
（4）未来经营活动现金净流量的现值 = 每年经营阶段的现金净流量 × (P/A,10%,5)
则：每年经营阶段的现金流量 = 955 281 ÷ (P/A,10%,5)
= 95 5281 ÷ 3.7908 = 252 000（元）
（5）每年税后利润 = 252 000 - (900 000/5) = 252 000 - 180 000 = 72 000（元）
（6）每年税前利润 = 72 000/(1 - 0.4) = 120 000（元）
销售量 = (500 000 + 180 000 + 120 000) ÷ (20 - 12) = 100 000（件）

案例 7-2

（1）甲方案：
年折旧额 = (100 - 5)/5 = 19（万元）
年营业利润 = 年营业收入 - 年总成本 = 90 - 60 = 30（万元）
年净利润 = 年营业利润 × (1 - 所得税税率) = 30 × (1 - 30%) = 21（万元）

第 5 年末的回收额 = 5 + 20 = 25（万元）

初始点净现金流量 = -120（万元）

1 至 4 年每年净现金流量 = 年净利润 + 年折旧 = 21 + 19 = 40（万元）

第 5 年净现金流量 = 该年净利润 + 该年折旧 + 该年回收额 = 21 + 19 + 25 = 65（万元）

$NPV = 65 \times (P/F, 10\%, 5) + 40 \times (P/A, 10\%, 4) - 120$

$= 65 \times 0.6209 + 40 \times 3.1699 - 120 = 47.15$（万元）

乙方案：

建设期资本化利息 = 100 × 8% × 2 = 16（万元）

固定资产原值 = 100 + 16 = 116（万元）

年折旧额 = (116 - 16)/5 = 20（万元）

无形资产年摊销额 = 25/5 = 5（万元）

年总成本 = 80 + 20 + 5 + 100 × 8% = 113（万元）

年营业利润 = 163 - 113 = 50（万元）

年净利润 = 50 × (1 - 30%) = 35（万元）

第 7 年末的回收额 = 16 + 55 = 71（万元）

初始点净现金流量 = -125（万元）

第 1 年净现金流量 = 0

第 2 年净现金流量 = -55（万元）

第 3 至 6 年每年净现金流量 = 35 + 20 + 5 + 100 × 8% = 68（万元）

第 7 年净现金流量 = 35 + 20 + 5 + 100 × 8% + 71 = 139（万元）

$NPV = 139 \times (P/F, 10\%, 7) + 68 \times [(P/A, 10\%, 6) - (P/A, 10\%, 2)] - 125 - 55 \times (P/F, 10\%, 2)$

$= 139 \times 0.5132 + 68 \times (4.3553 - 1.7355) - 125 - 55 \times 0.8264 = 79.03$（万元）

（2）甲方案年等额净回收额 = 47.15/(P/A, 10%, 5) = 12.44（万元）

乙方案年等额回收额 = 79.03/(P/A, 10%, 7) = 16.23（万元）> 12.44 万元

由于乙方案的年等额净回收额大于甲方案的年等额净回收额，所以，应选择乙方案。

案例 7-3

（1）更新设备比继续使用旧设备增加的现金流量。

①更新设备比继续使用旧设备增加的投资额 Δ = 230 000 - 110 000 = 1 290 000（元）

②经营期第 1 至 6 年每年因更新设备增加的折旧 Δ = = 20 000（元）

③经营期第 1 年增加的成本 Δ = 20 000 + 20 000 = 40 000（元）

④经营期第 2 至 6 年增加的成本 Δ = -3 000 + 20 000 = 17 000（元）

⑤经营期第 1 年增加的营业利润 Δ = 40 000 - 40 000 = 0（元）

⑥经营期第 2 至 6 年增加的营业利润 Δ = 60 000 - 20 000 = 40 000（元）

⑦因折旧设备处理净损失 = 125 000 - 110 000 = 15 000（元）

⑧经营期第 1 年折旧设备处理净损失抵税 15 000 × 33% = 4 950（元）

⑨经营期第 1 年增加的净利润 Δ = 0 × (1 - 33%) = 0（元）

⑩经营期第 2 至 6 年增加的净利润 Δ = 40 000 × (1 - 33%) = 28 810（元）

差量净现金流量：

Δ 初始点净现金流量 = -（230 000 - 110 000）= -120 000（元）

Δ 第 1 年净现金流量 = 0 + 20 000 + 4 950 = 24 950（元）

Δ 第 2 至 6 年每年净现金流量 = 28 810 + 20 000 = 48 810（元）

（2）计算差额内部收益率。

测试 i = 24% 时，

ΔNPV = -120 000 + 24 950 × (P/F, 24%, 1) + 47 160 × [(P/A, 24%, 6) - (P/A, 24%, 1)] = -120 000 + 24 950 × 0.8065 + 48 810 × (3.0205 - 0.8065) = 8 187.52（元）

测试 i = 28% 时

ΔNPV = -120 000 + 24 950 × (P/F, 28%, 1) + 47 160 × [(P/A, 28%, 6) - (P/A, 28%, 1)] = -120 000 + 249 500.7813 + 48 810(2.7594 - 0.7813) = -3 955.51（元）

ΔIRR = 24% + × (28% - 24%) = 26.70%

（3）因为 ΔIRR37.46% > 预期报酬率 25%，所以应更新设备。

案例 7 - 4

（1）如果投资总额不受限制，应按照净现值排序，所以最佳投资组合应是 C + D + B + A。

（2）在资金总额受限制时，需要按照净现值率或获利指数的大小，结合净现值进行各种组合排队，在保证充分利用资金的前提下，以净现值之和最大的为最优组合。

本题中按照净现值率的大小排序为：A、B、D、C，但是需要注意 A 与 D 是互斥方案不能同时出现在同一个投资组合中，故所有可能出现的组合为 A + B、A + C、B + D、B + C、D + C，投资组合的净现值之和分别为 146 500 元、178 000 元、159 500 元、190 500 元、191 000 元，所以最佳组合为 D + C。

项目八 公司营运资本管理

一、内容综述

(一) 营运资金的概念及内容

营运资金是指公司在再生产过程中投放在流动资产上的资金。流动资产总额又称为广义的营运资金,而狭义的营运资金则是指流动资产减去流动负债的余额。

即:营运资金 = 流动资产 − 流动负债

(二) 现金管理

现金是公司用以进行商品交换,支付各项费用,以及偿还到期债务的交换手段和支付手段。现金是流动资产中流动性最强的资产,又是一种非盈利或低盈利的资产。它主要包括:库存现金、银行存款,以及银行本票、银行汇票等。

持有现金是基于交易动机、预防动机和投机动机的需要;持有现金会发生持有成本、转换成本和短缺成本。其中现金的持有成本是指公司因保留一定现金余额而增加的管理费用及丧失的再投资收益(机会成本)、管理成本,是决策无关成本、机会成本它与现金持有量成正比例关系;转换成本是指公司用现金购入有价证券以及转让有价证券换取现金时付出的交易费用,固定性转换成本与现金持有量成反比例关系;现金短缺成本是指在现金持有量不足而又无法及时通过有价证券变现加以补充而给公司造成的损失,包括直接损失和间接损失。现金的短缺成本与现金持有量呈反方向变动关系。

现金管理的目标就是要在动机与成本间实现平衡,在资产的流动性和收益性之间做出选择以获取最大的长期利润。

1. 最佳现金持有量的确定

(1) 成本分析模型。成本分析模型是根据现金有关成本,分析预测其总成本最低时现金持有量的一种方法。即要找到机会成本、管理成本和短缺成本所组成的总成本曲线中最低点所对应的现金持有量。运用成本分析模型只考虑持有成本与短缺成本,而不考虑现金转换成本。

（2）存货模型。是指将存货经济订货批量模型用于确定目标现金持有量确定的一种方法。该模型将机会成本与交易成本结合在一起,使其之和达到最小。在存货模型中只考虑现金的机会成本和转换成本,而不考虑现金的管理费用和短缺成本。其公式为：

$$C^* = \sqrt{\frac{2TF}{K}}$$

$$TC = \sqrt{2TFK}$$

2. 现金日常管理的内容与方法

（1）现金回收管理。加速现金回收的核心问题是减少现金回收的总时滞。时滞是指从签发支票到收款人可以使用资金的时间。总时滞包括邮寄时滞、处理时滞和转账时滞。常见的减少现金回收时滞的专门技术有邮政信箱法和银行业务集中法。

（2）现金支出管理。控制现金支出的方法有合理利用现金"浮游量"、推迟支付应付款、改进工资支付方式和力争现金流量同步。

（3）现金与短期有价证券合理组合。

（三）应收账款管理

公司之所以持有应收账款是基于扩大销售和减少存货占用的需要。但公司持有应收账款同样会发生代价支付。应收账款的成本主要有：机会成本、管理成本和坏账成本三项。

应收账款的目标是：公司应在发挥应收账款强化竞争、扩大销售功能的同时,尽可能降低应收账款投资的机会成本,减少坏账损失与管理成本,提高应收账款投资的收益率。

1. 信用政策

信用政策即应收账款的管理政策,是指公司为对应收账款投资进行规划与控制而确立的基本原则与行为规范,包括信用标准、信用条件和收账政策三部分内容。信用政策决策就是在得失对比中取得大于失的方案。

2. 收账政策

收账政策是指当客户违反信用条件,拖欠甚至拒付账款时公司所采取的收账策略与措施。制定收账政策就是要在增加收账费用与减少坏账损失、减少应收账款机会成本之间进行权衡,若前者小于后者,则说明制定的收账政策是可取的。

3. 应收账款的日常管理

包括信用调查、应收账款账龄分析、应收账款的回收和建立应收账款坏账准备制度。

（四）存货管理

存货是指公司在日常生产经营过程中为生产或销售而储备的物资。存货的功能主要表现在保证生产和销售的正常进行和获取规模效益方面。持有存货会发生购置成本、订货成本、储存成本和短缺成本。存货管理的目标就是尽量在存货成本和存货效益之间做出权衡，以达到两者的最佳结合。

1. 经济订购量的确定

经济订购量又称经济批量，是指一定时期储存成本和订货成本之和最低时的采购批量。

（1）经济批量的基本模型。经济批量的公式为：

$$Q^* = \sqrt{\frac{2FD}{K_c}}$$

（2）商业折扣条件下的经济批量模型。在商业折扣（数量优惠）条件下确定经济批量除了要考虑订货成本和储存成本外，还应考虑采购成本，此时存货采购成本已经与进货数量的大小有直接联系，属于决策的相关成本。

（3）允许缺货时的经济批量模型。允许缺货的情况下，企业对经济进货批量的确定不仅要考虑进货费用和储存费用，而且还必须对有可能的缺货成本加以考虑，即"使三项成本总和最终的批量"便是经济进货批量。其公式为：

$$Q = \sqrt{\frac{2DF}{K_c} \cdot \frac{K_c + R}{R}}$$

2. 存货的日常管理

包括存货的归口分级管理、ABC 分类法和引入全面质量管理，建立新型供货商关系。其中 ABC 分类法就是遵循"保证重点，照顾一般"的原则，采用科学的分析方法，把重点存货与一般存货加以划分，分别进行管理的一种有效管理方法，其分类标准主要有两个：一是金额标准；二是品种数量标准。其中金额标准是最基本的，品种数量标准仅作为参考。

二、重难点精析

（一）应收账款管理中机会成本的计算

应收账款的机会成本是指因资金投放在应收账款上而丧失的其他收入。其计算公式为：

应收账款机会成本 = 维持赊销业务所需的资金 × 资金成本

其中，资金成本一般可按有价证券利息率计算；维持赊销业务所需资金可按下列步骤计算：

1. 计算应收账款平均余额

应收账款平均余额 = 年赊销额 ÷ 360 × 平均收账天数

= 平均每日赊销额 × 平均收账天数

2. 计算维持赊销业务所需要的资金

维持赊销业务所需的资金 = 应收账款平均余额 × 变动成本率

= 应收账款平均余额 ×（变动成本 ÷ 销售收入）

（二）经济批量

1. 经济批量的基本模型

经济批量的基本模型是建立在下列假设基础上的一种模型。

（1）存货需求量稳定并且能预测确定。

（2）存货的耗费或销售比较均衡。

（3）不允许缺货，即无缺货成本，这是因为良好的存货管理本就不应出现缺货成本。

（4）存货单位采购成本不变，不考虑数量折扣。

（5）公司现金充足，不会因现金短缺而影响进货。

（6）市场供应充足，能及时补充存货，即需要订货时便可立即取得存货。

其相关指标的计算公式为：

经济批量：$Q^* = \sqrt{\dfrac{2FD}{K_c}}$

最优订货次数：$N^* = \dfrac{D}{Q^*} = \sqrt{\dfrac{DK_c}{2F}}$

存货经济批量总成本：$TC(Q^*) = \sqrt{2FDK_c}$

经济批量占用资金：$I^* = \dfrac{Q^*}{2} \cdot U = \sqrt{\dfrac{FD}{2K_c}}$

2. 再订货点

再订货点就是订购下一批存货时本批存货的储存量。它的大小取决于订货提前期的长短和平均每天正常用量的多少，即：

再订货点 = 每天平均正常用量 × 订货提前期

其中，订货提前期是指从发出订货单到存货运抵公司验收入库所用的时间。

3. 保险储备

保险储备（或称安全存量）是指为防止耗用突然增加或交货误期等而建立的储备。

保险储备量 =（预计每天最大用量 − 平均每天正常用量）× 订货提前期

若有保险储备时，再订货点将提高为：

再订货点 = 平均每天正常用量 × 订货提前期 + 保险储备

三、基础训练

（一）单项选择题

1. 现金作为一种资产，它的（　　）。

A. 流动性强，盈利性也强　　　　　　　　B. 流动性强，盈利性差

C. 流动性差，盈利性强　　　　　　　D. 流动性差，盈利性也差

2. 成本分析模式和存货模式均不考虑的成本是（　　）。
A. 管理成本　　　　　　　　　　　　B. 机会成本
C. 短缺成本　　　　　　　　　　　　D. 转换成本

3. 某企业若采用银行集中法，增设收款中心，可使企业应收账款平均余额由现在的 200 万元减至 100 万元。企业年综合资金成本率为 12%，因增设收款中心，每年将增加相关费用 8 万元，则该企业分散收款收益净额为（　　）万元。
A. 12　　　　B. 8　　　　C. 16　　　　D. 4

4. 下列说法不正确的是（　　）。
A. 现金持有量越大，持有现金的机会成本就越高
B. 现金持有量越多越好，越多越安全
C. 现金持有量与短缺成本之间呈反向变动关系
D. 在现金需要量既定的情况下，现金持有量越小，相应的现金转换成本就越大

5. 下列各项，（　　）同现金持有量成正比例关系。
A. 固定性转换成本　　　　　　　　　B. 现金的短缺成本
C. 机会成本　　　　　　　　　　　　D. 管理费用

6. 企业利用证券市价大幅度跌落购入有价证券，以期在价格反弹时卖出证券获取高额资本利得的动机是（　　）。
A. 交易动机　　　　　　　　　　　　B. 预防动机
C. 投资动机　　　　　　　　　　　　D. 投机动机

7. 信用标准通常用（　　）表示。
A. 坏账损失率　　　　　　　　　　　B. 预期收账期
C. 现金折扣率　　　　　　　　　　　D. 应收账款机会成本

8. 企业在进行应收账款管理时，除须合理确定信用标准和信用条件外，还要合理确定（　　）。
A. 信用期限　　　　　　　　　　　　B. 现金折扣期限
C. 收账政策　　　　　　　　　　　　D. 现金折扣比率

9. 下列说法错误的是（　　）。
A. 信用政策包括信用标准、信用条件、收账政策
B. 信用标准高有利于企业市场竞争力的提高
C. 信用标准是客户获得企业商业信用所应具备的最低条件
D. 客户资信程度的高低通常决定于"5C"系统

10. "5C"系统中，作为客户偿付债务的最终保证的是（　　）。
A. 偿付能力　　　　　　　　　　　　B. 抵押品
C. 资本　　　　　　　　　　　　　　D. 经济状况

11. 某企业预测的年度赊销收入净额为 600 万元，应收账款收账期为 30 天，变动成本率为 60%，资金成本率 10%，则应收账款的机会成本为（　　）万元。
A. 3　　　　B. 6　　　　C. 9　　　　D. 2

12. 信用条件为"2/10，n/30"时，预计有 40% 的客户选择现金折扣优惠，则平

均收账期为（　　）天。

  A. 16   B. 22   C. 26   D. 20

13. 若某企业预测的年度赊销收入净额为1 000万元，应收账款周转期为36天，则该企业的应收账款平均余额为（　　）万元。

  A. 80   B. 60   C. 100   D. 50

14. 某企业全年需用A材料4 000吨，每次的订货成本为312.5元，每吨材料年储备成本为40元，则每年最佳订货次数为（　　）次。

  A. 16   B. 10   C. 13   D. 8

15. 利用ABC管理法进行存货管理，应重点管理的存货是（　　）。

  A. 数量最多的存货   B. 数量和金额居中的存货

  C. 数量和金额均最多的存货   D. 资金占用量最多的存货

16. 下列订货成本中属于变动性成本的是（　　）。

  A. 采购人员计时工资   B. 采购部门管理费用

  C. 订货业务费   D. 预付订金的机会成本

17. 不属于存货的储存变动成本的是（　　）。

  A. 存货资金的应计利息   B. 替代材料紧急购入的额外成本

  C. 存货的破损和变质损失   D. 存货的保险费用

18. 某企业甲材料年需用量为6 000千克。每次进货费用为90元，单位储存成本为4.5元，单位缺货成本为7.5元，则平均缺货量为（　　）千克。

  A. 126.5   B. 235   C. 212   D. 232.5

19. 下列各项中不属于存货经济进货批量基本模式假设条件的是（　　）。

  A. 不存在数量折扣   B. 存货的耗用是均衡的

  C. 仓储条件不受限制   D. 可能出现缺货的情况

20. 在对存货实行ABC分类管理的情况下，ABC三类存货的金额比重大致为（　　）。

  A. 0.7:0.2:0.1   B. 0.1:0.2:0.7

  C. 0.5:0.3:0.2   D. 0.2:0.3:0.5

（二）多项选择题

1. 下列各项中属于企业为满足交易动机所持有现金的是（　　）。

  A. 偿还到期债务   B. 派发现金股利

  C. 在银行维持补偿性余额   D. 缴纳税款

2. 企业基于投机动机的现金持有量往往与（　　）有关。

  A. 企业对待风险的态度   B. 企业临时举债能力的强弱

  C. 企业在金融市场的投资机会   D. 企业销售水平

3. 企业运用存货模式确定最佳现金持有量所依据的假设包括（　　）。

  A. 所需现金只能通过银行借款取得   B. 预算期内现金需要总量可以预测

  C. 现金支出过程比较稳定   D. 证券利率及固定性交易费用可以知悉

4. 现金支出管理的方法包括（　　）。

A. 合理利用"浮游量"　　　　　　　　B. 推迟支付应付款
C. 采用汇票付款　　　　　　　　　　D. 改进工资支付方式

5. 企业在制定或选择信用标准时应考虑以下因素（　　）。
   A. 同行业竞争对手的情况　　　　　B. 企业承担违约风险的能力
   C. 企业承担流动性风险的能力　　　D. 客户的资信程度

6. 甲企业给予客户的信用条件为"2/10，n/30"，则下列说法正确的有（　　）。
   A. 现金折扣率为2%　　　　　　　　B. 商业折扣率为2%
   C. 折扣期限为10天　　　　　　　　D. 信用期限为30天

7. 以下属于缺货成本的有（　　）。
   A. 材料供应中断而引起的停工损失
   B. 成品供应短缺而引起的信誉损失
   C. 成品供应短缺而引起的赔偿损失
   D. 成品供应短缺而引起的销售机会的丧失

8. 以下属于计算应收账款的机会成本需要的数据有（　　）。
   A. 赊销额　　　　　　　　　　　　B. 变动成本率
   C. 资金成本率　　　　　　　　　　D. 成本利润率

9. 应收账款的功能包括（　　）。
   A. 促进销售　　　　　　　　　　　B. 减少存货
   C. 增加现金　　　　　　　　　　　D. 减少借款

10. 应收账款的信用条件包括（　　）。
    A. 信用期限　　　　　　　　　　　B. 折扣期限
    C. 现金折扣率　　　　　　　　　　D. 收账政策

11. 对信用标准进行定量分析，能够解决的问题是（　　）。
    A. 扩大销售收入　　　　　　　　　B. 具体确定客户的信用等级
    C. 确定坏账损失率　　　　　　　　D. 降低销售成本

12. 不适当的延长信用期限给企业带来的后果包括（　　）。
    A. 应收账款机会成本增加　　　　　B. 坏账损失减少
    C. 坏账损失增加　　　　　　　　　D. 收账费用增加

13. 下列各项中属于应收账款管理成本的是（　　）。
    A. 资金因投资应收账款丧失的其他收入　B. 应收账款无法收回带来的损失
    C. 客户资信调查费用　　　　　　　　　D. 应收账款收账费用

14. 存货的短缺成本包括（　　）。
    A. 替代材料紧急采购的额外开支　　B. 材料供应中断造成的停工损失
    C. 延误发货造成的信誉损失　　　　D. 丧失销售机会的损失

15. 现金短缺成本在内容上应包括（　　）。
    A. 丧失购买机会的损失　　　　　　B. 造成信用损失
    C. 得不到折扣好处　　　　　　　　D. 生产中断造成的停工损失

16. 下列项目中不属于现金的持有成本的是（　　）。
    A. 现金与有价证券之间相互转换的手续费

B. 由于现金短缺造成的损失

C. 现金管理人员的工资

D. 由于持有现金而丧失的再投资收益

17. 下列有关信用期限的表述中，正确的有（　　）。

A. 缩短信用期限可能增加当期现金流量

B. 延长信用期限会扩大销售

C. 降低信用标准意味着将延长信用期限

D. 延长信用期限将增加应收账款的机会成本

18. 企业在确定为应付紧急情况而持有的现金数额时，需考虑的因素是（　　）。

A. 企业愿意承担风险的程度　　　　B. 企业临时举债能力的强弱

C. 金融市场投资机会的多少　　　　D. 企业对现金流量预测的可靠程度

（三）判断题

1. 在现金持有量的随机模式控制中，现金余额波动越大的企业，越需关注有价证券投资的流动性。（　　）

2. 企业营运资金余额越大，说明企业风险越小，收益率越高。（　　）

3. 企业现金管理的基本目标在于对现金的流动性和收益性作出合理的选择。（　　）

4. 企业的信用标准严格，给予客户的信用期限很短，使得应收账款周转率很高，将有利于增加企业的利润。（　　）

5. 收账费用与坏账损失呈反比关系，收账费用发生得越多，坏账损失就越小，因此，企业应不断加大收账费用，以便将坏账损失降到最低。（　　）

6. 企业持有的现金总额可以小于各种动机所需现金余额之和，且各种动机所需保持的现金也不必均为货币形态。（　　）

7. 银行业务集中法能加速现金回收，但只有当分散收账收益净额为正时企业采用此法才有利，否则会得不偿失。（　　）

8. 与银行业务集中法相比，邮政信箱法可以大大减少收账成本。（　　）

9. 现金管理的存货模式中，最佳现金持有量是指能够使现金管理的机会成本与固定性转换成本之和保持最低的现金持有量。（　　）

10. 在成本分析模式和存货模式下确定最佳现金持有量时，都须考虑的成本是短缺成本。（　　）

11. 经济状况是决定是否给予客户信用的首要因素。（　　）

12. 存货的保险费用属于存货决策的无关成本。（　　）

13. 存货年需要量、单位存货年储存变动成本和单价的变动会引起经济订货量占用资金同方向变动；每次订货的变动成本变动会引起经济进货量占用资金反方向变动。（　　）

14. 一般来说，理想的信用政策就是企业采取或松或紧的信用政策时所带来的收益最大的政策。（　　）

四、技能实训案例

案例 8-1

（一）资料

永昌公司现金收支状况比较平衡，预计全年现金总需求量为 250 000 元，每次转换有价证券的固定成本为 500 元，有价证券利息率为 10%。

（二）要求

（1）计算最佳现金持有量。
（2）计算最佳现金持有量下的现金管理相关总成本、转换成本和持有机会成本。
（3）计算最佳现金持有量下的全年有价证券交易次数和有价证券交易间隔期。

案例 8-2

（一）资料

鑫海公司年需用 A 材料 250 000 千克，单价为 10 元/千克，目前企业每次订货量和每次进货费用分别为 50 000 千克和 400 元/次。

（二）要求

（1）该企业每年存货的进货费用为多少？
（2）若单位存货的年储存成本为 0.1 元/千克，若企业存货管理相关最低总成本控制目标为 4 000 元，则企业每次进货费用限额为多少？
（3）若企业通过测算可达第二问的限额，其他条件不变，则该企业的订货批量为多少？此时存货占用资金为多少？

案例 8-3

（一）资料

钱江公司全年需耗用乙材料 36 000 公斤，该材料采购成本为 200 元/公斤，年度储存成本为 16 元/公斤，平均每次进货费用为 20 元。

(二) 要求

（1）计算本年度乙材料的经济进货批量。
（2）计算年度乙材料经济进货批量下的相关总成本。
（3）计算本年度乙材料经济进货批量下的平均资金占用额。
（4）计算本年度乙材料最佳进货批次。
（5）假设允许缺货，单位缺货成本为 20 元/公斤，计算允许缺货时的经济进货批量和平均缺货量。

案例 8-4

(一) 资料

庆元公司 2006 年 A 产品销售收入为 4 000 万元，总成本为 3 000 万元，其中固定成本为 600 万元。2002 年该公司有两种信用政策可供选用：甲方案给予客户 60 天信用期限（n/60），预计销售收入为 5 000 万元，货款将于第 60 天收到，其信用成本为 140 万元；乙方案的信用政策为（2/10，1/20，n/90），预计销售收入为 5 400 万元，将有 30% 的货款于第 10 天收到，20% 的货款于第 20 天收到，其余 50% 的货款于第 90 天收到（前两部分货款不会产生坏账，后一部分货款的坏账损失率为该部分货款的 4%），收账费用为 50 万元。该企业 A 产品销售额的相关范围为 3 000 至 6 000 万元，公司的资本成本率为 8%（为简化计算，本题不考虑增值税因素）。

(二) 要求

（1）计算该公司 2006 年的下列指标：①变动成本总额。②以销售收入为基础计算的变动成本率。
（2）计算乙方案的下列指标：①应收账款平均收账天数。②应收账款平均余额。③维持应收账款所需资金。④应收账款机会成本。⑤坏账成本。⑥采用乙方案的信用成本。
（3）计算以下指标：①甲方案的现金折扣。②乙方案的现金折扣。③甲乙两方案信用成本前收益之差。④甲乙两方案信用成本后收益之差。
（4）该公司应该采取何种信用政策？请说明理由。

案例 8-5

(一) 资料

绿野公司每年需用甲材料 8 000 件，每次订货成本为 160 元，每件材料的年储存成本为 6 元，该种材料的单价为 25 元/件，一次订货量在 2 000 件以上时可获 3% 的折扣，在 3 000 件以上时可获 4% 的折扣。

(二) 要求

计算该企业最有利的进货值。

五、参考答案

(一) 单项选择题

1. B　2. A　3. D　4. B　5. C　6. D　7. A　8. C　9. B　10. C
11. A　12. B　13. C　14. A　15. D　16. C　17. B　18. D　19. D
20. A

(二) 多项选择题

1. ABD　2. AC　3. BCD　4. ABCD　5. ABD　6. ACD　7. ABCD
8. ABC　9. AB　10. ABC　11. BC　12. ACD　13. CD　14. ABCD
15. ABCD　16. AB　17. ABD　18. ABD

(三) 判断题

1. √　2. ×　3. √　4. ×　5. ×　6. √　7. √　8. ×　9. √
10. ×　11. ×　12. ×　13. ×　14. √

(四) 技能实训案例

案例 8-1

(1) 最佳现金持有量：

Q = 50 000 (元)

(2) 现金管理相关总成本：

TC = 5 000 (元)

转换成本 = ×500 = 2 500 (元)

持有机会成本 = ×10% = 2 500 (元)

(3) 有价证券交易次数 = 5 (次)

有价证券交易间隔期 = 72 (天)

案例 8-2

(1) 年进货费用 = 250 000/50 000 × 400 = 2 000 (元)

(2) 每次进货费用 = 320 (元/次)

(3) Q = 40 000 (千克)

存货占用资金 = （Q/2）×P = 40 000/2×10 = 200 000（元）

案例 8-3
（1）计算本年度乙材料的经济进货批量 = 300（公斤）
（2）计算本年度乙材料经济进货批量下的相关总成本 = 4 800（元）
（3）计算本年度乙材料经济进货批量下的平均资金占用额 = 300×200÷2
= 30 000（元）
（4）计算本年度乙材料最佳进货批次 = 36 000÷300 = 120（次）
（5）允许缺货时的经济进货批量 = 402（公斤）
平均缺货量 = 402×16/（16+20）= 179（公斤）

案例 8-4
（1）指标计算如下。
①变动成本总额 = 3 000 - 600 = 2 400（万元）
②变动成本率 = 60%
（2）计算乙方案的下列指标。
①应收账款平均收账天数 = 30%×10 + 20%×20 + 50%×90 = 52（天）
②应收账款平均额 = ×52 = 780（万元）
③应收账款所需资金 = 780×60% = 468（万元）
④应收账款机会成本 = 468×8% = 37.44（万元）
⑤坏账成本 = 5 400×50%×4% = 108（万元）
⑥采用乙方案的信用成本 = 37.44 + 108 + 50 = 195.44（万元）
（3）甲、乙方案相关指标计算如下。
①甲方案的现金折扣 = 0
②乙方案的现金折扣 = 5 400×（2%×30% + 1%×20%）= 43.2（万元）
③甲方案信用成本前收益 = 5 400×（1 - 60%）= 2 000（万元）
乙方案信用成本前收益 = 5 400×（1 - 60%）- 43.2 = 2 116.80（万元）
甲、乙两方案信用成本前收益之差 = 2 000 - 2 116.8 = -116.8（万元）
④甲方案信用成本后收益 = 2 000 - 140 = 1 860（万元）
乙方案信用成本后收益 = 2 116.8 - 195.44 = 1 921.36（万元）
甲乙两方案信用成本后收益之差 = 1 860 - 1 921.36 = -61.36（万元）
（4）因为乙方案信用成本后收益大于甲方信用成本后收益，所以应采用乙方案。

案例 8-5
（1）若不享受折扣：
Q = 653（件）
相关总成本 = 8 000×25 + = 203 919.18（元）
（2）若享受3%折扣，以2 000件为订货量时：
相关总成本 = 8 000×25×（1 - 3%）+ 8 000/2 000×160 + 2 000/2×6

= 200 640（元）

（3）若享受4%折扣，以3000件为订货量时：

相关总成本 = 8 000×25×（1-4%）+8 000/3 000×160+3 000/2×6
= 201 426.67（元）

由于以2 000件为订货量时的总成本最低，所以经济订货量为2 000件。

融资篇

本篇内容

项目九　公司筹资决策
项目十　公司资本结构
项目十一　公司并购与重组

本篇实训目的：主要掌握公司融资渠道、方式及其程序；掌握公司资本结构的基本理论及最优资本结构的确定方法；了解我国公司并购及其重组的现状，理解公司并购和重组的有关概念，掌握公司并购和重组的财务分析方法等。

项目九 公司筹资决策

一、内容综述

公司筹资的目的：
(1) 正常生产经营活动的需要。
(2) 偿债性筹资动机。
(3) 混合性筹资动机，融合了以上两种融资动机。

公司筹资按资金使用期限的长短分为短期资金和长期资金；按资金的来源渠道分为所有者权益和负债。

筹资渠道是指筹资来源的方向，主要有财政资金、银行信贷资金、非银行金融机构资金、其他公司资金、居民个人资金和公司自留资金等。

筹资方式是指筹资时所采取的具体形式。公司筹集权益资本的方式有：吸收直接投资、发行股票、留存收益等；公司筹集负债资本的方式有：借款、发行债券、融资租赁等。

筹资的原则是融资规模要适度；使筹集资金投向的预期总收益大于融资总成本；尽可能降低融资成本；确定最佳融资期限；寻求最佳资本结构；选择恰当的融资时机等。

一定的筹资方式可能只适用于某一特定的筹资渠道，但是同一渠道的资金往往可采用不同的方式去取得。

（一）权益资本的筹集

权益资本是通过增加公司的所有者权益来获取的，权益资本筹资方式主要有：吸收直接投资、发行股票和留存收益等。权益资本是公司的自有资金，不需要偿还，不需要支付利息。权益资本的筹集可以降低经营成本和财务风险。

吸收直接投资是指公司直接接受其他单位（国家、法人、个人等）以现金、实物、工业产权、土地使用权等投资而形成的融资活动。其优点是：有利于尽快形成生产能力；有利于增强公司信誉；财务风险较低。其缺点是：容易分散公司控制权；资本成本较高；融资规模受到限制。

留存收益是指公司税后利润进行分配所形成的公积金和未分配利润。它实质是投资者对公司的再投资。留存收益筹资的优点：节省筹资费用；公司的所有者可以获得税收上的利益。留存收益筹资的缺点：留存收益的数量常常会受到某些股东的限制；过多地利用内部融资，限制现金股利的发放，对于公司今后的外部融资——包括债务资本和权益资本都有不利的影响；留存收益过多，股利支付过少，可能不利于股票价格的上涨，影响公司在证券市场上的形象。

股票筹资：股票是股份公司为筹集资金发给出资人作为公司资本所有权的凭证。股票具有不返还性、流通性、风险性等特点。按投资主体不同分为国有股、法人股、社会公众股和外资股；按股东的权利和义务的不同，可分为普通股和优先股；按票面是否记名，可分为记名股票和无记名股票；按票面是否标明金额，可分为面额股票和无面额股票；按面值币种和上市地区，可分为A股、B股、H股和N股等。

普通股是公司资本的基础，是股票的基本形式，普通股融资的优点：（1）有利于公司稳定发展。（2）财务风险小。（3）可以增强公司的信誉和举债能力。（4）普通股融资比优先股或债券筹资的限制少，有利于增强公司经营的灵活性。普通股融资的缺点：（1）普通股的资本成本较高。（2）可能会分散公司的控制权。（3）要承受信息披露带来的风险。

与普通股相比优先股有两种优先权利：一是优先分配股利权；二是优先分配剩余财产权。但优先股股东的管理权限是有严格限制的，通常，在公司的股东大会上，优先股股东没有表决权。

优先股的种类：（1）参与优先股与非参与优先股。（2）累积优先股和非累积优先股。（3）可收回优先股与不可收回优先股。（4）可转换优先股与不可转换优先股。

优先股筹资的优点：筹资风险小，可以增强公司信誉和举债能力，有利于公司资本的稳定和公司的发展，有利于保持普通股股东的控制权。

优先股筹资的缺点：（1）筹资成本高。（2）筹资限制多。（3）财务负担重。

股票的发行价格是指股票在一级市场出售的价格，按发行价格与股票面值之间的关系有平价发行（指发行价等于面值）、溢价发行（发行价高于面值）和折价发行（发行价低于面值）三种。我国不允许股票折价发行。

股票上市指的是股份有限公司公开发行的股票经批准在证券交易所进行挂牌交易。只有公开募集发行并经批准上市的股票才能进入证券交易所流通转让。在我国，股票公开发行后即获得上市资格。

股票上市的目的：（1）提高股票的变现能力。（2）便于筹措新资金。（3）可分散公司的风险。（4）便于确定公司价值。（5）提高公司知名度。股票上市的条件。公司公开发行的股票进入证券交易所挂牌买卖（即股票上市），须受严格的条件限制。我国《公司法》对股票上市的条件做出了明确规定。

（二）负债资本的筹集

负债筹资是指公司约定将来还本付息的资金筹集方式，其特点是：所有权属于债权人，公司只能在一定时期内使用。

长期负债的筹资方式主要有：长期借款、发行债券、融资租赁等。

按不同的标准，长期借款有多种分类：（1）按借款担保条件，分为信用借款和抵押借款。（2）按借款用途，分为固定资产投资借款、更新改造借款、科技开发和新产品试制借款。（3）按提供贷款的机构，分为政策性银行借款、商业银行借款和保险公司借款等。

借款合同应具备下列基本条款：借款种类、借款用途、借款金额、借款利率、借款期限、还款资金来源及还款方式、保证条款、违约责任等。

长期借款的偿还方式由借贷双方共同商定。一般主要有以下几种方式：（1）定期支付利息、到期偿还本金。（2）定期等额偿还方式。（3）在债务期限内，每年偿还相等的本金再加上当年的利息。这是与第二种方式类似的一种偿还方式。（4）到期一次还本付息。这种方式的优点是公司平时没有支付利息和本金的压力，有利于公司合理安排资金的使用，但到期还本付息的压力较大。

按照国际惯例，银行借款往往附加一些信用条款，主要有授信额度、周转授信协议、补偿性余额等。

长期借款筹资的优点是：（1）筹资速度快。（2）筹资成本低。（3）借款使用灵活性。（4）具有财务杠杆效应。

长期借款筹资的缺点有：（1）筹资数额有限。（2）限制条款多。（3）财务风险高。

债券是债务人依照法定程序发行，承诺按约定的利率和日期支付利息，并在特定日期偿还本金的书面债务凭证。债券的基本要素包括票面金额、票面利率、债券期限和发行价格等。其本质是一种债权债务证书。它有以下四个基本特征：偿还性、流动性、安全性、收益性。

债券的种类：（1）按是否记名分类，可以将债券分为记名债券和无记名债券。（2）按利息的支付方式分类，债券一般分为附息债券、贴现债券和普通债券。（3）按发行方式分类，债券可分为公募债券和私募债券。（4）按期限长短分类，债券可分为短期、中期和长期债券。（5）按有无抵押担保分类，可以分为信用债券和担保债券。（6）按发行的区域划分，债券可分为国内债券和国际债券。（7）按是否可转换为公司股票来区分，债券又可分为可转换债券与不可转换债券。除以上之外，还有按利率是否固定分为浮动利率债券和固定利率债券；按是否能够提前偿还，债券可以分为可赎回债券和不可赎回债券等。

债券的发行价格，是指债券原始投资者购入债券时应支付的市场价格，它与债券的面值可能一致也可能不一致。理论上，债券发行价格是债券的面值和要支付的年利息按发行当时的市场利率折现所得到的现值。

债券筹资的优点是：（1）资本成本低。（2）具有财务杠杆作用。（3）有利于公司长期建设。（4）可以筹集较大规模的资金。

债券筹资的缺点是：（1）财务风险大。（2）限制性条款多。（3）资金使用缺乏灵活性。

融资租赁又称财务租赁，是指由租赁公司按承租单位要求出资购买设备，在较长的合同期内提供给承租单位使用的信用业务，它以融资为目的，是区别于经营租赁的一种长期租赁形式,由于它可满足公司对资产的长期需要,故有时也称为资本租赁。

融资租赁的特点:(1) 融资租赁是融通资金与融通物资相结合的筹集资本设备的方式。(2) 融资租赁是一种不可解约的租赁。(3) 租赁期长。租赁期一般是租赁资产使用寿命期的绝大部分。(4) 出租方一般不提供维修、保养方面的服务。(5) 租赁期满,承租人可选择留购、续租或退还,通常由承租人留购。

融资租赁包括售后回租、转租赁、直接租赁和杠杆租赁等形式。

融资租赁租金包括设备价款和租息两部分,租息又可分为租赁公司的融资成本、租赁手续费等。租金通常采用分次支付的方式。

融资租赁租金的计算方法:

(1) 后付租金的计算。根据年资本回收额的计算公式,可确定出后付租金方式下每年年末支付租金数额的计算公式:

$$A = P/(P/A, i, n)$$

(2) 先付租金的计算。根据即付年金的现值公式,可得出先付等额租金的计算公式:

$$A = P/[(P/A, i, n-1) + 1]$$

融资租赁的优点:(1) 筹资速度快。(2) 提高承租人的资金使用率,增进运营资金的流动性。(3) 租赁手续简便,方法灵活。(4) 税收负担轻。(5) 租金在整个租期内分摊,偿债负担均衡。

融资租赁的缺点:(1) 资金成本较高;(2) 固定的租金支付构成较重的负担。

二、重难点精析

(1) 采取何种筹资方式?是股本筹资还是债务筹资,上市公司是采取配股或增资发行还是举债,是发行公司债还是采取可转换债券。

(2) 筹资的规模如何确定?不切实际、不计代价的筹资将伤害公司的财务基础。

(3) 股权如何构成?这与公司的发展战略及治理策略相联系。中国现阶段需要考虑国家股、法人股、流通股之间的类别构成,从发展看还应考虑优先股、法人股、战略投资股及公众股份的构成问题。

(4) 研究股本结构战略,尤其是股本扩张导致的摊薄效应、摊厚效应及其对公司的影响。增加股本要立足于有长期盈利能力的项目,以抵消股权摊薄效应对市场的不利反应。

(5) 要研究债务资本结构,利用杠杆比例与杠杆经营。对于财务杠杆(资产权益比)与杠杆经营,需要考虑适度的资产负债率:当公司负担的债务高出股东投资时,就是杠杆经营(负债经营)。没有杠杆经营的公司不可能最大限度地为股东创造价值。资产负债率没有绝对的合理标准,宜动态地把握这一比例。一般要考虑三个因素:一是行业特性;二是公司发展阶段;三是筹资成本因素。

在进行融资决策与资本结构决策时，一般要遵循的原则是：只有当预期普通股利润增加的幅度将超过财务风险增加的幅度时，借债才是有利的。

三、基础训练

（一）单项选择题

1. 股票有不同的划分方法，按照股东权益的不同可以将其分为（　　）。
   A. 记名股票与不记名股票　　　　B. 普通股票与优先股票
   C. 有面额股票与无面额股票　　　D. A股与B股（在我国的含义）
2. 下列各项中，属于筹资费用的是（　　）。
   A. 向银行支付的借款手续费　　　B. 发行股票支付的发行费
   C. 发行债券支付的发行费　　　　D. 向股东支付的股利
3. 按照资金的来源渠道不同，可将公司资金分为（　　）。
   A. 净资产和贷款　　　　　　　　B. 预算内资金和预算外资金
   C. 内部资金和外部资金　　　　　D. 负债和所有者权益
4. 从承租人的目的看，经营租赁是为了（　　）。
   A. 通过租赁而融资　　　　　　　B. 通过租赁取得短期使用权
   C. 通过租赁而最后购入该设备　　D. 通过租赁增加长期资金
5. 某债券面值为1 000元，票面年利率为12%，期限3年，每半年支付一次利息。若市场利率为12%，则其发行时的价值（　　）。
   A. 大于1 000元　　　　　　　　B. 小于1 000元
   C. 等于1 000元　　　　　　　　D. 无法计算
6. 出租人既出租某项资产，又以该项资产为担保借入资金的租赁方式是（　　）。
   A. 直接租赁　　　　　　　　　　B. 售后回租
   C. 杠杆租赁　　　　　　　　　　D. 经营租赁
7. 可转换债券对投资者的吸引力在于：当公司经营好转时，可转换债券可以转换为（　　）。
   A. 其他债券　　　　　　　　　　B. 普通股
   C. 优先股　　　　　　　　　　　D. 公司发行的任何一种证券
8. 下列各种筹资渠道中，属于公司内部筹资渠道的是（　　）。
   A. 银行信贷资金　　　　　　　　B. 非银行金融机构资金
   C. 公司提留的准备金　　　　　　D. 职工购买公司债券的投入资金
9. 在股票的具体作价方案中，我国《公司法》明确禁止的作价方案是（　　）。
   A. 按溢价发行　　　　　　　　　B. 按折价发行
   C. 按面额发行　　　　　　　　　D. 平价发行

10. 下列各项中，不属于融资租赁特点的是（　　）。
   A. 租赁期较长
   B. 租金较高
   C. 不得任意中止租赁合同
   D. 出租人与承租人之间并未形成债权债务关系

11. 下列租赁形式中，不能作为融资手段的是（　　）。
   A. 直接租赁　　　　　　　　　　B. 经营租赁
   C. 杠杆租赁　　　　　　　　　　D. 售后回租

12. 相对于股票筹资而言，银行借款的缺点是（　　）。
   A. 筹资速度慢　　　　　　　　　B. 筹资成本高
   C. 筹资限制少　　　　　　　　　D. 财务风险大

13. 下列各项中，不属于融资租赁租金构成项目的是（　　）。
   A. 租赁设备的价款　　　　　　　B. 租赁期间利息
   C. 租赁手续费　　　　　　　　　D. 租赁设备维护费

14. 下列筹资方式中，可用于筹集长期借入资金的是（　　）。
   A. 发行股票　　　　　　　　　　B. 内部积累
   C. 融资租赁　　　　　　　　　　D. 商业信用

15. B股股票是指（　　）。
   A. 以人民币标明票面金额，以外币认购和交易的股票
   B. 以人民币标明票面金额，以人民币认购和交易的股票
   C. 以外币标明票面金额，以外币认购和交易的股票
   D. 以外币或人民币标明票面金额，以外币认购和交易的股票

16. 下列各项中，属于普通股股东权利的是（　　）。
   A. 优先分配盈余权　　　　　　　B. 优先分配剩余财产权
   C. 优先出售或转让股份权　　　　D. 优先认股权

17. 财务风险是由于（　　）的存在而引起的。
   A. 支付固定性资金成本的融资　　B. 普通股融资
   C. 固定性管理费用　　　　　　　D. 税金

18. 从股东的角度看，在公司所得的全部资本利润率（　　）借款利息率时负债比率越大越好。
   A. 超过　　　　　　　　　　　　B. 低于
   C. 等于　　　　　　　　　　　　D. 不等于

19. 对于债券和股票，以下说法中不正确的是（　　）。
   A. 债券的求偿权优于股票　　　　B. 债券的投资风险小于股票
   C. 债券持有人不能参与公司决策　D. 债券的筹资成本高于股票的筹资成本

20. 根据风险收益对等观念，一般情况下，各筹资方式筹资成本由小到大依次为（　　）。
   A. 银行借款、公司债券、普通股　B. 普通股、银行借款、公司债券
   C. 公司债券、普通股、银行借款　D. 普通股、公司债券、银行借款

（二）多项选择题

1. 按计息的方式分类，债券可分为（　　）。
   A. 附息债券　　　　　　　　　　B. 贴现债券
   C. 单利债券　　　　　　　　　　D. 复利债券
2. 债券相对股票有一些自己的特点，其中（　　）是债券的特点。
   A. 偿还性　　　　　　　　　　　B. 风险性
   C. 流动性　　　　　　　　　　　D. 收益性
3. 下列各项中，属于负债资金筹资方式的有（　　）。
   A. 发行公司债券　　　　　　　　B. 融资租赁
   C. 商业信用　　　　　　　　　　D. 银行借款
4. 直接导致公司资金结构变动的财务活动有（　　）。
   A. 可转换债券转为普通股　　　　B. 用盈余公积弥补亏损
   C. 发放现金股利　　　　　　　　D. 发放股票股利
5. 下列各项中，可用于筹集自有资金的筹资方式有（　　）。
   A. 吸收直接投资　　　　　　　　B. 内部积累
   C. 计提折旧　　　　　　　　　　D. 发行优先股
6. 下列各项中，属于公司发行债券的筹资渠道的有（　　）。
   A. 国家财政资金　　　　　　　　B. 银行信贷资金
   C. 非银行金融机构资金　　　　　D. 居民个人资金
7. 下列各项中，形成公司自留资金的有（　　）。
   A. 计提折旧　　　　　　　　　　B. 提取公积金
   C. 未分配利润　　　　　　　　　D. 发行债券
8. 下列出资方式中，可用于吸收直接投资的有（　　）。
   A. 实物投资　　　　　　　　　　B. 土地使用权投资
   C. 现金投资　　　　　　　　　　D. 工业产权投资
9. 公司采用吸收直接投资的好处在于（　　）。
   A. 有利于增强公司信誉　　　　　B. 有利于尽快形成生产能力
   C. 有利于降低财务风险　　　　　D. 有利于避免公司控制权过于分散
10. 可以筹措长期资金的筹资方式有（　　）。
    A. 商业信用　　　　　　　　　　B. 吸收直接投资
    C. 发行债券　　　　　　　　　　D. 融资租赁
11. 普通股与优先股的共同特征主要有（　　）。
    A. 需支付固定股息　　　　　　　B. 同属公司股本
    C. 股息从净利润中支付　　　　　D. 可参与公司重大决策
12. 普通股股东一般具有的权利包括（　　）。
    A. 公司管理权　　　　　　　　　B. 分享盈余权
    C. 优先认股权　　　　　　　　　D. 剩余财产要求权
13. 公司发行股票的原因可能有（　　）。

A. 设立新的股份公司 B. 扩大生产经营规模
C. 发放股票股利 D. 偿还银行借款

14. 债券的基本要素包括（　　）。
A. 债券发行主体 B. 债券的价格
C. 债券的面值 D. 债券的期限

15. 债券发行价格的高低取决于（　　）等因素。
A. 债券票面金额 B. 债券期限
C. 债券票面利率 D. 市场利率

16. 公司采用发行债券方式筹资的优点有（　　）。
A. 保证股东对公司的控制权 B. 可以减少财务杠杆作用
C. 资金成本较低 D. 可以降低通货膨胀风险
E. 具有抵税作用

17. 相对于发行债券筹资，对公司而言，发行股票筹集资金的优点有（　　）。
A. 增加公司筹资能力 B. 降低公司财务风险
C. 降低公司资金成本 D. 筹资限制较少

18. 优先股的优先权主要表现在（　　）。
A. 优先认股 B. 优先取得股息
C. 优先分配剩余财产 D. 优先行使投票权

19. 普通股股东所拥有的权利包括（　　）。
A. 分享盈余权 B. 优先认股权
C. 转让股份权 D. 优先分配剩余资产权

20. 相对于股票投资而言，债券投资的优点有（　　）。
A. 本金安全性高 B. 收入稳定性强
C. 购买力风险低 D. 拥有管理权

（三）判断题

1. 我国有关法规中规定，现金投资必须占投资总额的20%。（　　）
2. 当公司增发普通股股票时，原有股东有权优先认购。（　　）
3. 补偿性余额的约束有助于降低银行贷款风险，但同时也减少了公司实际可动用借款额，提高了借款的实际利率。（　　）
4. 短期资金相对于长期资金而言，风险较大，成本较高。（　　）
5. 利用商业信用筹资与利用银行借款筹资不同，前者不需负担资金成本，而后者则要负担固定的利息成本。（　　）
6. 与长期负债融资相比，流动负债融资的期限短、成本低，其偿债风险也相对较小。（　　）
7. 不论公司财务状况与经营成果如何，公司必须支付当年优先股股利。（　　）
8. 公司一般希望采取在借款期内定期等额偿还方式还款，因为这样可以减轻还款财务负担，同时降低实际贷款利率。（　　）
9. 优先股也会产生财务杠杆作用。（　　）

10. 无息债券就是没有利息的债券。（ ）
11. 股票一经认购，持股人不得要求退股，但可以在证券市场进行转让。（ ）
12. 留存收益无须公司专门去筹集，所以它本身没有任何成本。（ ）
13. 上市流通的债券的面值是固定的，但它的价格却随市场利率经常变化。（ ）
14. 租赁分为经营租赁和融资租赁两种，采用经营租赁方式，出租人可以提供维修和保养方面的专门服务；采用融资租赁方式，出租人一般不提供这方面的服务。（ ）
15. 盈利公司也可能因不能偿还到期债务而无法继续经营下去。（ ）
16. 发行普通股筹资没有固定的利息负担，因此其资金成本较低。（ ）
17. 权益资金相对于债务资金而言，财务风险较大，享受不到财务杠杆作用。
（ ）
18. 由于优先股需要支付固定股利，但又不能在税前扣除，所以，当利润下降时，优先股股利会成为一项较重的财务负担，有时不得不延期支付。（ ）
19. B 股是以外币标明票面金额，以外币认购和交易的股票。（ ）
20. 一般而言，在公司债券票面利率不变的情况下，市场利率越上升，债券就越有可能折价发行。（ ）

四、技能实训案例

案例 9-1

（一）资料

东方汽车制造公司是一个多种经济成分并存，具有法人资格的大型公司集团。公司现有 58 个生产厂家，以及有物资、销售、进出口、汽车配件 4 个专业公司，一个轻型汽车研究所和一所汽车工业学院。公司现在急需 1 亿元的资金用于"七五"技术改造项目。为此，总经理赵广文于 1988 年 2 月 10 日召开由生产副总经理张伟、财务副总经理王超、销售副总经理李立、某信托投资公司金融专家周明、某研究中心经济学家吴教授、某大学财务学者郑教授组成的专家研讨会，讨论该公司筹资问题。下面是他们的发言和有关资料。

总经理赵广文首先发言，他说："公司'七五'技术改造项目经专家、学者的反复论证已被国务院于 1987 年正式批准。这个项目的投资额预计为 4 亿元，生产能力为 4 万辆。项目改造完成后，公司的两个系列产品的各项性能可达到国际 80 年代的先进水平。现在项目正在积极实施中，但目前资金不足，准备在 1988 年 7 月筹措 1 亿元资金，请大家讨论如何筹措这笔资金。"

生产副总经理张伟说："目前筹集的 1 亿元资金，主要是用于投资少、效益高的技术改造项目。这些项目在两年内均能完成建设并正式投产，到时将大大提高公司的生产能力和产品质量，估计这笔投资在投产后三年内可完全收回。所以应发行五年期的债券筹集资金。"

财务副总经理王超提出了不同意见，他说："目前公司全部资金总额为10亿元，其中自有资金为4亿元，借入资金为6亿元，自有资金比率为40%，负债比率为60%。这种负债比率在我国处于中等水平，与世界发达国家如美国、英国等相比，负债比率已经比较高了。如果再利用债券筹集1亿元资金，负债比率将达到64%，显然负债比率过高，财务风险太大。所以，不能利用债券筹资，只能靠发行普通股股票或优先股股票筹集资金。"

但金融专家周明却认为："目前我国金融市场还不完善，一级市场刚刚建立，二级市场尚在萌芽阶段，投资者对股票的认识尚有一个过程。因此，在目前条件下要发行1亿元普通股股票十分困难。发行优先股还可以考虑，但根据目前的利率水平和市场状况，发行时年股息率不能低于16.5%，否则无法发行。如果发行债券，因要定期付息还本，投资者的风险较小，估计以12%的利息率便可顺利发行债券。"

来自某研究中心的吴教授认为："目前我国经济正处于繁荣时期，但党和政府已发现经济"过热"所造成的一系列弊端，正准备采取措施治理经济环境，整顿经济秩序。到时汽车行业可能会受到冲击，销售量可能会下降。在进行筹资和投资时应考虑这一因素，不然盲目上马，后果将是十分严重的。"

公司的销售副总经理李立认为："治理整顿不会影响该公司的销售量。这是因为该公司生产的轻型货车和旅行车，几年来销售情况一直很好，畅销全国29个省、市、自治区，市场上较长时间供不应求。1986年全国汽车滞销，但该公司的销售状况仍创历史最高水平，居全国领先地位。在近几年全国汽车行业质量评比中，轻型客车连续夺魁，轻型货车两年获第一名，一年获第二名。治理整顿可能会引起汽车滞销，但这只可能限于质次价高的非名牌产品，而公司的几种名牌汽车仍会畅销不衰。"

财务副总经理王超补充说："公司属于股份制试点公司，执行特殊政策，所得税税率为35%，税后资金利润为15%，准备上马的这项技术改造项目，由于采用了先进设备，投产后预计税后资金利润率将达到18%左右。"所以，他认为这一技术改造项目仍应付诸实施。

来自某大学的财务学者郑教授听了大家的发言后指出："以16.5%的股息率发行优先股不可行，因为发行优先股所花费的筹资费用较多，把筹资费加上以后，预计利用优先股筹集资金的资金成本将达到19%，这已高出公司税后资金利润率，所以不可行。但若发行债券，由于利息可在税前支付，实际成本在9%左右。目前我国正处于通货膨胀时期，利息率比较高，这时不宜发行较长时期的具有固定负担的债券或优先股股票，因为这样做会长期负担较高的利息或股息。所以，应首先向银行筹措1亿元的技术改造贷款，期限为一年，一年以后，再以较低的股息率发行优先股股票来替换技术改造贷款。"

财务副总经理王超听了郑教授的分析后，也认为按16.5%发行优先股，的确会给公司造成沉重的财务负担。但他不同意郑教授后面的建议，他认为，在目前条件下向银行筹措1亿元技术改造贷款几乎不可能；另外，通货膨胀在近一年内不会消除。要想消除通货膨胀,利息率有所下降,至少需要两年时间。金融学家周明也同意王超的看法,他认为一年后利息率可能还要上升,两年后利息率才会保持稳定或略有下降。

(二) 要求

(1) 分析股票和债券筹资的利弊。
(2) 你认为总经理最后应选择何种筹资方式?
(3) 本案例对你有哪些启示?

【分析提示】

筹资是一个财务问题,但又不仅仅是财务问题,在公司做出重大筹资决策时,需要各方面管理人员和有关专家参与讨论,以便做出正确决策。本案例中的东方汽车制造公司是我国汽车行业最早的股份制试点公司,案例中的很多问题在当时都属于探索性的。

案例 9-2

(一) 资料

1991年8月,南方家具公司总经理钟晨先生正在研究公司资金筹措方式问题。为扩大生产规模,公司需要在1993年10月末筹措1 150万元,其中350万元可以通过公司内部留存收益及提高流动资金利用效果得以解决,其余部分800万元需要从外部筹措。在此之前,钟晨先生已经和投资银行设想了几个方案,并将在1991年9月2日的董事会上正式提交讨论。

公司管理部门最初倾向于以发行股票的方式筹资800万元。在证券市场上,南方公司普通股每股高达33元,扣除发行费用,每股净价为31元。但是,投资银行却建议通过借款的方式(年利率7%,期限10年)筹措资金,他们认为举债筹资可以降低资本成本。

1. 公司背景及其规划

南方家具公司是由几个具有丰富专业知识的投资者于1980年创立的,经过十年的发展,到1990年,销售收入从刚成立时的1 000万元增至1 620万元。利润增加到74万元。有关的资料见表9-1和表9-2。根据钟晨先生介绍,南方公司的家具生产线较少,不能向市场推出大量的新产品。1991年,该公司的生产线仅包括八种卧室家具类型、五种餐厅家具类型以及其他各种系列的家具类型,如有活动顶板的书桌及酒柜等。各类家具一般是按照传统方式,采用木质结构制作的,或采用类似木质材料进行表面装饰,使其既具有实用性,又具有观赏性。

从生产能力看,目前公司拥有四套独立的生产设备,设在东图的分公司占地面积为9.7万平方米,主要生产卧室及餐厅家具;而设在西林的分公司占地面积为3万平方米,主要生产其他系列的各种家具。这两个分公司所需要的木质胶合板是由北洼林业局的一家工厂提供;其他各种装饰用材料是由几家工厂分别提供。

为了不断扩充和发展,公司经常组织有关人员进行市场调查,了解消费者的口味与偏好,不断改进产品设计,每年在家具市场上推出两至三种新型家具,并且关闭了相同数量的过时或不受欢迎的生产线，使公司避免了生产线的过度扩张与生产线的低效率。

公司的销售人员近 50 人，销售网点遍及全国各地，拥有客户 5 000 多家。目前，市场部门致力于组建地区连锁店及平价商店。公司的管理人员确信，只有连锁店或平价商店才有利于在既定价格下大批量地推销家具。1991 年，公司拥有平价商店 14 家，预计到 1992 年可达到 18 至 24 家。

南方家具公司拥有 950 雇员，人均年生产总值为 50 000 元，而同行业的人均生产总值为 16 000 元。管理人员认为在公司中存在着剩余劳动力。

1990 年，是家具行业的萧条年，尽管如此，南方家具公司的销售收入和利润仍比 1989 年分别增长了 8.7% 和 27.6%。在今后的 5 年中，预计销售收入将成倍增长，而利润增长幅度相对降低。为了实现这一目标，公司必须扩大生产规模，到 1993 年末，使生产能力翻一番。公司预计在北洼附近耗资 800 万元建造一所占地 18.3 万平方米的工厂，这将是家具行业中规模最大、现代化程度最高的一家工厂。此外，还需要 50 万元整修和装备现有的厂房和设备；需要 300 万元的流动资金以补充生产规模扩大而短缺的部分；这三项合计共需资金 1 150 万元。

2. 家具行业的状况

家具业是高度分散的行业。据了解在 1 000 多家家具公司中，雇员少于 20 人的占三分之二。1989 年，家具行业的销售收入为 50 亿元，但其中销售收入超过 1 500 万元的公司只有不到 30 家。在过去的 5 年中，家具行业一直经历着兼并和收购的风险，而且这种趋势愈演愈烈。在其他行业的大公司以收购家具公司的形式实现多种经营的同时，本行业中的大公司也在吞并小公司。例如年销售收入 6 500 万元的宏远公司被中美合资的科克公司兼并。家具行业的发展前景是可观的，经济不景气时期已经过去，该行业也随着整个经济的复苏发展起来。

南方家具公司现有长期借款 80 万元，其中 10 万元在一年内到期。年利率为 5.5%，每年分两期偿还本金 10 万元。借款合约规定公司至少要保持 225 万元的流动资金。

南方家具公司 1986 年以每股 5 元公开发行普通股股票 170 000 股。目前，该公司发行在外的普通股股票共计 600 000 股，其中高级职员和董事会成员持有 20% 左右。其股利分配政策保持不变，年股利率为每股 0.4 元。

公司筹措资金 800 万元的两种方案如下：

(1) 发行普通股。除非在股票发行日之前证券市场情况发生重大变化，公开发行普通股股票 258 065 股将为公司筹措 800 万元。这种方案必须在董事会讨论决定后 90 天，即在 1991 年的会计年度结束后方可实施。

(2) 举债。即向银行举借年利率为 7%、期限为 10 年的贷款。

其有关内容为：

A. 从贷款取得后第 30 个月开始，每半年偿还本金 40 万元；

B. 第十年末偿还贷款本金的 25%（200 万元）；

C. 借款的第一年，公司的流动资金必须保持在借款总额的 50%，以后每年递增 10%，直至达到未偿还贷款的 80%；

D. 股东权益总额至少为 600 万元；

E. 借款利息必须在每季末支付。

钟晨先生必须准备一份详细的计划，他希望为公司赢得最大的利益，并可以在9月2日的董事会上向大家解释他的计划。

（二）要求

试根据以上案例所提供的资料编制一份分析报告，并回答下列问题：

（1）不同的筹资方式对公司的财务状况有何影响？

（2）你认为应采取哪种筹资方式？是发行股票还是取得银行借款？做出你最终的决策并说明理由。

表9-1　　　　　　　　南方家具公司资产负债表（12月31日）　　　　　　　　单位：万元

项目	1988年	1989年	1990年	1991年8月20日
资产				
现金	26	23	24	63
应收账款	209	237	273	310
存货	203	227	255	268
其他	8	10	11	14
流动资产合计	446	497	563	655
固定资产总值	379	394	409	424
减：累计折旧	135	155	178	189
固定资产净值	244	239	231	235
固定资产合计	244	239	231	235
资产总计	690	736	794	890
负债及股东权益				
应付账款及应计费用	62	90	102	105
一年内到期的长期借款	10	10	10	10
应付股利	—	—	—	5
应付税金	36	25	26	50
流动负债合计	108	125	138	170
长期负债（5.5%）	105	95	85	80
股东权益（600 000股）	477	516	571	640
负债及股东权益总计	690	736	794	890

表 9-2　　　　　　　　　南方家具公司损益表　　　　　　　单位：万元（每股价格除外）

项目	会计年度末12月31日					32 周末	
	1986年	1987年	1988年	1989年	1990年	1991年6月14日	1991年6月13日
销售净额	1 062	1 065	1 239	1 491	1 620	926	1 279
销售成本	853	880	1 046	1 201	1 274	724	968
销售毛利	209	185	247	290	346	202	311
销售和管理费用	111	122	142	160	184	109	136
利息费用	8	7	7	6	5	3	3
税前利润	90	56	98	124	157	90	172
所得税	44	27	51	66	83	48	87
非常项目前利润	46	29	47	58	74	42	85
非常项目税后净额	—	15	—	—	—	—	—
净收益	46	44	47	58	74	42	85
普通股每股收益							
非常项目前	0.77	0.48	0.78	0.97	1.23	0.70	1.42
非常项目	—	0.25	—	—	—	—	—
净收益	0.77	0.73	0.78	0.30	0.30	0.23	0.27
每股现金股利	0.27	0.27	0.27	0.30	0.30	0.23	0.27
上述成本中包含折旧	—	—	21	22	22	—	—

五、参考答案

（一）单项选题

1. B　2. D　3. C　4. B　5. B　6. C　7. B　8. C　9. B
10. D　11. B　12. D　13. D　14. C　15. A　16. D　17. A　18. A
19. D　20. A

（二）多项选题

1. AB　2. ABCD　3. ABCD　4. ABCD　5. ABD
6. DC　7. BC　8. ABCD　9. ABCD　10. BCD
11. C　12. ABCD　13. AB　14. ABCD　15. ABCD
16. ACDE　17. AB　18. BC　19. ABC　20. AB

(三) 判断题

1. ×   2. √   3. √   4. ×   5. ×   6. ×   7. ×   8. ×
9. √   10. ×   11. √   12. ×   13. √   14. ×   15. √   16. ×
17. √   18. √   19. ×   20. √

(四) 技能实训案例

案例 9-1

1. 债券筹资的优点

（1）资本成本低。债券的利息可以税前列支，具有抵税作用；另外债券投资人比股票投资人的投资风险低，因此其要求的报酬率也较低。故公司债券的资本成本要低于普通股。

（2）具有财务杠杆作用。债券的利息是固定的费用，债券持有人除获取利息外，不能参与公司净利润的分配，因而具有财务杠杆作用，在息税前利润增加的情况下会使股东的收益以更快的速度增加。

（3）所筹集资金属于长期资金。发行债券所筹集的资金一般属于长期资金，可供公司在 1 年以上的时间内使用，这为公司安排投资项目提供了有力的资金支持。

（4）债券筹资的范围广、金额大。债券筹资的对象十分广泛，它既可以向各类银行或非银行金融机构筹资，也可以向其他法人单位、个人筹资，因此筹资比较容易并可筹集较大金额的资金。

2. 债券筹资的缺点

（1）财务风险大。债券有固定的到期日和固定的利息支出，当公司资金周转出现困难时，易使产业陷入财务困境，甚至破产清算。因此筹资公司在发行债券来筹资时，必须考虑利用债券筹资方式所筹集的资金进行的投资项目的未来收益的稳定性和增长性的问题。

（2）限制性条款多，资金使用缺乏灵活性。因为债权人没有参与公司管理的权利，为了保障债权人债权的安全，通常会在债券合同中包括各种限制性条款。这些限制性条款会影响公司资金使用的灵活性。

3. 长期借款筹资的优点

（1）筹资速度快。通过发行各种证券来筹集长期资金需要证券发行前的准备时间和发行时间，而银行借款与发行证券相比，一般所需时间都较短，可以迅速地获取资金。

（2）资本成本较低。长期借款利息可在税前支付，另外借款的手续费低于证券的发行费用。因而相对于其他长期筹资方式，长期借款的资本成本是最低的。

（3）弹性较大。借款公司面对的是银行而不是广大的债券持有人，而且可以与银行直接接触，确定贷款的时间、数量和利息；另外在借款期间如果情况发生了变化，公司也可与银行再进行协商，修改借款数量及条件等，与其他筹资方式相比有较大的弹性。

（4）具有财务杠杆作用。因为银行借款利息属于固定性融资成本，在息税前利润增加时，会使税后利润以更大的幅度增加。

4. 长期借款筹资的缺点

（1）财务风险较大。因为财务杠杆的作用，在息税前利润减少时，会使税后利润以更大的幅度减少；另外借款会增加公司还本付息的压力。

（2）限制条款较多。银行长期借款都有很多的限制条款，这些条款可能会限制公司的经营活动，包括筹资活动和投资活动。

（3）筹资数量有限。银行一般不愿进行巨额的长期贷款；另外，当公司财务状况不好时，借款利率会很高，甚至根本不可能得到贷款。

5. 普通股融资的优点

与其他筹资方式相比，普通股筹资具有如下优点：

（1）所筹集的资本具有永久性，无到期日，不需归还。

（2）没有固定的股利负担，股利的支付与否和支付多少，视公司有无盈利和经营需要而定。

（3）能增加公司的信誉，增强公司的举债能力。

（4）由于普通股的预期收益较高并可一定程度地抵消通货膨胀的影响，因此普通股筹资容易吸收资金。

6. 普通股融资的缺点

（1）资本成本较高。首先，从投资者的角度讲，投资于普通股风险较高，相应地所要求投资报酬率也较高；其次，对于筹资公司来讲，普通股股利从税后利润中支付，不像债券利息那样作为费用从税前支付，因而不具有抵税作用；最后，普通股的发行费用也高于其他筹资方式。

（2）以普通股筹资会增加新股东，这可能分散公司的控制权；另外，新股东分享公司未发行新股东前积累的盈余，会降低普通股的每股净收益，从而可能引发股价的下跌。

7. 优先股筹资的优点

发行优先股筹资也具有筹资风险小，可以增强公司信誉和举债能力，有利于公司资本的稳定和公司的发展等优点，而且由于优先股没有经营管理投票权，还有利于保持普通股股东的控制权。

8. 优先股筹资的缺点

（1）筹资成本高。优先股所支付的股利要从税后净利润中支付，不同于债务利息可在税前扣除。因此，优先股成本虽低于普通股，但高于债券。

（2）筹资限制多。发行优先股，通常有许多限制条款。如，公司不能连续三年拖欠股息，公司有盈利必须先分给优先股股东，公司举债额度较大时要先征求优先股股东的意见等。

（3）财务负担重。优先股需要支付固定股利，又不能在税前扣除，所以，当利润下降时，优先股的股利会成为一项较重的财务负担，有时不得不延期支付。

案例 9-2

（略）

项目十 公司资本结构

一、内容综述

资本结构是指在公司资本总额中各种资本来源的构成比例,有广义和狭义之分。

资本结构与财务结构有着密切联系,但又有所不同,财务结构指公司的全部资金来源中负债和所有者权益乃至各构成项目分别占公司总资本的比重,其中当然包含着资本结构。实际上财务结构反映了公司全部资金来源中各负债项目和所有者权益项目的构成情况,而资本结构则是财务结构中相对稳定的部分。

资本结构与资产结构也不同,资产结构指公司用全部资本经营的各资产项目与公司总资产之比。它是公司经营策略的结果,而不像资本结构是筹资策略的结果。由此可以看出资本结构与财务结构反映资产负债表左侧的构成和比例关系,而资产结构反映的是资产负债表右侧的构成和比例关系。

(一) 杠杆原理

杠杆效应指的是由于特定费用(如固定生产经营成本或固定的财务费用)的存在而导致的,当某一财务变量以较小幅度变动时,另一相关变量会以较大幅度变动。公司理财中的杠杆效应有三种形式:经营杠杆、财务杠杆、复合杠杆。

经营杠杆是指由于固定成本的存在,而导致息税前利润的变动率,大于产销量的变动率的杠杆效应,称为经营杠杆。经营风险是指由于市场需求和成本等因素的不确定性,当产销量增加或减少时,息税前利润将以倍数的幅度增加或减少,这种现象称为经营风险。经营杠杆系数越大,利润变动越激烈,公司的经营风险就越大。

财务杠杆是指在资本结构不变的情况下,由于固定性资金成本的存在,导致息税前利润的变化会引起普通股每股利润以更大的幅度变化。由于固定利息、优先股股息和租赁费等固定性资金成本并不随 EBIT 的增加而增加,所以普通股利润的变动率同 EBIT 的变动率并不相等。财务杠杆也可以说是指那些仅支付固定性资本成本的筹资方式

（如债券、优先股等）对所有者（普通股持有者）收益的作用。财务杠杆的大小一般用财务杠杆系数表示，它是以每股盈余对息税前利润变动的灵敏度来表示的。财务杠杆系数是指普通股每股收益的变动率相当于息税前利润变动率的倍数。它是财务杠杆作用力的量化指标，也具体反映公司财务风险的大小。财务杠杆系数越大，财务风险越大。

综合杠杆亦称联合杠杆或总杠杆，是指由于固定成本和支付固定费用的筹资方式的存在而造成的普通股每股盈余变动率会大大高于销售变动率的现象；是营业杠杆与财务杠杆的结合体，两种杠杆共同起作用，就会产生联合杠杆效应，使普通股每股收益的变动率大于产销业务量的变动率。综合杠杆的作用大小一般用总杠杆系数表示。总杠杆系数是指普通股每股收益的变动率相当于产销业务量变动率的倍数。综合杠杆系数表明公司现有规模、成本费用水平和资本结构下的综合杠杆作用的力度以及公司所具有的综合风险（经营风险与财务风险）的程度。综合杠杆系数愈大，杠杆作用力愈大，风险也愈大；反之，综合杠杆系数愈小，杠杆作用力愈小，综合风险也愈小。

（二）最优资本结构的确定

最优资本结构是指公司在一定时期使公司的加权平均资本成本最低而使公司价值最大的资本结构。

1. 综合资本成本比较法

是指通过比较加权平均资本成本来进行资本结构的决策。即根据设定的不同资本结构的若干筹资方案，分别计算各方案的加权平均资金成本，然后以此为评价标准，选择加权平均资金成本最低的方案为最佳方案。

公司资本结构中保持一定比例负债，一般要符合下列原则：（1）借入资本的预期利润率应大于或等于借款利息率，这才能保证这一项目盈利或至少持平。（2）考虑到公司的暂时周转困难或为了公司的长远发展，公司借款的预期利润率可以小于公司借款利息率，但必须大于公司的加权平均资本成本率。（3）公司举债的最终临界点是借入资本的期望利润大于零，但此时借入资金的盈利水平和资本成本均不一定是理想状态。

2. 无差别点分析法

无差别点分析法又称每股利润无差别点，它是指使不同资本结构的每股收益相等的息税前利润（EBIT）点。该点上选择任何筹资方案都能取得相等的每股收益，各方案间无任何差别。每股利润无差别点法侧重比较各方案的收益大小，通过比较各投资方案实现的每股利润的高低来确定各方案收益的大小，根据资金结构和每股利润大小的关系来确定资金结构。

无差别点分析法只考虑了资金结构对每股利润的影响，并假定每股利润最大，股票价格也就最高，但没有考虑资金结构对风险的影响，是不全面的。

现实中资本结构决策应考虑的因素及调整方法：影响资本结构的因素错综复杂，既有宏观因素也有微观因素，在公司资本结构决策时应全面权衡各方面的因素，并结合公司的实际情况做出适宜的资本结构决策。

二、重难点精析

(一) 负债筹资的利弊分析

公司在经营决策过程中，经常会遇到这样的问题：当公司准备投资一个生产经营项目时，资金怎样解决公司自有资金是否充足？是否需要借款？需要借多少款项等。也就是需要确定一个合理的自有资本和债务资本的比例关系。合理的资本结构可以使公司所有者获得最大的经济利益，同时又能够保证公司顺利地进行生产经营，不至于发生财务危机。在资本结构决策中，怎样合理地利用债务筹资是决策者必须认真考虑的一个问题。合理地利用债务筹资对公司无疑是有益的。第一，使用债务资本可以降低公司资本成本。从投资者的角度来说，股权投资的风险大于债权投资，其要求的报酬率就会相应提高。因此债务资本的成本要明显地低于权益资本。在一定的限度内合理提高债务筹资比例，可以降低公司的综合资本成本。第二，利用债务筹资可以获取财务杠杆利益。由于债务利息是固定不变的，当息税前利润增大时，单位利润所承担的固定利息就会相应减少，从而分配给公司所有者的税后利润也会相应增加。因此，利用债务筹资可以给公司所有者带来财务杠杆利益。第三，公司可以在税前支付债务利息，获得节税利益。根据会计制度的规定，利息是作为财务费用从税前利润中扣除的，这样应纳税所得额就会减少，相应的公司所得税额也会减少。但是债务筹资也会给公司带来财务风险，债务筹资的比例越大，财务风险也就越大。公司应在利益和风险之间做出合理选择，这是资本结构决策的关键所在。

(二) 西方市场化的资金结构决策特征

资金有三种类型，第一种就是所谓业主的自有资金，或业主在经营过程中不断积累下来的利润。第二种是负债。第三种是对外增加股权资金。这种融资活动在融资的过程中是外延融资，一旦资金进入以后，由于股权资金形成股权资本，由于掌握股权的人是公司的股东，所以有了双重意义：获得了资金也稀释了控制权。在理论上，如果存在税收，有金融风险，融资的结构顺序应当是这样的：一个合理的、有竞争力的公司首先是内源融资，用自己的钱扩大自己，其次才是向外借债，最后的手段是扩充股权。简单地说，为什么不愿意用扩充股权的方式融资呢？是因为有控制权的丧失和一系列矛盾问题。为什么不愿意对外借债呢？是因为只要借债，作为债务人就会受到债权人非常强烈的约束。债务融资非常强烈、直接受到货币政策，受到宏观经济运行的影响，非常容易波动。一旦波动会使公司陷入不利的境地。

(三) 怎样保证获得正的财务杠杆利益

财务杠杆利益是公司运用负债对普通股收益的影响额。财务杠杆理论的重心是负债对股东报酬的扩张作用。当公司全部资金为权益资金，或当公司投资利润率与负债利率一致的情况下，公司不会形成财务杠杆利益；为充分运用正的财务杠杆利益，限制或消除负的财务杠杆利益，应注意以下两个方面的问题：（1）因为公司投资利润率与财务杠杆利益呈正方向变动，公司盈利能力的提高有利于正财务杠杆利益的提高。公司应通过合理配置资产，加速资金周转，降低产品成本，改进产品质量和结构等措施，促进公司盈利能力的增长。（2）将公司各类负债的加权平均利率作为投资利润率的最低控制线，以防止发生负的财务杠杆利益。

（四）现实中确定公司的最佳资本结构，应处理好以下几方面的关系

1. 公司补偿固定成本的现金流量能力

确定资本结构一个很重要的问题是分析公司补偿固定成本的现金流量能力。公司负债金额越大，到期越短，固定成本就越高。这类固定成本包括负债的本息、租赁支出和优先股股息。在公司确定其负债比率时，必须认真考虑和分析未来的现金流量，尤其是公司经营活动所能产生的净现金流量。当公司未来的现金净流量充分、稳定时，其偿债能力较强，资本结构中的负债比率也就可以大一些。

2. 公司收益能力和负债比率的关系

首先，只有当公司盈利的情况下，负债才能发挥减税作用；另外，负债融资引起的财务杠杆效应是一把"双刃剑"。只有当公司的资金收益率高于负债利率时，负债融资产生的收益大于负债的利息支出，股东的实际收益率才会高于公司的资金收益率；否则，由于负债融资将使股东收益率低于公司的资金收益率。因此，确定最佳资本结构时应分析公司的收益能力，如公司的预计资金收益率高于负债利率时，资本结构中的负债比率就可以大一些。

3. 经营风险与财务风险的关系

公司的经营风险实质就是公司的资产风险，因为经营风险是资产经营过程中产生的风险，公司的资产性质和资产结构的不同，导致公司的经营风险不同。公司的总风险包括经营风险和财务风险，要将公司的总风险控制在一定范围内，如果经营风险增加，必须通过降低负债比率来减少财务风险。因此，资本结构中负债比率是否最优，还必须视经营风险大小而定。

4. 资本结构与资产结构的关系

资本结构与资产结构密切相关。资产结构指资产负债表资产部分各个项目之间的关系。公司资产可以分为流动资产和长期资产、有形资产和无形资产。当公司面临偿债压力时，可以通过资产变现来偿还负债。流动资产相对于长期资产变现时价值损失较小，即破产成本低；而无形资产和有形资产相比，在公司破产后的价值损失很大，不少无形资产变得一文不值，其破产成本高。因此，资产结构不同的公司的偿债能力不同，破产成本也不同，长期资产、无形资产比率高的公司的破产成本高。面对不同的资产结构，公司要调整资本结构，从而相应地降低公司的破产成本。长期资产、无形资产比率高的公司，可以通过保持较低的资产负债比率来降低破产的风险。

5. 公司财务的灵活性

由于债务约束硬化，对公司的限制性较强，而公司面临的经营环境又是不确定的，如果公司将财务杠杆用足，达到最佳负债水平，一旦遇到不利的经营环境，就有可能使公司财务恶化；而遇到新的投资机会需要再融资时，公司融资的选择又将受现有资本结构的制约。因此，公司资本结构在实际上并不需要达到理论上的最佳资本结构而要保持适度、略低的负债水平，在财力上留有余地，这种情况可以视为财务储备。财务储备包括未使用的负债能力、变现性强的流动资产以及超额信贷限额等。保留财务储备后，公司在财务上就具有了灵活性。而财务灵活性是公司捕捉发展机会、保持经营灵活性的保证。只有具备财务和经营灵活性的公司，才能在未来激烈的市场竞争中占据有利位置。

三、基础训练

（一）单项选择题

1. 下列筹资方式中，资金成本最低的是（　　）。
   A. 发行股票　　　　　　　　　　B. 发行债券
   C. 长期借款　　　　　　　　　　D. 保留盈余资金成本
2. 只要公司存在固定成本，那么经营杠杆系数必（　　）。
   A. 恒大于1　　　　　　　　　　B. 与销售量成反比
   C. 与固定成本成反比　　　　　　D. 与风险成反比
3. 下列关于经营杠杆和经营风险的说法中，正确的是（　　）。
   A. 经营杠杆作用加剧了利润变动
   B. 固定成本越高，经营杠杆系数越小
   C. 经营杠杆系数等于基期息税前利润除以基期边际贡献
   D. 经营杠杆系数是息税前利润变动相当于产销量变动的倍数
4. 总杠杆作用的意义在于能够估计出（　　）。
   A. 销售额变动对每股利润的影响
   B. 销售额变动对息税前利润的影响
   C. 息税前利润变动对每股利润的影响
   D. 基期边际贡献变动对基期利润的影响
5. 财务杠杆系数同公司资本结构密切相关，需支付固定资本成本的债务资金所占比重越大，公司的财务杠杆系数（　　）。
   A. 越小　　　　　　　　　　　　B. 越大
   C. 不变　　　　　　　　　　　　D. 反比例变化
6. 下列关于最佳资本成本结构的表述不正确的是（　　）。
   A. 公司总价值最大时的资本结构是最佳资本结构
   B. 公司综合资本成本率最低时的资本结构是最佳资本结构
   C. 若不考虑风险价值，息税前利润高于每股利润无差别点时，运用负债筹资，可

实现较佳资本结构

D. 若不考虑风险价值，息税前利润高于每股利润无差别点时，运用股权筹资，可实现较佳资本结构

7. 下列属于影响公司财务风险的因素是（　　）。
   A. 材料价格上涨　　　　　　　　B. 产品质量下降
   C. 银行借款增加　　　　　　　　D. 产品销售量减少

8. 关于经营杠杆系数，下列说法不正确的是（　　）。
   A. 在其他因素一定时，产销量越小，经营杠杆系数越大
   B. 在其他因素一定时，固定成本越大，经营杠杆系数越小
   C. 当固定成本趋近于 0 时，经营杠杆系数趋近于 1
   D. 经营杠杆系数越大，反映公司的风险越大

9. 资本结构最优指的是（　　）。
   A. 股东财富最大化　　　　　　　B. 资本结构中负债资金比例较大
   C. 加权平均资本成本最低　　　　D. 公司利润最大化

10. 息税前利润变动率一般（　　）产销量变动率。
    A. 大于　　　　　　　　　　　　B. 小于
    C. 等于　　　　　　　　　　　　D. 无法确定

11. 可以通过下列（　　）途径降低公司的经营风险。
    A. 增加人工工资　　　　　　　　B. 增加广告费用
    C. 提高产品市场占有率　　　　　D. 降低价格

12. 某公司的经营杠杆系数为 2，预计息税前盈余将增长 10%，在其他条件不变的情况下，销售量将增长（　　）。
    A. 5%　　　　　　　　　　　　　B. 10%
    C. 15%　　　　　　　　　　　　 D. 20%

13. 变动成本的特点是在相关范围内（　　）。
    A. 单位成本固定　　　　　　　　B. 成本总额固定
    C. 单位成本随业务量成正比例变动　D. 成本总额随业务量变动成正比例变动

14. 公司全部资本中，权益资本与债务资本各占 50%，则公司（　　）。
    A. 只存在经营风险　　　　　　　B. 只存在财务风险
    C. 存在经营风险和财务风险　　　D. 经营风险和财务风险可以相互抵消

15. 某公司本期息税前利润为 3 000 万元，本期实际利息费用为 1 000 万元，则该公司的财务杠杆系数为（　　）。
    A. 3　　　　　　　　　　　　　　B. 2
    C. 0.33　　　　　　　　　　　　 D. 1.5

16. 某公司现有资本 8 000 万元，负债 200 万元，负债利息为 20 万元，当年实现的息税前利润为 200 万元；则其税前的资本利润率为（　　）。
    A. 15%　　　　　　　　　　　　 B. 22.5%
    C. 16%　　　　　　　　　　　　 D. 13.5%

17. 调整公司资本结构并不能（　　）。
   A. 降低资金成本　　　　　　　　　B. 降低财务风险
   C. 降低经营风险　　　　　　　　　D. 增加融资弹性
18. 经营杠杆风险是指（　　）。
   A. 利润下降的风险
   B. 成本上升的风险
   C. 业务量变动导致息税前利润同比变动的风险
   D. 业务量变动导致息税前利润更大变动的风险
19. （　　）代表着没有风险和没有通货膨胀条件下的社会平均资金利润率，它应当是公司资金利润率的最低限度，因而它是评价投资方案的基本标准。
   A. 投资风险价值　　　　　　　　　B. 边际资金成本
   C. 资金时间价值　　　　　　　　　D. 资金成本
20. 下列关于经营杠杆系数的说法，正确的是（　　）。
   A. 在产销量的相关范围内，提高固定成本总额，能够降低公司的经营风险。
   B. 在相关范围内，产销量上升，经营风险加大
   C. 在相关范围内，经营杠杆系数与产销量呈反方向变动
   D. 对于某一特定公司而言，经营杠杆系数是固定的，不随产销量的变动而变动
21. 财务风险是由于（　　）的存在而引起的。
   A. 支付固定性资金成本的融资　　　B. 普通股融资
   C. 固定性管理费用　　　　　　　　D. 税金
22. 决定公司经营杠杆系数的最主要因素是（　　）。
   A. 公司产品销售量　　　　　　　　B. 公司的负债比重
   C. 固定性管理费用总额　　　　　　D. 公司息税前利润额
23. 当财务杠杆系数为1时，下列表述正确的是（　　）。
   A. 息税前利润增长率为零　　　　　B. 息税前利润为零
   C. 利息与优先股股息为零　　　　　D. 固定成本为零
24. 公司的（　　）越大，经营杠杆系数就越大。
   A. 产品售价　　　　　　　　　　　B. 优先股股息
   C. 固定成本　　　　　　　　　　　D. 利息费用
25. 当营业杠杆系数和财务杠杆系数都是1.5时，联合杠杆系数应为（　　）。
   A. 3　　　　　　　　　　　　　　B. 2.25
   C. 1.5　　　　　　　　　　　　　D. 1
26. 下列各项中，不影响经营杠杆系数的是（　　）。
   A. 产品销售数量　　　　　　　　　B. 产品销售价格
   C. 固定成本　　　　　　　　　　　D. 利息费用

（二）多项选择题

1. 公司债券筹资与普通股筹资相比较（　　）。
   A. 普通股筹资的风险相对较低

B. 公司债券筹资的资金成本相对较高
C. 普通股筹资可以利用财务杠杆的作用
D. 公司债券利息可以税前列支，普通股股利必须是税后支付

2. 可以增强财务杠杆效应的财务活动是（　　）。
   A. 发行优先股
   B. 发行债券，并用发行债券获得的资金偿还银行借款
   C. 增发普通股
   D. 增加流动资金借款

3. 可以扩大经营杠杆系数的活动是（　　）。
   A. 购置新的固定资产　　　　　　B. 员工加薪
   C. 银行提高利息率　　　　　　　D. 增加原材料储备

4. 发行债券筹集资金的原因主要有（　　）。
   A. 债券成本较低　　　　　　　　B. 可以利用财务杠杆
   C. 保障股东控制权

5. 总杠杆的作用在于（　　）。
   A. 用来估计销售变动时息税前利润的影响
   B. 用来估计销售总额变动对每股盈余造成的影响
   C. 揭示经营杠杆与财务杠杆之间的相互关系
   D. 揭示公司面临的风险对公司投资的影响

6. 对财务杠杆的论述，正确的是（　　）。
   A. 在资本总额及负债比率不变的情况下，财务杠杆系数越高，每股盈余增长越快
   B. 财务杠杆效益指利用债务筹资给公司带来的额外收益
   C. 与财务风险无关
   D. 财务杠杆系数越大，财务风险越大

7. 下列关于经营杠杆系数表述正确的是（　　）。
   A. 在固定成本不变的情况下，经营杠杆系数说明了销售额变动所引起息税前利润变动的幅度
   B. 在固定成本不变的情况下，销售额越大，经营杠杆系数越大，经营风险也就越小
   C. 当销售额达到盈亏临界点时，经营杠杆系数趋近于无穷大
   D. 公司一般可以通过增加销售金额、降低产品单位变动成本、降低固定成本比重等措施使经营风险降低

8. 如果公司调整资本结构，则公司的资产和权益总额（　　）。
   A. 可能同时增加　　　　　　　　B. 可能同时减少
   C. 可能保持不变　　　　　　　　D. 一定会发生变动

9. 根据财务杠杆作用原理，使公司净利润增加的基本途径是（　　）。
   A. 在公司资本结构一定的条件下，增加息税前利润
   B. 在公司固定成本总额一定的条件下，增加公司销售收入
   C. 在公司息税前利润不变的条件下，调整公司的资本结构

D. 在公司销售收入不变的条件下，调整公司固定成本总额

10. 下列项目中，属于酌量性固定成本的是（　　）。
    A. 管理人员工资　　　　　　　　B. 广告费
    C. 房屋折旧费　　　　　　　　　D. 职工培训费

11. 产生财务杠杆作用的因素包括（　　）。
    A. 公司的固定性行政管理费用　　B. 固定性销售费用
    C. 固定性生产费用　　　　　　　D. 公司负债的利息费用
    E. 优先股股利

12. 经营杠杆和财务杠杆的关系是（　　）。
    A. 没有经营杠杆就没有财务杠杆
    B. 没有财务杠杆就没有经营杠杆
    C. 二者之积为总杠杆
    D. 只要公司存在固定成本和利息，财务杠杆与经营杠杆就同时存在

13. 在个别资金成本中，需考虑所得税因素的是（　　）。
    A. 债券成本　　　　　　　　　　B. 借款成本
    C. 优先股成本　　　　　　　　　D. 普通股成本

14. 公司的资产结构影响资金结构的方式是（　　）。
    A. 拥有大量的固定资产的公司主要通过长期负债和发行股票筹集资金
    B. 拥有较多流动资产的公司，更多依赖流动负债筹集资金
    C. 资产适用于抵押贷款的公司举债额较多
    D. 以技术研究开发为主的公司则负债较少

15. 负债资金在资金结构中产生的影响是（　　）。
    A. 降低公司资金成本　　　　　　B. 加大公司财务风险
    C. 具有财务杠杆作用　　　　　　D. 分散股东控制权

（三）判断题

1. 当销售额达到盈亏临界销售额时，经营杠杆系数趋近于无穷大。（　　）
2. 如公司负债筹资为零，则财务杠杆系数为1。（　　）
3. 财务杠杆系数恒大于1。（　　）
4. 提高所得税税率可能使财务杠杆系数增大。（　　）
5. 当公司经营处于衰退时期，应降低其经营杠杆系数。（　　）
6. 最佳资本结构是使公司筹资能力最强、财务风险最小的资本结构。（　　）
7. 留存收益无须公司专门去筹集，所以留存收益筹资没有任何成本。（　　）
8. 经营杠杆高的公司，财务杠杆肯定低。（　　）
9. 公司最优资金结构是指在一定条件下使公司自有资金成本最低的资金结构。
（　　）
10. 当公司息税前资金利润率高于借入资金利率时，增加借入资金，可以提高自有资金利润率。（　　）
11. 最优资金结构是使公司筹资能力最强、财务风险最小的资金结构。（　　）

12. 权益资金相对于债务资金而言，财务风险较大，享受不到财务杠杆作用。
（　　）

13. 当息税前利润大于其无差异点（息税前利润平衡点）时，公司增加负债比增加主权资本筹资更为有利。（　　）

14. 公司在生产经营过程中，除了投资者提供的资金外，还要借入一定数额的资金以降低财务风险。（　　）

15. 由于经营杠杆的作用，当息税前利润下降时，普通股每股利润会下降得更快。（　　）

16. 公司财务杠杆系数为1时，说明负债的资本成本为0；固定成本为0时，经营杠杆系数为1，即销量变动对利润敏感系数等于1；公司保本经营时的经营杠杆为无穷大。（　　）

17. 由于存在固定成本而造成息税前利润变动率大于销量变动率的现象，称作财务杠杆效应。（　　）

18. 优先股和长期债券的资本成本低于普通股资金成本的共同原因在于前两者的股息和利息有抵税作用。（　　）

19. 公司改变筹资组合中各种资金权重时，该筹资组合的加权平均资本必然发生相应的变动。（　　）

20. 由于经营杠杆的作用，当息税前盈余下降时，普通股每股盈余会下降得更快。（　　）

21. 在筹资额和利息（股息）率相同时，公司借款筹资产生的财务杠杆作用与发行优先股产生的财务杠杆作用不同，其原因是借款利息和优先股股息并不相等。（　　）

四、技能实训案例

案例 10-1

（一）资料

某公司 2005 年利润表的有关资料，见表 10-1。

表 10-1

项目	金额（万元）	项目	金额（万元）
销售收入	5 000	变动成本	2 700
固定成本	1 500	息税前利润	
利息	300	所得税税率	40%

(二) 要求

计算经营杠杆系数、财务杠杆系数和总杠杆系数。

案例 10-2

(一) 资料

某公司目前的资本来源包括每股面值为 1 元的普通股 800 万股和平均利率为 10% 的 3 000 万元债务。该公司现在拟投产一个新产品，该项目需要投资 4 000 万元，预期投产后每年可增加营业利润 (息税前利润) 400 万元。该项目备选的筹资方案有三个：

(1) 按 11% 的利率发行债券。
(2) 按面值发行股利率为 12% 的优先股。
(3) 按 20 元/股的价格增发普通股。

该公司目前的息税前利润为 1 600 万元；公司适用的所得税税率为 40%；证券发行费可忽略不计。

(二) 要求

(1) 计算按不同方案筹资后的普通股每股利润。
(2) 计算增发普通股和债券筹资的每股 (指普通股，下同) 利润无差别点 (用营业利润表示，下同)，以及增发普通股和优先股筹资的每股利润无差别点。
(3) 计算筹资前的财务杠杆和按三个方案筹资后的财务杠杆。
(4) 根据以上计算结果分析，该公司应当选择哪一种筹资方式？理由是什么？
(5) 如果新产品可提供 1 000 万元或 4 000 万元的新增营业利润，在不考虑财务风险的情况下，公司应选择哪一种筹资方式？

案例 10-3

(一) 资料

一位精明的公司财务长曾经说过以下这段话：

我们公司因为好的资本预算与营运决策所获得的利润，要比得自于好的融资决策的利润高。事实上，我们根本不确定融资决策是如何影响股价的，但是我们知道，若是因为资金不足而丧失获利的投资机会时，公司的长期利润会下降。基于这个理由，身为财务长的主要任务就是随时准备筹措足够的资金，以维持公司营运所需。我们也知道，当景气好时，公司可以选择股票或债券来筹募资金；而在不景气时，资金供应者较喜欢公司采取债券融资的方式筹措资金，以提供他们一个安全的资金存放处。而当公司发行新股时，同时也是在告诉投资者一个负面的信息，所以像我们这类经营健全的公司通常不愿意发行股票。

（二）要求

(1) 分析影响资本结构决策的因素。
(2) 试评述财务长进行融资决策主要考虑哪些因素？

案例 10-4

（一）资料

四大传媒上市公司资本结构

1. 东方明珠

公司于 1994 年由上海广播电视发展总公司、上海电视台、上海人民广播电台和上海每周广播电视报组建、成立（已成立的子公司有"东方明珠出租汽车公司"，即将成立的子公司有"东方明珠房产经营公司"等），注册资本 4.1 亿元，其股本结构见表 10-2。

表 10-2

投资单位	投资资金	投资比率	投资形式
上海广播电视发展总公司	3.5 亿元（国有法人股）	85%	广播电视设备折价入股 4 615 万元，在建工程 3 139 万元，自由资金 10 746 万元，上级拨款 6 500 万元
上海电视台	1 000 万元（国有法人股）	2.44%	
上海人民广播电台	500 万元（国有法人股）	1.22%	
上海每周广播电视报	500 万元（国有法人股）	1.22%	
向社会法人公开集资（股票）	2 000 万元（法人股）	4.88%	
向社会集资（股票）	2 000 万元（流通股）	4.88%	

该公司资本结构，国家资金占 90.2%，社会集资占 9.76%，其中 4.88% 是向社会法人集资的法人股，上市部分为总股本的 9.76%，流通部分为 4.88%。

2. 中视基地

无锡中视影视基地股份有限公司于 1997 年由无锡太湖影视城、中国国际电视总公司、北京荧屏出租汽车有限公司、北京中电高科技电视发展公司和北京来来广告公司发起组建成立。上述这些单位均隶属中央电视台。无锡中视影视基地股份有限公司发起人持股 18 000 万股，全部为国有法人股，占总股本 70%。其结构见表 10-3。

表 10-3

投资单位	资金	比率
无锡太湖影视城	11 300 万股（国有法人股）	67%
中国国际电视总公司	150 万股（国有法人股）	0.9%
北京荧屏出租汽车有限公司	50 万股（国有法人股）	0.3%
北京中电高科技电视发展公司	150 万股（国有法人股）	0.9%
北京来来广告公司	150 万股（国有法人股）	0.9%
向社会集资（股票）	5 000 万股（流通股）	29.8%

该公司上市部分为总股本的 29.8%。

3. 电广传媒

湖南电广实业有限公司于 1999 年由湖南广播电视发展中心、湖南星光实业发展公司、湖南金帆经济发展公司、湖南金环进出口公司和湖南金海林建设装饰有限公司组建、成立。湖南广播电视发展中心将其全部净资产，总值人民币 13 716.29 万元投入股份公司，并按 72.9% 的比例折为 10 000 万股国有法人股，由湖南广播电视发展中心持有。其他公司按每股价格 1.371 元认购，其股本结构见表 10-4。

表 10-4

投资单位	认购股数	占总股本的比例
湖南广播电视发展中心	10 000 万股（国有法人股）	63.3%
湖南星光实业发展公司	300 万股（国有法人股）	1.9%
湖南金帆经济发展公司	200 万股（国有法人股）	1.26%
湖南金环进出口公司	200 万股（国有法人股）	1.26%
湖南金海林建设装饰有限公司	100 万股（国有法人股）	0.63%
向社会集资（股票）	5 000 万股：其中向社会公众 4 500 万股，向五家基金配售 500 万股	31.6%

该公司流通股 5 000 万股，其余大多数是国有法人股（湖南金海林建设装饰有限公司认购的 100 万股为法人股）。

4. 歌华有线

公司于 1999 年由北京歌华文化发展集团联合北京青年报业总公司、北京有线全天电视购物有限公司、北京广播发展公司和北京出版社发起组建成立。

北京歌华文化发展集团将其净资产中价值 27 356.8 万元的设备投入股份公司（歌华有限），按 65.614% 的折股率折为 17 950.16 万股，占总股本 94.47%。其资本结构见表 10-5。

表10-5

投资单位	投资额	折股（万股）	占总股本的比率	投资形式
北京歌华文化发展集团	27 356.8 万元	17 950.16 国有法人股	94.47%	设备
北京青年报业总公司	500万元	328.07 国有法人股	1.22%	现金
北京有线全天电视购物有限公司	400万元	262.46 国有法人股	0.97%	现金
北京广播发展公司	400万元	262.46 国有法人股	0.97%	现金
北京出版社	300万元	196.85 国有法人股	—	—

该公司于2001年1月向社会集资，发行8000万股，迄止那时，国家法人股占总股本之比例为70.37%。

（二）要求

（1）分析现实中影响资本结构的因素。

（2）分析这四家公司资本结构的特点及形成原因，以及这种股本结构的利弊。

五、参考答案

（一）单项选择题

1. C　2. A　3. D　4. A　5. B　6. D　7. C　8. B　9. C
10. A　11. A　12. D　13. C　14. D　15. B　16. C　17. D　18. C
19. C　20. A　21. D　22. C　23. C　24. B　25. D　26. A

（二）多项选择题

1. AD　2. ABD　3. AB　4. ABC　5. BC　6. ABD　7. ACD
8. ABC　9. AC　10. BD　11. DE　12. CD　13. AB　14. BCD
15. ABC

（三）判断题

1. √　2. √　3. ×　4. ×　5. √　6. ×　7. ×　8. ×　9. ×
10. √　11. ×　12. ×　13. √　14. ×　15. ×　16. √　17. ×　18. ×

19. ×   20. √

（四）技能实训案例

案例 10-1
DOL =（5 000 - 27 000）/（5 000 - 2 700 - 1 500）= 2.875
DFL =（5 000 - 2 700 - 1 500）/（5000 - 2 700 - 1 500 - 300）= 1.6
DTL = 2.875 × 1.6 = 4.6

案例 10-2
（1）发行债券每股利润 = 0.95 万元
    发行优先股每股利润 = 0.68 万元
    增发普通股每股利润 = 1.02 万元
（2）增发普通股和债券筹资的每股利润无差别点 EBIT = 2 500 万元
    增发普通股和优先股筹资的每股利润无差别点 EBIT = 4 300 万元
（3）筹资前的财务杠杆 = 1.23
    发行债券的财务杠杆 = 1.59
    优先股筹资的财务杠杆 = 2.22
    增发普通股的财务杠杆 = 1.18
（4）由（2）、（3）可知，该公司应采用增发普通股筹资。该方式在新增营业利润 400 万元时，预计息税前利润可达 2 000 万元，每股利润较高、风险（财务杠杆）较低，最符合财务目标。
（5）当项目新增营业利润为 1 000 万元时，即预计息税前利润可达 2 600 万元，应选择债券筹资方案。当项目新增营业利润为 4 000 万元时，即预计息税前利润可达 5 600 万元，应选择债券筹资方案。

案例 10-3
现实中资本结构决策应考虑的因素及调整方法：影响资本结构的因素错综复杂，既有宏观因素也有微观因素，在公司资本结构决策时应全面权衡各方面的因素结合公司的实际情况做出适宜的资本结构决策。外部环境因素、宏观经济环境、宏观经济周期性的繁荣与萧条的交替、国家的中长期发展规划和产业结构政策等影响资本结构。资本市场：如果资本市场成熟，存在多样化的融资工具，公司就可以通过多种融资方式来优化资本结构。如果资本市场的发育不够完善，融资工具缺乏，公司的融资渠道就会遭遇阻滞，从而导致融资行为的结构性缺陷。利率水平：债券市场和银行利率水平的变动趋势也会影响到公司的资本结构，如果公司认为利息率暂时较低，但不久的将来有可能上升的话，便可选择大量发行长期债券，从而在若干年内把利率固定在较低水平上，降低公司的资本成本。所得税率的高低：权益资金和负债资金在税收待遇上是不同的，即负债融资具有节税功能。它在实际上构成了纳税人的额外收益，使公司获得杠杆利益。因此，所得税率越高，负债的好处越多。因此公司可以利用负债筹资，合理把握负债的规模、比率，控制负债的成本和风险水平，实现合理节税；贷款人和信用评级机构的态度及银行贷款制度：贷款人和信用评级机构的态度主要体现在对公司信用等级的认识上，而公司信用等级的高低，在很大程度上影响着公司筹资活动乃至经营活动。银行贷款制度在一定程度上也影响公司的资本结构。如果银行利率水平较高，贷款制度约束严格则银行贷款成本就较高，贷款困难多，公司负债比例就会降低。反之，则银行贷款成本较低且较便利时，公司的资本结构偏好于负债型资本结构。

行业特点：首先，在宏观经济繁荣和衰退的经济周期中，有些行业受影响小，而另一些受影响大，行业所受经济周期影响的程度影响公司的经营风险，进而影响负债经营比例的高低，使资本结构的确定带有明显的行业特征；其次，同一宏观经济环境下的处于不同竞争状态的行业，对公司资本结构的要求也不尽相同。充分竞争的行业更倾向于股权融资，倾向于分散风险，而相对垄断的行业更倾向于债务融资。如果公司所处的行业充满竞争，那么，公司为求得稳定的财务状况，其债务比重应该低些。充分竞争的行业，其销售完全由市场来决定，价格易波动，利润不稳定，因此不宜过多地采用负债方式筹集资金，更倾向于股权融资，以分散风险；如果某行业具有较高的集中程度，或必须以雄厚的资本投入为前提，那么，该行业的平均债务水平会高些；相对垄断的行业，其销售稳定，生产经营不会产生大的波动，利润稳定，则更多地选择债务融资；最后，还需关注行业或产品的成长周期，处于种子期、成长期、成熟期、稳定期或衰退期的产品，其获利水平各不相同，公司的营销战略亦不同，其要求的融资方式也会呈现出巨大的差异。若行业或产品正处于上升时期，应适当提高负债比率，扩大规模，充分利用财务杠杆利益；反之，如果预计生产经营及效益将要下滑，则应适当减少负债，防止财务杠杆风险。因此，公司通过对行业结构、成长周期及市场竞争程度的分析，可以发现该行业能否提供较高的持续盈利机会，然后结合公司实际情况，选择或调整资本结构。

公司自身因素：公司的销售收入增长幅度以及公司的销售收入对公司的资本结构具有决定性作用。当公司的发展战略确定后，评测其销售收入能否稳定可靠地增长，对选择什么样的资本结构至关重要；公司应考虑自身的资产结构：公司资产可以分为流动资产和长期资产、有形资产和无形资产。当公司面临偿债压力时，可以通过资产变现来偿还负债。流动资产相对于长期资产变现时价值损失较小，即破产成本低；而无形资产和有形资产相比，在公司破产后的价值损失很大，不少无形资产变得一文不值，其破产成本高，所以无形资产占比例高的公司，资本结构中的负债比率应相对降低，而对资产总额中无形资产比重较低的公司，可在其资本结构中保持较高的负债比率。资产流动性是衡量一个公司偿付到期债务的能力的尺度。保持高度的资产流动性是公司控制财务风险，减轻财务压力的重要保证，公司的资产越容易变现，则清偿能力越强，抵御财务风险的能力就越强；公司获利能力：获利能力是决定公司负债比例高低的基本因素。获利能力越强，抗财务风险能力也越强。因此，确定最佳资本结构时应分析公司的收益能力，如公司的预计资金收益率高于负债利率时，资本结构中的负债比率就可以大一些；控制权：是否保持原有股东的控制权是影响资本结构决策的重要因素之一。如果发行新股使股东自身缺乏安全感，在制定资本结构决策时，必须将资本结构控制权的影响考虑在内，而采用负债融资；经营风险与财务风险的关系：公司的资产性质和资产结构的不同，导致公司的经营风险不同。公司的总风险包括经营风险和财务风险，要将公司的总风险控制在一定范围内，如果经营风险增加，必须通过降低负债比率来减少财务风险。

因此，资本结构中负债比率是否最优，还必须视经营风险大小而定；公司补偿固定成本的现金流量能力：固定成本包括负债的本息、租赁支出和优先股股息。公司负债金额越大，到期越短，固定成本就越高。当公司未来的现金净流量充分、稳定时，其偿债能力较强，资本结构中的负债比率也就可以大一些；公司财务的灵活性：由于债务约束硬化，对公司的限制性较强，而公司面临的经营环境又是不确定的，一旦遇到不利的经营环境，就有可能使公司财务恶化，而遇到新的投资机会需要再融资时，公司融资的选择又将受现有资本结构的制约。因此，公司资本结构在实际上并不需要达到理论上的最佳资本结构而要保持适度、略低的负债水平，在财力上留有余地；要有强烈的风险意识：公司必须根据自己的风险承受能力来选择对公司最有利的资本结构，以最低资金成本，最小风险程度，取得最大的投资收益。

案例 10-4

案例中所述四家传媒公司虽地处不同省份，规模各有大小，但在股本结构等方面有着极为相似之处。至此，我们已看到了该四大媒体公司的资本结构、资产负债、偿债能力和自有资金方面存在的极端情况。

首先，各公司国有法人股比重均在 70% 或 70% 以上，这就是说各上市公司的资本主体乃是国家资金。其次，这四家公司，都是以某一控股公司为主体联合若干其他公司成立的股份公司，而被结合的其他公司，在组建股份公司的股本中仅占非常小的比例。再次，这四家公司名为"上市公司"实际并未上市，因为国有法人股、法人股并不能上市流通，而国有法人股、法人股在这些股份公司中都占着绝对比重。所谓"上市"只是股份公司发行的一小部分流通股，其实质，从某种意义上说，仅是这些股份公司向社会、民间筹集无须还本付息的无偿资金。处在这种情况下的股份公司"上市"公司并未改变政府部门操办公司的实质。因为这些公司的业务、营运等不受市场挑战，没有市场压力，且它们的经济收入有特殊政策保证，既然如此，这些"公司"的经济效益又从何谈起？

事实上这些公司的主体资本是国家资金（国有法人股、法人股），银行借款也是来自国家，少量作为股本的流通股又是不用还本付息的无偿资金，所以这些公司，在特殊政策保护下，只要不同有关法律抵触，任何业务，只要被认为有利可图，都会去做。赚不了钱，即便亏本，也无所谓（中视炒股亏上千万）。至于说到世界范围文化产业的高速发展，我国文化产业的如何不失时机地赶上世界水平，我国文化公司如何具有竞争力，如何利用有限的文化资金开发有价值且具有竞争力的文化产品等这些有关文化产业发展的大问题，我国的这些处在特殊政策保护下经营范围广阔的文化公司对此也在不断摸索之中。

项目十一 公司并购与重组

一、内容综述

(一) 公司并购

公司并购是公司外部扩张的主要渠道。公司合并、收购、兼并意义有很多相似之处,可以将其统称为公司并购。兼并是指一个公司购买其他公司的产权,使被兼并方丧失法人资格或改变法人实体的经济行为。公司兼并的形式有:承担债务式兼并、购买式兼并、吸收股份式兼并和控股式兼并。合并是指两家以上的公司依据契约及法令归并为一个公司的行为。公司合并包括吸收合并和新设合并两种形式。收购是指一家公司购买另一家公司达到控股百分比的股份,从而取得另一家公司的控股权。兼并和收购均包含在广义的合并概念中,兼并是合并中的一种形式,即吸收合并;而收购是兼并中的一种形式,即控股式兼并。

并购作为一种公司产权交易行为,在盘活公司存量资产、优化有限资源配置、促进产业结构调整、推动公司形成规模经济与提高公司竞争力等方面将会发挥积极有效的作用。公司并购的目的及动机主要有:谋求经营协同效应、财务协同效应和谋求并购的战略价值等。经营协同效应主要指的是:两个或两个以上的公司合并后可产生规模效益,提高公司生产经营活动效率,节约运营成本,从而导致更高的利润。财务协同效应主要是指并购时由于税法、会计处理惯例以及证券交易等内在规定的作用给公司在财务方面带来的种种效益,主要表现在以下几个方面:(1) 通过兼并实现合理避税。(2) 通过并购获得融资方面的优惠和利益。(3) 预期效应。公司并购的其他动机主要有:加强生产经营的稳定性、通过并购赚取差额利润、管理层的利益驱动等。

并购的战略价值主要有:(1) 通过并购获得行业内原有生产能力,实现公司低成本扩张。(2) 缩短投入与产出时间,谋求市场高占有率。(3) 形成广告效应,公司并购很容易引起人们的注意,有助于提高公司声誉,提高公司在消费者心目中的形象。

(4) 谋求竞争战略动机。即制定较长远的发展战略，有意识地通过公司兼并的方式进行产品的转移，减少竞争对手，扩大或垄断市场。(5) 分散投资风险，降低投资单一行业所带来的行业波动性风险。(6) 出于策略性投资组合的调整而出售股权。

公司并购的类型可以按不同的标准划分。按当事公司的行业关系分类，可分为：横向并购、纵向并购、混合并购；按兼并后公司的法律地位分类，可分为吸收兼并和新设兼并两种；根据并购手段的差异，公司并购可以被区分为直接并购和间接并购；按照并购公司对目标公司进行兼并的态度进行分类，并购有善意兼并和敌意兼并两种；按兼并的实现形式分类，并购形式主要有以下几种：购买式兼并，承担债务式兼并，抵押式兼并，举债式兼并，以股票交易式兼并。

公司并购应考虑的财务因素主要有：并购公司的价值估算；并购后的现金流量估算；对公司股本应得收益率的影响；并购的支付方式；并购双方的利益估算等。一项收购，当它收购的增加价值超过收购成本的时候，股东财富最大化的标准被满足，公司在进行并购时，应当根据成本效益分析进行决策。其基本原则是并购净收益一般应当大于零，这样并购才有利可图，以实现股东财富最大化的目标。

并购净收益的计算：首先，计算并购价值，并购收益应当为并购后新公司整体的价值减去并购前并购方和被并购方（目标公司）整体价值后的余额。然后计算并购成本，并购成本等于并购交易成本与并购溢价之和。最后得出并购净收益，并购净收益等于并购价值减去并购溢价和并购交易成本。并购交易成本是指收购实施过程中发生的各项费用，包括各种各样的顾问费、监管费、股票交易费、承销费等。收购溢价是对目标的要约支付价超过目标事先的出价。当管理者试图增加股东财富时，并购中他们必须不仅增加价值，而且要确保收购成本不超过增加值。

目标公司价值的估算：一般有市盈率法、净资产账面价值调整法、未来股利现值法等。市盈率法就是根据目标公司的估计净收益和市盈率确定其价值的方法。其计算公式为：目标公司的价值＝估计净收益×市盈率。净资产账面价值调整法是以目标公司净资产账面价值为基础作必要调整后，确定公司价值的一种方法。其计算公式为：目标公司价值＝目标公司净资产账面价值×（1±调整系数）×拟收购股份占目标公司总股份比例。未来股利现值法是按照股票价值评估原理：公司股票价值是未来公司股利（净现金流量）的折现值之和。目标公司的价值就通过未来股利现值法来加以估价，通过预测未来公司每股股利和公司资金成本（折现率）。可以估算出公司每股价值，然后以公司每股价值乘以公司发行股数，即可以得到目标公司整体价值。

并购价款的支付方式主要有现金支付、股票支付、承担债务式支付、混合支付等四种方式。

影响兼并的支付方式的主要因素：(1) 公司的现金流量状况。(2) 公司并购后会使公司的资产、负债及权益状况发生变化，影响公司的经营风险和财务风险，应依据公司的风险承受能力选择支付方式，保持合理的资本结构。(3) 控股权的稀释。(4) 公司的融资成本。

公司并购一般具有的优点：有助于公司迅速扩大生产经营规模，提高规模经济效益，确立或者巩固公司在行业中的优势地位；有助于公司整合资源，消化过剩的生产能力，降低成本，提升公司价值；有助于实现并购双方在营销、人才、技术、财务等方面的优势互补,增强研发能力,提高管理水平和效率;有助于公司战略目标的实现,谋求并购战略价值等;但公司并购也有弊端,主要体现为并购过程中往往伴随着许多风险因素,一般包括:(1)反收购风险。(2)融资风险。(3)决策失误风险。(4)营运风险。另外,从宏观经济的层面上来看,过度的公司兼并与收购行为也会对经济产生不利的影响。

(二)公司重组

财务困境是指公司经营现金流量不足以补偿现有债务的状态。在这种情况下,公司通常有破产和重组两种选择。破产是陷入财务困境的公司依照破产法而被清算终止。公司经营现金流量不足以补偿现有债务可能反映资本流动能力的相对低下,可以通过一系列非常行动使公司免于破产,维持公司继续经营的能力,当这些行动无效后,才进入破产程序,这些行动包括:(1)出售主要资产。(2)与其他公司合并。(3)减少资本支出。(4)发行新股。(5)与债权人协商谈判。(6)债权换股权。其中前三项属资产重组,后三项属债务重组。

财务困境成本是财务困境给公司相关利益各方带来的损失。财务困境成本可以分为公司的价值损失、债权人的损失和其他利益当事人的损失三个部分。陷入财务困境的公司的价值损失包括两部分:(1)间接财务危机成本,主要是由财务危机信息被直接或间接披露所引起的机会损失。(2)直接财务危机成本,主要是指由于财务危机而发生的诉讼费、律师费、进入破产清算程序而发生的其他费用。

财务困境的处理方法主要有三种形式:(1)资产重组。(2)破产清算。(3)债务重组。

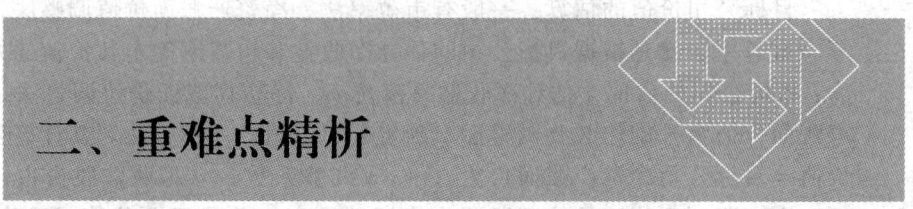

二、重难点精析

(一)基于各国进行公司并购实践的理论总结

1. 取得经营协同效应

以这种理论为指导进行的公司并购行为有利于公司进行专业化的生产、节省公司内部的管理费用、扩展销售渠道以及产品的推层出新等。当一个公司面临需求下降、生产能力过剩和竞争力削弱的情况下,几家公司联合起来,以实现其在本产业中比较有利的地位;在国际竞争使国内市场遭受外国公司强烈渗透和冲击的情况下,公司间通过联合可以组成更大规模的公司,对抗外来竞争;当现代社会以法律的形式更加严格的管理公司的时候,通过并购可以使一些非法的做法"内部化",从而达到继续控制市场的目的。公司并购对增强公司市场势力、取得经营协同效应的影响主要表现在以下方面:在横向并购的情况下,随着生产规模的扩大,公司在原材料、劳动力、销售渠道等方面的需求也越来越大,使要素市场的供应格局发生变化,少数几家公司可以控制这些要素的供求关系，从而使这些公司对其供求商和销售渠道的控制能力加强。在纵向并购的情况下，公司将关键性的投入产出纳入公司的控制范围，以行政手段而非市场手段处理一些业务，从而降低供应商与买主在购销过程的地位，提高并购方对购销渠道的控制能力。

2. 获得财务协同效应

以这种理论为指导进行的公司并购行为有利于公司减少交易成本、产生税收效应以及产生预期效应等。财务协同效应理论认为，由于公司并购会引起利益相关者之间的利益再分配。并购利益从债权人身上转移到股东身上，或从一般员工身上转移到股东身上，所以公司股东会赞成这种对其有利的公司并购活动。从某种程度上讲，财务效应也可以看作是并购利益从政府到收购公司的利益再分配。这种财务效应理论认为，某些并购是以追求税收最小化的机会而产生的。一些学者认为，通过并购取得税收效应的主要途径包括：（1）营运净亏损的结转与税务抵免。（2）增大资产基数以扩大资产折旧额。（3）以资产收益替代普通收入。（4）私有公司和年迈业主出于规避遗产继承税方面的考虑等。总之，财务效应既影响并购过程也影响并购动机。

3. 公司的发展动机理论

以这种理论为指导进行的公司并购行为有利于降低进入新行业的壁垒、降低发展风险和资本以及获得科技上的竞争优势等。并购减少了竞争者的数量，使行业相对集中，当某一行业由一家或几家控制时，就能有效地降低竞争的激烈程度，使行业内公司保持较高的利润率；同时，并购可以降低行业的退出障碍，如钢铁、纺织等行业，由于资产专用性高，固定资产比较大，使这些行业的公司很难退出这些领域。通过并购，可以将低效和老化设备淘汰，调整内部结构，解决退出障碍过高的问题。以谋求公司发展为理论的公司并购行为主要包括两个方面：（1）实现生产要素的互补。由于国际生产资料市场仍然很不完善，公司很难从市场获得某些关键性的生产要素，而通过并购就可以克服这一障碍，这一动机突出表现在土地使用权方面。（2）建立紧密型的公司集团的需要。由于公司素质的显著提高，以及国内、国际的竞争日益激烈的情况下，通过组建强有力的公司集团，可以大幅度地提高公司的竞争能力，特别是国际竞争力。

4. 公司重构

它分为三种形式，同时也是三个阶段：（1）20世纪80年代的公司内部重构，即压缩管理层次，使管理更灵活机动，剥离公司非核心业务，增强公司核心能力，从而大大提高公司的全球竞争能力。（2）20世纪90年代公司之间的购并与重组，这次公司购并浪潮与20世纪前几次购并浪潮有着明显不同的特点。一是跨国购并呈上升趋势；二是购并集中在第三产业和新兴产业。（3）20世纪90年代后期开始出现的虚拟公司。有人认为虚拟公司就是网络公司，其实这是一种误解，网络公司仅仅是虚拟公司的一种。所谓虚拟公司，按照德国斯图加特大学 H. J. Bulliger 教授的解释："虚拟公司是这样一种网络组织：由于信息技术和通信技术高度发达，公司之间的合作关系已突破传统的长期固定的合作关系，如合资公司、跨国公司等。"公司重构对公司本身，甚至对社会都产生了巨大的冲击，也对财务管理提出了严峻的挑战。如公司内部重构时如何进行资产剥离；公司之间的购并如何进行资本运作；跨国购并时如何进行国际财务管理；而虚拟公司的财务管理更是无章可循，目前仍处于摸索阶段。

(二) 影响目标公司选择支付方式的因素

一个公司面临着被收购,那么,从本公司股东利益出发,它就会和收购公司就各方面的收购条件进行讨价还价,其中,对支付方式的选择,是很重要的一项,从被收购公司的角度看,在考虑对方公司提出的支付方式时,它会着重考虑下列因素:(1)收入。若采用换股方式,应考虑新股票的股票红利收入变化。(2)税收。(3)对被收购公司控制权的丧失。

(1)收入。如果在收购时,采取的支付方式是交换股票,即 A 公司对 B 公司股东发行股票,以换取 B 公司的资产或股票,则对 B 公司的股东而言,从 A 公司新股中获得的收入至少不应低于从原来 B 公司股票中获得的收入。A 公司若想成功收购 B 公司,它必须设法使 B 公司股东相信,A 公司确实能设法做到这一点。

(2)税收。根据美国法律,若收购公司向被收购公司的股东支付现金,则被收购公司的股东必须在收到现金后立刻向政府缴纳所得税;如若采用换股方式,被收购公司的股东则不用马上缴纳所得税,只要被收购公司的股东持有收购公司的股票六个月以上再卖出,所获得的增值收益可按较低的税率缴纳所得税。

(3)公司控制权的丧失。对于被收购公司的高级管理人员来说,他们一方面持有被收购公司的股票;另一方面管理者公司的生产经营,并获得相当高的薪水,一旦公司被收购,这些管理人员会失去对公司的控制权,从而丧失他们的既得利益。

(三) 评估目标公司价值的解析

对目标公司价值评估取决于并购公司对其未来收益的大小和时间的预期,对目标公司价值的评估方法主要有:(1)市盈率模型法。根据目标公司的收益和市盈率确定目标公司价值,采用市盈率法估算目标公司价值,以投资为出发点,着眼于未来经济收益,容易获得股东支持,因而为各种并购价值评估广泛使用。但是,并购公司与目标公司的市盈率相比是有差距的,选择哪一个市盈率作为评估依据,将会影响目标公司价值评估。(2)股息收益贴现模式。以公司未来特定时期内派发的股息为基础,按一定的贴现率计算现值,借以评价目标公司价值。这种方法需要注意的是每股收益不可能全部用于分发股利。(3)贴现现金流量法。估计并购引起的增量现金流量和贴现率来估计目标公司价值的方法。该方法是以现金流量预测为基础,充分考虑了目标公司未来创造现金流量能力对价值的影响。但该方法的运用对决策条件与能力的要求较高,且易受预测人员主观意识的影响,因此需合理预测未来现金流量以及选择贴现率。(4)净资产账面价值法。公司并购使用的账面价值是所有者权益总额。账面价值可以根据报表资料直接取得,具有客观性强、计算简单、资料易得优点,但账面资料有其缺陷性,账面价值是一种历史成本,既不代表现在也不代表将来,同时各公司采用的会计政策不同,使得账面价值不具备可比性。

(四) 财务危机形成机理的分析

(1)内部管理出现问题。如公司连连发生违约事件、不能按期还本付息、出现技术性支付危机,原因是由于管理不善、存货积压、销货不畅或销货后不能及时回款,资金运作或调度不力所致。

（2）资金链条断裂，新的筹资渠道堵塞。其原因除了受第一条因素影响外，也可能有临时性资金紧缺，宏观银根紧缩所致。

（3）竞争对手强劲，市场份额下降；或供应链出现断档、原材料供应紧俏。

（4）产品单一，产品寿命期处在下降通道、市场份额递减。

（5）发生技术风险，研发费用高昂而取得成效甚微，或立项决策失误，导致投资或巨额固定资产长期无法交付使用，处于"烂尾"状态。

三、基础训练

（一）单项选择题

1. 下列表述正确的是（　　）。
   A. 兼并是合并的形式之一　　　　B. 合并是兼并的形式之一
   C. 兼并就是合并　　　　　　　　D. 兼并与合并无关
2. 购并是收购与兼并的简称，收购与兼并的相同之处是（　　）。
   A. 被购并公司的法人地位将不复存在
   B. 被购并公司的资产、债权、债务将全部转移
   C. 收购与兼并一般都发生在被购并公司的财务状况不佳时
   D. 收购与兼并都是增强公司实力的外部扩张策略或途径
3. 将购并划分为要约收购和协议收购是按照哪种形式划分（　　）。
   A. 按照涉及被收购公司的范围划分
   B. 按照购并交易是否通过交易所划分
   C. 按照购并公司是否受到法律强制划分
   D. 按照购并公司与目标公司是否属于同一公司划分
4. （　　）是指处于同一产业领域．不同生产和经营阶段的公司并购
   A. 横向并购　　　　　　　　　　B. 纵向并购
   C. 混合并购　　　　　　　　　　D. 两家啤酒厂并购
5. 承担债务式兼并（　　）。
   A. 属于完全有偿兼并
   B. 被兼并方法人资格自行消失
   C. 一般目标公司的资产和债务等价
   D. 目标公司被并购后仍然可能独立核算，自负盈亏
6. 以下属于债务重组的有（　　）。
   A. 出售主要资产　　　　　　　　B. 与其他公司合并
   C. 减少资本支出　　　　　　　　D. 发行新股

7. 以下不属于直接财务危机成本的有（　　）。
   A. 诉讼费　　　　　　　　　　　B. 律师费
   C. 无形资产损失　　　　　　　　D. 客户和供应商签约的减少
8. 以下不属于债务重组方式的是（　　）。
   A. 债务与资产同时剥离或置换　　B. 债务转让
   C. 债务豁免　　　　　　　　　　D. 举借新债
9. 以下对并购描述正确的有（　　）。
   A. 是产权交易形式　　　　　　　B. 并购实现后目标公司解散
   C. 并购一定有中介机构参与
10. 从电子硬件到软件的并购属于（　　）。
    A. 横向并购　　　　　　　　　　B. 纵向并购
    C. 混合并购　　　　　　　　　　D. 善意并购
11. 以下不属于目标公司的反收购措施有（　　）。
    A. 诉诸反托拉斯法　　　　　　　B. 发行新股以分散股权
    C. 回购本公司已发行在外的股份　D. 发行垃圾债券筹资
12. 按兼并的实现形式分类，以下不符合的是（　　）。
    A. 购买式兼并　　　　　　　　　B. 承担债务式兼并
    C. 抵押式兼并　　　　　　　　　D. 杠杆收购
13. 以下不属于有偿兼并的有（　　）。
    A. 购买式兼并　　　　　　　　　B. 举债式兼并
    C. 以股票交易式兼并　　　　　　D. 抵押式兼并
14. 以下不属于并购交易成本的有（　　）。
    A. 并购价格　　　　　　　　　　B. 顾问费
    C. 监管费　　　　　　　　　　　D. 股票交易费
15. 未来股利现值法评估目标公司的价值不涉及的因素有（　　）。
    A. 未来公司净现金流量　　　　　B. 公司资金成本
    C. 公司每股价值　　　　　　　　D. 公司的负债

（二）多项选择题

1. 收购与兼并的相似之处有（　　）。
   A. 基本动因相似　　　　　　　　B. 都使其他公司丧失法人资格
   C. 都以公司产权为交易对象　　　D. 都是公司资本经营的基本方式
2. 公司并购的动因主要有（　　）。
   A. 谋求增加利润　　　　　　　　B. 谋求降低代理成本
   C. 谋求降低产品成本　　　　　　D. 谋求管理协同效应
   E. 谋求经营协同效应
3. 以下属于并购财务协同效应的有（　　）。
   A. 通过兼并实现合理避税　　　　B. 获得融资方面的优惠和利益
   C. 预期增加股东的资本利得　　　D. 扩大产品市场占有率

4. 横向并购可以（　　）。
   A. 实现公司低成本扩张　　　　　　　　B. 谋求市场高占有率
   C. 提高行业集中度　　　　　　　　　　D. 减少竞争者的数量
5. 纵向并购可以（　　）
   A. 实现公司低成本扩张　　　　　　　　B. 加速生产流程，缩短生产周期
   C. 提高行业集中度　　　　　　　　　　D. 扩大市场覆盖面
6. 以下属于购买式兼并特征的有（　　）。
   A. 取得对资产的全部或部分经营权和所有权
   B. 被兼并方的法人资格可以保留
   C. 是一种完全意义上的有偿兼并
   D. 这种形式主要是在不同所有制或不同隶属关系的公司之间进行
7. 杠杆收购的特点是（　　）。
   A. 以小博大　　　　　　　　　　　　　B. 高风险、高收益
   C. 大量发行股票　　　　　　　　　　　D. 大量举债
8. 以下属于并购成本的有（　　）。
   A. 并购价值　　　　　　　　　　　　　B. 并购溢价
   C. 并购交易成本　　　　　　　　　　　D. 并购价格
9. 并购价款的支付方式主要有（　　）。
   A. 现金支付　　　　　　　　　　　　　B. 股票支付
   C. 承担债务式支付　　　　　　　　　　D. 混合支付
10. 并购价款的支付方式考虑下列因素（　　）。
    A. 公司的现金流量状况　　　　　　　　B. 公司资本结构状况
    C. 控股权的稀释　　　　　　　　　　　D. 公司的融资成本
11. 以下属于债务重组的有（　　）。
    A. 减少资本支出　　　　　　　　　　　B. 发行新股
    C. 与债权人协商谈判　　　　　　　　　D. 债权换股权
12. 以下属于资产重组的有（　　）。
    A. 出售主要资产　　　　　　　　　　　B. 与其他公司合并
    C. 减少资本支出　　　　　　　　　　　D. 发行新股
13. 财务困境的形成原因有（　　）。
    A. 管理无能　　　　　　　　　　　　　B. 公司扩张速度过快
    C. 通货膨胀　　　　　　　　　　　　　D. 公司资本结构不合理
14. 直接财务危机成本有（　　）。
    A. 无形资产损失　　　　　　　　　　　B. 人力资源的丧失
    C. 市场份额的下降　　　　　　　　　　D. 客户和供应商签约的减少
15. 债务重组包括（　　）。
    A. 债务展期　　　　　　　　　　　　　B. 债务减免
    C. 债转股　　　　　　　　　　　　　　D. 举借新债

(三) 判断题

1. 纵向并购可以分散投资风险。（　　）
2. 吸收兼并和新设兼并均有一方仍然保持法人资格。（　　）
3. 直接并购受法律规定的制约较大，成功的概率也相对小一些。（　　）
4. 间接并购一般有中介机构参与。（　　）
5. 购买式兼并被兼并方的法人资格自行消失。（　　）
6. 抵押式兼并主要是在资不抵债的集体所有制公司与其最大的债权人之间进行的。（　　）
7. 一项收购，当它收购的增加价值超过收购成本的时候，股东财富最大化的标准被满足。（　　）
8. 并购溢价是并购公司在并购中获得的价值增值。（　　）
9. 财务风险不是并购支付方式决策应考虑的因素。（　　）
10. 财务困境是公司资不抵债的状况。（　　）
11. 陷入财务困境的情况下，公司通常有破产和重组两种选择。（　　）
12. 正式债务重组是在法院的领导下进行重组。（　　）
13. 发行新股是债务重组的方式之一。（　　）
14. 财务困境成本不包括债权人的损失。（　　）
15. 非正式债务重组可以节约重组成本。（　　）

四、技能实训案例

案例 11–1

(一) 资料

通信业重组改变格局　电信巨头面临挤压

面对巨大的市场竞争压力，全球信息产业整合重组的步伐加快了许多。阿尔卡特与朗讯合并，将是通信制造业中有史以来最大的一宗并购案，他们将成为一家名副其实的通信界航空母舰，在北美、欧洲市场中占据相当大的优势地位，而且在亚太区市场，也将是令人生畏的竞争对手。国外金融分析师纷纷预言，阿尔卡特与朗讯的购并将引发一次席卷全球的通信公司购并风潮。此次阿尔卡特和朗讯的合并，可以理解为双方增强市场地位的表现。按照阿尔卡特方面的预计，合并后的新公司产品在全部欧洲网络销售中将占到35%，在北美全部网络销售中将占到34%，在全球其余地区网络销售的市场份额将达到31%。赛迪顾问电信咨询总监绎明宇博士对中国电子报记者表示："阿尔卡特和朗讯合并主要是基于双方在技术和市场方面的互补性,并充分发挥合并后的规模效益。"合并后双方称可在未来 3 年内实现年度税前成本合并效益约 14 亿欧元,其中大部分将在未来 2 年内实现。两家公司将以互换股份的形式实现合并,阿尔卡特预计在新集团中持有 60% 的股份,剩下的 40% 由朗讯所持有。两家公司合并后的年营业额将超过 200 亿欧元,公司市值约达 300 亿欧元。其市值已经接近世界头号通信设备供应商美国思科,在无线网络销售上也将位于第二,居爱立信之后。

阿尔卡特与朗讯在固定网络和下一代网络市场中都有比较大的优势,阿尔卡特"三重播放技术"使其在欧洲和亚太市场的融合业务市场中占据主导地位,朗讯则是美国四大运营商稳定的 IMS 设备提供商。在无线通信市场中,阿尔卡特可以借朗讯在 CDMA 上的强势地位,进一步加强在全球 3G 市场中的力量。并购一旦成功,对诸如爱立信、摩托罗拉、北电、诺基亚、西门子等国际通信巨头都会提出挑战,无论是无线通信领域还是在宽带接入市场,其他巨头将如何应对?

爱立信在无线通信领域第一的市场地位将受到威胁,这种威胁将随着 3G 市场的发展越来越明显。因为越来越多的移动运营商发现,3G 网络上的融合业务对用户更有吸引力,这将使他们偏向于像阿尔卡特这样的多种业务融合能力突出的公司。2005 年 10 月 25 日,爱立信宣布以 12 亿英镑收购马可尼占营业额 75% 的资产也是基于这一理由。爱立信通过收购行为能够获得更为广泛的销售机会,同时扩展了提供给移动运营商的产品范围。

面对各种并购,诺基亚副总裁兼核心网络业务 CTO 林仰孟在接受本报记者专访时说,虽然运营商转向混合运营模式,但是诺基亚一直在思考制造商是不是也一定要混合。"网络的发展在向两个方向演进,一方面融合,另一方面分化。"他认为,"大的运营商具备强大的整合能力,他们会选择在专业上非常有实力的公司进行集成。"因此,尽管诺基亚网络部门的业绩差强人意,但在近期应该不会有合并举措。

阿尔卡特在中国的合资公司上海贝尔阿尔卡特的业绩虽然没有单独披露过,但这一合资公司在中国的光网络市场、宽带接入市场和下一代网络市场均是主导公司;朗讯(中国)公司收入大约占朗讯总收入的 10% 左右,在中国的 CDMA、小灵通市场拥有强劲的实力。上海贝尔阿尔卡特在上海和成都设有自己的研发机构,朗讯则在北京、青岛、南京等地建有自己的研发机构。合并后,新公司无论从资金储备,还是从市场占有率、研发实力来看,都将会给竞争对手带来巨大压力。

中兴和华为这两个本土成长起来的国际性通信公司,也将会受到来自新公司从本土到海外市场的挤压。2005 年,中兴的收入达 215.76 亿元,纯利 12.88 亿元;华为的收入达 453 亿元,同比增长 40%。中兴在国内的收入主要来自其 GSM、CDMA、小灵通、下一代网络、宽带接入、手机终端等产品,国际市场在总收入中占比越来越大。华为在国内收入的主要来源则是 GSM、宽带接入、光通信、数据通信、业务软件等产品。而中兴和华为与国外设备供应商相比最大的优势是两个方面,一个是价格,另一个是本地优势。

当然,阿尔卡特和朗讯要想真正并购成功,还要跨过几道坎。首先,他们的并购需要法国和美国监管组织的批准。其次,新公司一定要妥善解决为了削减成本而引起的裁员问题,两家公司预计裁员 8 800 人。最后,双方的并购成功与否很大程度上决定于双方业务、文化等的整合,而这种整合需要的时间少则几个月,多则一两年。

市场瞬息万变,如何在错综复杂的国际大市场中理顺关系、发挥优势、打造核心竞争力已成为公司决策层重点关注的问题。不论公司间的横向联合,还是公司的内部调整,每一步的动作都有其深刻的市场思考。

(二) 要求

1. 分析阿尔卡特与朗讯合并的动机、影响和并购的类型。
2. 同业其他公司的反应和应对策略如何?

案例 11-2

(一) 资料

大宇集团的兴衰之路

韩国第二大公司集团大宇集团 1999 年 11 月 1 日向新闻界正式宣布,该集团董事长金宇中以及 14 名下属公司的总经理决定辞职,以表示"对大宇的债务危机负责,并为推行结构调整创造条件"。韩国媒体认为,这意味着"大宇集团解体进程已经完成","大宇集团已经消失"。

大宇集团于 1967 年开始奠基立厂,其创办人金宇中当时是一名纺织品推销员。经过 30 年的发展,通过政府的政策支持、银行的信贷支持和在海内外的大力购并,大宇成为直逼韩国最大公司——现代集团的庞大商业帝国。1998 年年底,其总资产高达 640 亿美元,营业额占韩国 GDP 的 5%;业务涉及贸易、汽车、电子、通用设备、重型机械、化纤、造船等众多行业;国内所属公司曾多达 41 家,海外公司数量创下过 600 家的记录,鼎盛时期,海外雇员多达几十万,大宇成为国际知名品牌。大宇是"章鱼足式"扩张模式的积极推行者,认为公司规模越大,就越能立于不败之地,即所谓的"大马不死"。据报道,1993 年金宇中提出"世界化经营"战略时,大宇在海外的公司只有 15 家,而到 1998 年年底已增至 600 多家,相当于每 3 天增加一个公司。还有更让韩国人为大宇着迷的原因,在韩国陷入金融危机的 1997 年,大宇不仅没有被危机困倒,反而在国内的集团排名中由第 4 位上升到第 2 位,金宇中本人也被美国《幸福》杂志评为亚洲风云人物。

1997 年年底韩国发生金融危机后,其他集团公司都开始收缩,但大宇仍然我行我素,结果债务越背越重。尤其是 1998 年年初,韩国政府提出"五大公司集团进行自律结构调整"方针后,其他集团把结构调整的重点放在改善财务结构方面,努力减轻债务负担。大宇却认为,只要提高开工率,增加销售额和出口就能躲过这场危机。因此,它继续大量发行债券,进行"借贷式经营"。1998 年大宇发行的公司债券达 7 万亿韩元(约 58.33 亿美元)。1998 年第 4 季度,大宇的债务危机已初露端倪,在各方援助下才避过债务灾难。此后,在严峻的债务压力下,大梦方醒的大宇虽做出了种种努力,但为时已晚。1999 年 7 月中旬,大宇向韩国政府发出求救信号;7 月 27 日,大宇因"延迟重组",被韩国 4 家债权银行接管;8 月 11 日,大宇在压力下屈服,割价出售两家财务出现问题的公司；8月16日，大宇与债权人达成协议，在1999年年底前，将出售盈利最佳的大宇证券公司，以及大宇电器、大宇造船、大宇建筑公司等，大宇的汽车项目资产免遭处理。"8月16日协议"的达成，表明大宇已处于破产清算前夕，遭遇"存"或"亡"的险境。由于在此后的几个月中，经营依然不善，资产负债率仍然居高，大宇最终不得不走向本文开头所述的那一幕。

资料来源：南开大学公司治理研究中心。

（二）要求

1. 大宇集团为什么会倒下？主要原因是什么？
2. 通过此案例你如何理解举债经营的财务杠杆作用？
3. 分析财务困境的形成原因及解决途径。
4. 你从此案例中得到的启示是什么？

五、参考答案

（一）单项选择题

1. A 2. D 3. B 4. B 5. D 6. A 7. D 8. D 9. A
10. B 11. D 12. D 13. D 14. A 15. D

（二）多项选择题

1. ACD 2. ABCDE 3. ABC 4. ABCD 5. ABD 6. ABC 7. ABD
8. BCD 9. ABCD 10. ABCD 11. BCD 12. ABC 13. ABCD 14. AB
15. ABC

（三）判断题

1. √ 2. × 3. × 4. √ 5. × 6. √ 7. √ 8. ×
9. × 10. × 11. √ 12. √ 13. √ 14. × 15. √

（四）技能实训案例

案例 11-1

1. 阿尔卡特与朗讯合并的动机、影响和并购的类型

据悉，阿尔卡特和朗讯合并之后，新公司市值360亿美元，年销售额250亿美元，将成为全球数一数二的电信设备制造巨头；合并后，新公司预计裁减冗员8 800人。双方在联合声明中说，阿尔卡特股东将控制新公司约60%股份，朗讯则拥有其余40%。朗讯CEO陆思博将出任新公司CEO，阿尔卡特CEO楚鲁克则将出任非执行董事长，新

董事会将由 14 人组成，两边人马各占一半。声明指出，合并的首要动机是为了更好应对电信设备市场日益激烈的竞争，即"合并将使公司充分抓住下一代电信网络、服务和应用市场的机遇，带来收入和利润的显著增长，并形成强大的协同效应。"很显然，在 3G 技术的应用中，这个新公司的竞争力将更加强大。是一次强强联手的战略合并。

阿尔卡特和朗讯合并后，新公司在 CDMA 市场上仍将稳坐头把交椅，在 GSM 设备市场上的占有率将达到 10%，并且在如中国、俄罗斯和印度等新兴市场上将会拥有极多的商机。此外在 WiMax 领域，它也将占据一席之地。很显然，如今两家公司的合并，对包括华为和中兴在内的公司都是一个警示，业界人士普遍认为，通过强强联合，阿尔卡特公司和朗讯公司可优势互补，以协同效应进一步巩固和开拓市场。正因如此，合并消息一经传出，阿尔卡特公司和朗讯公司的股票市值均大幅上扬。

2. 同业其他公司的反应和应对策略

通过这次收购，我们也看到全球电信业新的发展动态，事实上，近两年来，电信业已进入一个强强联合的时代，其中不乏 Cingular wireless 收购 AT&T Wireless，Sprint 并购 Nextel 等移动通信界的整合，也有西南贝尔收购 AT&T，新 AT&T 又并购南方贝尔等固话领域的大动作。有分析师认为，阿尔卡特和朗讯的合并将引发一波全球电信上游产业的整合浪潮。包括北电网络、泰乐和西业那等在内的规模相对较小的公司很有可能出现在未来的收购名单上，随着电话公司设备更新潮的到来，3 360 亿美元的电信设备市场将进入巨鳄的时代。当然，对我们的民族企业华为和中兴来说，也应该重新审视一下自己所处的竞争环境了。

就在阿尔卡特与朗讯重启合并谈判之际，美国的 Juniper 公司宣布以 17 亿美元的价格全盘收购华为 3com 公司。这两起事件，对中国电信产业的发展究竟会产生什么影响，华为、中兴等领军人物应如何应对？

近年来，中国的华为、中兴、大唐电信等公司高举振兴民族产业的大旗，技术立身扬名海外。他们与国际巨头同场较量，不论是在欧美发达市场，还是在亚非拉等新兴市场，所向披靡，攻城略地，在业内刮起了一场"中国风"。

对于阿尔卡特与朗讯重启合并谈判的起因，华尔街流传一种说法，认为是中国对手的竞争压力迫使双方联合抗衡。听起来，这种说法与上个世纪盛行一时的"中国威胁论"很相似，是这种"威胁论"在电信业的翻版。当然就市场实际来看，中国的电信设备厂商勃勃而起，成为业内发展的一支生力军，已是不争的事实。

比如，两年前，华为联合法国新兴通信运营商"第九电信"承接了法国著名网络服务综合提供商 FREE 的一项价值 8 000 万欧元的网络建设项目，令本土的阿尔卡特备感压力。还有，因手机业务经营不善，阿尔卡特还被迫于 2002 年将该部门转让给中国的 TCL 公司。在印度、中东等新兴市场，华为、中兴战胜阿尔卡特、朗讯，拿下大宗订单的事例也屡见不鲜。

从这种意义上讲，阿尔卡特与朗讯联姻还真有几份中国因素的作用。Gartner 组织负责运营商业务的副总裁伯特兰表示，"阿尔卡特与朗讯合并将有助于它们抵御华为、中兴的蚕食，它们所处市场相当疲软，竞争在日趋激烈。两家公司之间的客户群交叉不大，因此合并对于它们是有意义的。"

从竞争的角度讲，朗讯和阿尔卡特合并，对于思科、西门子和爱立信等巨头而言不是一个好消息。目前，西门子和爱立信的实力与朗讯相当，而阿尔卡特与朗讯结合将有更大的竞争力。同样，对于立志在全球电信市场做出一番事业的中兴、华为、烽火等厂商来说也不是一个好消息。今后，无论新的公司是姓"法"还是姓"美"，都会对我国电信产业的发展带来严重威胁。

Juniper 收购华为 3com 以后，Juniper 在中国路由器市场的份额将超过思科，成为中国第一大路由器供应商。对于思科和其他国内外路由器厂商来说，将是一次严峻的挑战。而阿尔卡特与朗讯合并后，我国光纤通信和高速宽带接入市场必将面临更大的挑战。

面对国际巨头的合并整合，面对扑面而来的市场机遇，我国的电信设备厂商是否做好了充分的准备？"狼来了"会有两种结果：一是如果我们不能处理好由于合并、收购所带来的冲击，那么强者更强，弱者更弱的局面很有可能就会发生；二是我们面对市场竞争压力和对手挑战，如果能够沉着应付，随机应变，及时调整战略布局，就有可能变被动为主动，在竞争中求得应有的地位，昂首扛起"中国创造"的大旗。

多年以来，电信设备厂商之间一直在酝酿合并。现在，阿尔卡特和朗讯的合并，仅仅是全球电信格局变化的一个开始。在新的电信业格局中，谁会继续受宠，而谁又会无可奈何花落去？这个问题是对华为、中兴的严重考验。

案例 11-2

大宇集团为什么会倒下？在其轰然坍塌的背后，存在的问题固然是多方面的，但不可否认有财务杠杆的消极作用在作怪。所谓财务杠杆是指由于固定性财务费用的存在，使公司息税前利润（EBIT）的微量变化所引起的每股收益（EPS）大幅度变动的现象。也就是，银行借款规模和利率水平一旦确定，其负担的利息水平也就固定不变。因此，公司盈利水平越高，扣除债权人拿走某一固定利息之后，投资者（股东）得到的回报也就愈多。相反，公司盈利水平越低，债权人照样拿走某一固定的利息，剩余给股东的回报也就愈少。当盈利水平低于利率水平的情况下，投资者不但得不到回报，甚至可能倒贴。

由于利息是固定的，因此，举债具有财务杠杆效应。而财务杠杆效应是一把"双刃剑"，既可以给公司带来正面、积极的影响，也可以带来负面、消极的影响。其前提是：总资产利润率是否大于利率水平。当总资产利润率大于利率时，举债给公司带来的是积极的正面影响；相反，当总资产利润率小于利率时，举债给公司带来的是负面、消极的影响。

大宇集团在政府政策和银行信贷的支持下，走上了一条"举债经营"之路。试图通过大规模举债，达到大规模扩张的目的，最后实现"市场占有率至上"的目标。如前所述，举债经营能否给公司带来积极效应，关键是两条：一是资金的利用效果如何，二是资金的收回速度快慢。资金得到充分利用，当总资产利润率大于利率时，举债可以提高公司的盈利水平。资金投入能得到充分有效利用，能够及早产生效益并收回所投资金，则到期债务本息的偿付就越有保证。1997 年亚洲金融危机爆发后，大宇集团已经显现出经营上的困难，其销售额和利润均不能达到预期目的，而与此同时，债权金融机构又开始收回短期贷款，政府也无力再给它更多支持。1998 年初韩国政府提出"五大公司集团进行自律结构调整"方针后，其他集团把结构调整的重点放在改善财务结构方面，努力减轻债务负担。但大宇却认为，只要提高开工率，增加销售额和出口就能躲过这场危机。因此，它继续大量发行债券，进行"借贷式经营"。正由于经营上的不善，加上资金周转上的困难，韩国政府于7月26日下令债权银行接手对大宇集团进行结构调整，以加快这个负债累累的集团的解散速度。由此可见，大宇集团的举债经营所产生的财务杠杆效应是消极的，不仅难于提高公司的盈利能力，反而因巨大的偿付压力使公司陷于难于自拔的财务困境。从根本上说，大宇集团的解散，是其财务杠杆消极作用影响的结果。

大宇集团是"章鱼足式"扩张模式的积极推行者，认为公司规模越大，就越能立于不败之地。从资本结构理论的角度看，有规模不一定有效益。资本结构理论的目的在于，寻求一种能使股东价值达到最大的负债与权益结构。其基本思路有两条：一是在保持现有资本结构不变的条件下，尽可能通过提高公司 EBIT 水平来实现提高 EPS 的目的；二是在 EBIT 保持不变的条件下，如何通过改变资本结构来实现提高 EPS 的目的。

很显然，大宇集团走的是一条传统思路，即试图通过扩大公司规模来实现提高公司盈利水平的目的。而这需要相应的资金。资金来源不同其所决定的资本结构也不同，相应地，财务杠杆的作用程度也不同。要将公司规模做大容易，只要像大宇集团那样，通过大规模举债即可实现，问题是所投入的资金能否产生效益。以债台高筑为基础的急剧扩张式公司，其所面临的不仅仅是逆水行舟，不进则退的局面，更多是一旦资金没有得到有效利用而难于产生相应效益，就将产生消极的财务杠杆作用，并在这种负面的财务杠杆的作用下以几倍的速度将公司推向亏损、甚至破产的境地。如前所说，有规模又要有效益，必须具备总资产利润率大于借款利率这一基本前提。与此同时，公司一旦具备这一前提，就更应考虑资本结构理论的另一条思路，即当公司投入某一数额的资金可以产生一定 EBIT 水平时，公司应及时合理调整其资本结构，据此提高公司的 EPS 水平。而要实现这一思路，在理财上，必须遵循以下基本理财步骤：首先必须对投资项目进行严格的可行性研究，通过可行性研究把握市场和把握项目的盈利能力；在此基础上，再根据项目的盈利能力谨慎选择相应的筹资模式，以充分、合理利用财务杠杆的积极作用效应，提高公司的 EPS 水平。

由此可见，不求最大，但求最好是比较正确的经营思路。将有限的财务资源投资到公司最具竞争能力的业务上，不仅可以提高公司的核心竞争能力，提高公司的竞争优势，而且可以避免不必要的债务负担和财务危机。

启示和思考：

（1）举债经营对公司的影响是双方面的，其基本前提是总资产利润率能否大于借款利率。只有当总资产利润率大于借款利率时，才会给公司带来有利的积极的财务杠杆作用；反之，将会给公司带来负面、消极的影响。任何公司不能无条件地从事举债经营。

（2）不求最大，但求最好。有规模并不等于一定有效益。一个公司的大小应取决于公司核心竞争能力大小的要求。只有拥有核心竞争能力，才能将公司做得最好。没有核心竞争能力的公司，一味追求公司规模的扩大，其结果只能是无功而返，甚至陷入困境。

（3）我国资本市场上大批 ST、PT 上市公司以及大批靠国家政策和信贷支持发展起来而又债务累累的国有公司，应从"大宇神话"破灭的案例中吸取教训，加强公司自身管理的改进，及时从多元化经营的幻梦中醒悟过来，清理与公司核心竞争能力无关的资产和业务，保留与公司核心竞争能力相关的业务，优化公司资本结构，进一步提高公司的核心竞争能力。

财务困境的发生受公司内外诸多因素的影响，其直接原因可能来自于公司内部，也可能来自于公司外部，也可能内外因素兼有。从内部看往往是长期经营管理不善逐步形成的，主要因素有：销售的萎缩、成本的上升、管理费用的增加、存货增加占用资金，以及应收账款拖滞等，影响了公司绩效并使资金流转不畅。但公司经营管理不善可能是重要因素，并不是惟一的因素。一些外部因素的影响同样也会左右公司的经营和财务状况，这些因素主要有：商业环境的变化，如竞争、技术发展的变化以及公司所在行业进入衰退期；经济环境的变化，如经济不景气、通货膨胀率、利率、汇率的变化以及经济全球化等。另外还有原因来自于公司战略制定的失误，主要有：公司扩张速度过快导致资金不足，公司资本结构不合理以及重大决策失误等。

根据不同公司的实际情况，处理财务困境主要有三种形式：第一种是资产重组，即：公司通过出售部分非核心资产（一般在 10%～20% 之间）或业务来变现资金以偿还到期债务，或通过与其他公司合并，减少资本支出等方法来取得现金流，以偿还到期债务。第二种是破产清算，法人资格消失，通过清算来结束各种债权和股权关系。破产清算是解决财务困境最为极端的方式；第三种是债务重组，即公司与债权人就原债务合同进行谈判以确定新的债务合同，包括债务展期、债务减免和债转股等。重组是为了使有复苏希望的公司在发生暂时支付困难时，避免进入破产清算程序。

从以上可以得出这样的结论：财务困境并不等同于破产，但是如果公司无法通过各种途径有效缓解危机，最终必将走向破产清算。

股利政策篇

本篇内容

项目十二　股利政策影响因素
项目十三　公司股利政策决策

本篇实训目的：掌握有关利润、利润的构成以及利润分配程序；理解利润构成的相关概念；能够正确进行有关利润、所得税、盈余公积的判断和相关计算，掌握利润分配的先后顺序。掌握股利政策选择的影响因素及其体现；理解股利政策的种类、每一种政策的特点及其相关计算方法；理解股票股利以及股票分割等特殊形式。

项目十二 股利政策影响因素

一、内容综述

（一）利润及其构成

利润总额也称税前会计利润，是公司某一会计期间内所有收入与费用、损失之间总体配比的结果。具体来说，利润的构成包括营业利润、利润总额和净利润。

1. 营业利润

营业利润＝营业收入－营业成本－营业税金及附加－销售费用－管理费用－财务费用－资产减值损失＋公允价值变现收益（－公允价值变现损失）＋投资收益（－投资损失）

其中，营业收入是指企业经营业务所确认的收入总额，包括主营业务收入和其他业务收入。

营业成本是指企业经营业务所发生的实际成本总额，包括主营业务成本和其他业务成本。

资产减值损失是指企业计提各项资产减值准备所形成的损失。

公允价值变价收益（或损失）是指企业交易性金融资产等公允价值变动形成的利得（或损失）。

投资收益（或损失）是指企业以各种方式对外投资所取得的收益（或损失）。

2. 利润总额

利润总额是指企业上交所得税之前的利润。

利润总额＝营业利润＋营业外收入－营业外支出

其中，营业外收入是指企业发生的与其日常活动无直接关系的各项利得；营业外支出是指企业发生的与其日常活动无直接关系的各项损失。

3. 净利润

净利润是指在利润总额中按规定交纳了所得税后公司的利润,也称为税后利润。

净利润 = 利润总额 – 所得税费用

(二)利润分配原则

公司在进行利润分配时,应遵循的基本原则有:依法分配原则、资本保全原则、兼顾各方面利益原则、分配与积累并重原则和投资与收益对等原则。

(三)利润分配顺序

根据我国《公司法》规定,公司进行利润分配涉及的项目包括盈余公积和股利两部分。公司的利润分配程序一般来说包括以下步聚:

(1)弥补以前年度亏损。
(2)提取法定盈余公积金。
(3)提取任意盈余公积金。
(4)向股东(投资者)分配股利(或利润)。

(四)公司股利支付程序

股份有限公司向股东支付股利,前后要经历一个过程,这一过程通常以某些特定的日期作为标志,依次为股利宣告日、股权登记日、除息日和股利支付日。

股份有限公司支付股利的基本形式主要有现金股利和股票股利。理论上也可以采用财产股利的形式支付。

二、重难点精析

盈余公积包括法定盈余公积、任意盈余公积。法定盈余公积的提取比例为当年税后利润扣除弥补以前年度亏损后的10%提取,但是不能直接加上以前年度未分配利润计算。此外,法定盈余公积还有上下限的规定。不得低于注册资本的25%,且达到注册资本的50%时可不再提取。

三、基础训练

(一)单项选择题

1. 利润分配中的"利润"指的是( )。

A. 利润总额 B. 营业利润
C. 税前利润 D. 净利润

2. 下列各项增加会导致利润增加的是（　　）。
   A. 主营业务收入 B. 其他业务支出
   C. 营业费用 D. 所得税

3. 利润分配当中，在提取任意盈余公积金之后进行的程序是（　　）。
   A. 弥补以前年度亏损 B. 提取法定盈余公积金
   C. 发放优先股股利 D. 发放普通股股利

4. 纳税人发生年度亏损，可以用下一纳税年度的所得弥补；下一纳税年度的所得不足弥补的，可以逐年延续弥补，但最长不得超过（　　）。
   A. 3 年 B. 4 年
   C. 5 年 D. 6 年

5. 法定盈余公积金一般按照净利润扣除以前年度亏损后的（　　）提取。
   A. 5% B. 10%
   C. 15% D. 20%

6. 当其他指标大小不变，投资净收益增加，会使（　　）同时增加。
   A. 主营业务利润 B. 营业利润
   C. 其他业务利润 D. 净利润

7. 某企业税前利润为 100 万元，无纳税调整项目。若所得税税率为 33%，则其净利润为（　　）。
   A. 67 万元 B. 大于 67 万元
   C. 小于 67 万元 D. 以上均有可能

8. 关于股利支付程序，以下说法正确的是（　　）。
   A. 只有在股利宣告日后在公司股东名册上有名的股东，才有权分享股利
   B. 股权登记日即向股东发放股利的日期
   C. 除息日也有可能在股权登记日之前
   D. 公司董事会将股利支付情况予以公告的日期不是股利支付日

9. 某公司 2005 年实现利润总额 600 万元，此前尚未弥补的亏损包括 2003 年亏损 40 万元，1998 年亏损 60 万元。若所得税率为 30%，则该公司 2005 年应当缴纳的所得税为（　　）。
   A. 180 万元 B. 168 万元
   C. 162 万元 D. 150 万元

10. 某公司本年实现净利润 600 万元，上年未分配利润为 200 万元。则该公司 2005 年应当提取法定盈余公积为（　　）。
    A. 80 万元 B. 60 万元
    C. 40 万元 D. 30 万元

（二）多项选择题

1. 利润的构成包括（　　）。

A. 营业利润 B. 投资净收益
C. 营业外收支净额 D. 补贴收入

2. 以下程序先后顺序是（　　）。

A. 弥补之前 5 年内发生的亏损 B. 弥补以前超过 5 年的亏损
C. 提取法定盈余公积 D. 缴纳所得税

3. 关于股份制企业的法定盈余公积金，下列说法正确的是（　　）。

A. 不得低于注册资本的 25% B. 达到注册资本的 50% 时可不再提取
C. 按净利润的 10% 提取 D. 按净利润的 5%～10% 提取

4. 经计算有本年盈利的，提取盈余公积金的基数不正确的说法有（　　）。

A. 累计盈利 B. 本年的税后利润
C. 抵减年初累计亏损后的本年净利润 D. 加计年初未分配利润的本年净利润

5. 财产股利是以现金以外的资产支付的股利，主要以公司拥有的其他企业的（　　）作为股利支付给股东。

A. 股票 B. 债券
C. 存货 D. 应收票据

6. 甲企业要交纳 30% 的所得税，公积金和公益金各提取 10%，在没有纳税调整和弥补亏损的情况下，若利润总额为 100 万元，则以下说法正确的是（　　）。

A. 所得税为 30 万元 B. 净利润为 56 万元
C. 公积金为 10 万元 D. 公益金为 7 万元

7. 进行利润分配时，应遵循基本原则有（　　）。

A. 依法分配原则 B. 兼顾各方面利益原则
C. 分配与积累并重原则 D. 投资与收益对等原则

8. 关于盈余公积，说法正确的有（　　）。

A. 只有提取盈余公积之后才能够发放股利
B. 先提取法定盈余公积之后，才能够提取任意盈余公积
C. 法定盈余公积表示其用途是法定的
D. 任意盈余公积的提取比例由股东大会确定

9. 某企业 2005 年 11 月 15 日发布公告："本公司董事会在 2005 年 11 月 14 日的会议上决定，本年度发放每股 3 元的股利；本公司将于 2006 年 1 月 2 日将上述股利支付给已在 2005 年 12 月 20 日登记为本公司股东的人士。"以下说法正确的有（　　）。

A. 2005 年 11 月 14 日为某公司的股利宣告日
B. 2005 年 12 月 20 日为其股权登记日
C. 2006 年 1 月 2 日则为其股利支付日
D. 股利支付方式为现金股利

10. 下列哪个项目可用于弥补亏损（　　）。

A. 盈余公积 B 资本公积
C. 税后利润 D 税前利润

（三）判断题

1. 利润分配中的利润就是会计利润。（   ）
2. 利润分配就是指向股东发放股利。（   ）
3. 当企业法定盈余公积金达到注册资本的50%时可不再提取。（   ）
4. 我国的股份公司通常一年派发一次股利，也有在年中派发中期股利的。（   ）
5. 向投资者分配利润，必须在所有的盈余公积提取完毕之后。（   ）
6. 利润总额与净利润的差额，可能不等于实际缴纳的所得税。（   ）
7. 所谓任意公积金，即不受任何限制，可以由经营者自行决定提取比例。（   ）
8. 可供分配的利润包括本年净利润，也包括以前年度未分配利润。（   ）
9. A公司向股东分配的股利为B公司的股票，这种股利支付方式即为股票股利。（   ）
10. 除权除息日指的是股权登记日的前一个交易日。（   ）

四、技能实训案例

案例 12-1

作为财务经理的你请回答下列问题：

（1）某公司最近几年实现利润总额见表12-1。

表12-1　　　　　　　　　　　　　　　　　　　　　　　　　　　　　　单位：万元

年份	1998	1999	2000	2001	2002	2003	2004
利润额	-750	-140	120	-100	260	320	840

若所得税率为30%，则该公司2004年净利润为多少？

（2）某公司注册资本金额为5 000万元，已提取法定盈余公积金额为2 450万元。2002年利润总额为1 200万元，无纳税调整项目。以前年度无未弥补亏损。适用所得税率为33%。该公司应提取法定盈余公积为多少？

（3）某公司年终利润分配前的有关资料如下：上年未分配利润1 000万元，本年税后利润2 000万元。股本（500万股，每股1元）500万元。该公司决定，本年按15%提取盈余公积，按股数派发现金股利每股0.1元。求进行利润分配后企业剩余未分配利润为多少？

五、参考答案

（一）单项选择题

1. D 2. A 3. D 4. C 5. B 6. D 7. D 8. D 9. B
10. B

（二）多项选择题

1. ABCD 2. ADBC 3. ABC 4. ABD 5. AB 6. AD
7. ABCD 8. BD 9. BCD 10. ACD

（三）判断题

1. × 2. × 3. √ 4. √ 5. × 6. √ 7. × 8. √
9. × 10. ×

（四）技能实训案例

案例 12－1

1. 在缴纳所得税之前先弥补 5 年内尚未弥补的亏损。

   1998 年亏损应当在 2003 年之前弥补，可以弥补 700 万元，尚未弥补完毕，不能继续用 2004 年利润继续弥补。

   1999 年亏损和 2001 年亏损可以用 2004 年利润弥补。

   因此，2004 年弥补亏损后的利润总额为：840－140－100＝600 万元

   所得税为：600×30%＝180 万元

   2004 年净利润为：600－180＝420 万元

2. 应缴纳所得税＝1 200×33%＝396 万元

   净利润＝1 200－396＝804 万元

   应提取法定盈余公积＝804×10%＝80.4 万元

   但因为企业盈余公积金达到注册资本的 50% 时可不再提取，即最多可达

   5 000×50%＝2 500 万元

   而 2 450＋80.4＝2 530.4 万元，已经超过了这一限度。

   因此本年度应提取法定盈余公积为：2 500－2 450＝50 万元

3. （1）提取盈余公积为：2 000×15%＝300（万元）

   （2）发放现金股利为：500 万×0.1＝50（万元）

   （3）未分配利润余额为：1 000＋（2 000－300－50）＝2 650（万元）

项目十三 公司股利政策决策

一、内容综述

(一) 股利政策

股利政策直接决定了投资者的回报和公司利润留存的数量,并且是公司自主性较强的一项利润分配政策。一项好的股利政策可以增强公司积累能力,提高公司的财务形象,从而增强投资者对公司的投资信心。

影响股利政策决策的因素主要有:法律因素、契约因素、公司因素以及股东因素等。其中,公司因素或称公司因素,常常包括外部环境和内部环境两方面。外部环境包括国家宏观经济环境、公司的融资环境、市场的成熟程度、公司所在的行业特征等,而内部环境包括变现能力、筹资能力、资本结构和资金成本、盈余的稳定性、投资机会、现金流量、生命周期。其中公司内部环境因素尤为重要。股东对公司的股利分配影响基于这样一些考虑,具体包括:控制权、股利偏好和税负。

公司通常采用的股利政策主要有:剩余股利政策、固定股利政策、固定股利支付率政策和低正常股利加额外股利政策。

(二) 股票股利与股票分割

股票股利形式是指公司以股票形式发放的股利。股票作为股东权益证明,因此在作为股利发放的过程中引起所有者权益结构的变化。能产生类似的效果有股票分割,股票回购等。

一般来说,公司发放股票股利不会导致公司资产的减少或负债的增加,也不会引起股东所持股票比例的变化,只会导致股东权益各项目间的增减变化。

股票分割又称拆股,是公司管理当局将其股票分割或拆细的行为。具体是指通过成比例地降低股票面值而增加普通股的数量,它是一种将面额较高的股票转换成面额较低股票的行为。在股票分割后,由于普通股数量的增加,普通股面值相应降低,其造成的影响将与股票股利不尽相同,归纳起来主要有以下两点:(1)普通股股本、资本公积、留存收益都保持不变,股东权益总额因而也不变。(2)每股面值和每股收益由于普通股数量的增加而降低。

股票分割的主要作用有:(1)有利于促进股票流通和交易。(2)有助于公司并购政策的实施,增加对被并购方的吸引力。(3)可能增加股东的现金股利,使股东感到满意。(4)有利于增强投资者对公司的信心。

股票回购是指股份公司出资将其发行流通在外的股票以一定价格购回,予以注销或作为库存股的一种资本运作方式。这样可以使公司流通在外的股份减少,并不会导致公司资产和负债变化,只会引起所有者权益内部结构的变化。股票回购的方式有多种:可以在市场上直接购买;或向股东标购;或与少数大股东协商购买。公司回购股票的动机主要有:(1)提高财务杠杆比例,改善公司资本结构。(2)满足公司兼并与收购的需要。(3)分配公司超额现金。(4)满足认股权的行使。(5)在公司的股票价值被低估时,提高其市场价值。(6)清除小股东。(7)巩固内部人控制地位。

二、重难点精析

重点:影响股利政策选择的公司因素、固定股利政策、低正常股利加额外股利政策。
难点:固定股利政策、低正常股利加额外股利政策、股票分割。

(一) 剩余股利政策

这是以首先满足公司资金需求为出发点的股利政策,公司的盈利首先用于满足投资方案的资金需要,如有剩余,再用于支付股利。其股利分配步骤为:(1)确定公司的最佳资本结构。(2)确定公司下一年度的资金需求量。(3)确定按照最佳资本结构,为满足资金需求所需增加的股东权益数额。(4)将公司税后利润首先满足公司下一年度的增加需求,剩余部分用来发放当年的现金股利。这种政策的优势在于能充分利用筹资成本最低的资金来源,保持理想的资金结构,使得综合资金成本最低。缺陷在于不利于投资者安排收入的支出,也不利于公司树立良好的形象。

(二) 固定股利政策

固定股利政策也称为稳定股利额政策,或者定额股利政策。是指以确定的现金股利分配额作为利润分配的首要目标优先予以考虑,一般不随资金需求的波动而波动。这一股利政策优点在于:(1)稳定的股利额给股票市场和公司股东一个经营稳定的信息。有利于树立公司的良好形象,稳定公司股票价格,从而增强投资者对公司的信心。(2)许多作为长期投资者的股东(包括个人投资者和机构投资者)希望公司股利能够成为其稳定的收入来源,以便安排消费和其他各项支出,稳定股利额政策有利于公司吸引和稳定这部分投资者的投资缺陷在于股利支付与公司盈利能力脱节。

（三）固定股利支付率政策

也称固定股利率政策，或者定率股利政策。这一政策要求公司每年按固定的比例从净利润中支付现金股利。从公司支付能力的角度看，这是一种真正稳定的股利政策。但由于公司的盈利能力在不同年度会发生变动。它保持了股利和净利润之间的比例关系一定，体现了风险投资与风险收益的对等。缺陷在于这一政策将导致公司股利分配额的频繁变化，传递给外界一个公司经营不稳定的信息，不利于股票价格的稳定和上涨，所以很少有公司采用这一股利政策。

（四）低正常股利加额外股利政策

按照这一政策，公司除每年按一固定股利额向股东发放称为正常股利的现金股利外，还在公司盈利较高，资金较为充裕的年度向股东发放高于一般年度的正常股利额的现金股利。其高出部分即为额外股利。

这种股利政策具有较大的灵活性，给公司股利分配决策提供了较大的弹性。由于正常股利发放水平较低，因此在公司可供分配利润较少时，仍然可以维持既定的股利发放水平，从而避免股价下跌的风险；而公司一旦拥有充裕的现金，就可以通过发放额外股利的方式，将其发放到股东的手中，这也有利于股价的提高。因此，在公司的净利润与现金流量不够稳定时，采取这一股利政策对于公司和股东双方都是有利的。

三、基础训练

（一）单项选择题

1. 企业处于开发期、成长期、成熟期或者衰退期的不同阶段，所能选择的股利政策是有所区别的。这一点说明企业股利政策选择受到（　　）影响。
   A. 法律因素　　　　　　　　　　B. 契约因素
   C. 公司因素　　　　　　　　　　D. 股东因素

2. 能够体现契约因素影响股利政策选择的说法是（　　）。
   A. 限定企业一定期间内股利支付的最高额度
   B. 无力偿还到期债务时，不得发放现金股利
   C. 对于负债比率较低的企业，可多付现金股利，少留利润
   D. 如果公司有较多的有利可图的投资机会，则应考虑少发放现金股利

3. 企业投资规模萎缩，现金流量相对较多，可以采用多付股利的政策的阶段，这一描述表明企业处于生命周期的（　　）。
   A. 开发期　　　　　　　　　　　B. 成长期
   C. 成熟期　　　　　　　　　　　D. 衰退期

4. 股东因素对股利政策选择的影响不包括（　　）。
   A. 尽量避免控制权的稀释
   B. 如果高税收等级纳税的富有股东比例很大，则可考虑少支付现金股利
   C. 如果绝大部分股东属于低收入阶层，则宜采用支付较高的现金股利政策
   D. 盈利越稳定或收益越有规律的企业，其股利支付率通常也越高

5. 一国经济的发展往往具有周期性。如果一国的社会经济环境宽松，市场较为完善和活跃，投资机会较多，则企业可以采取多发股利，少留盈利的股利政策。这一影响股利政策因素为（　　）。
   A. 法律因素   B. 契约因素
   C. 公司因素   D. 股东因素

6. 只要存在有利的投资机会，就应当首先考虑其资金需要，然后再考虑企业剩余收益的分配需要。这种股利政策称为（　　）。
   A. 剩余股利政策   B. 固定股利政策
   C. 固定股利支付率政策   D. 低正常股利加额外股利政策

7. 以确定的现金股利分配额作为利润分配的首要目标优先予以考虑，一般不随资金需求的波动而波动。这种股利政策称为（　　）。
   A. 剩余股利政策   B. 固定股利政策
   C. 固定股利支付率政策   D. 低正常股利加额外股利政策

8. 公司每年按固定的比例从净利润中支付现金股利。这种股利政策称为（　　）。
   A. 剩余股利政策   B. 固定股利政策
   C. 固定股利支付率政策   D. 低正常股利加额外股利政策

9. 主要依靠股利维持生活的股东和养老基金管理人最不赞成的公司股利政策是（　　）。
   A. 剩余股利政策   B. 固定或持续增长的股利政策
   C. 固定股利支付率政策   D. 低正常股利加额外股利政策

10. 容易造成股利支付额与本期净利相脱节的股利分配政策是（　　）。
    A. 剩余股利政策   B. 固定股利政策
    C. 固定股利支付率政策   D. 低正常股利加额外股利政策

11. 发放股票股利的结果是（　　）。
    A. 企业资产增加   B. 企业所有者权益增加
    C. 企业所有者权益内部结构调整   D. 企业筹资规模增加

12. 一般而言，适用于采用固定股利政策的公司是（　　）。
    A. 负债率高的公司   B. 盈利稳定或处于成长期的公司
    C. 盈利波动较大的公司   D. 盈利较高但投资机会较多的公司

13. 比较而言，（　　）的股利政策使公司在股利发放上具有较大的灵活性。
    A. 剩余股利政策   B. 固定股利政策
    C. 固定股利支付率政策   D. 低正常股利加额外股利政策

14. 若某企业要交纳33%的所得税，公积金和公益金各提取10%，在没有纳税调整和弥补亏损的情况下，企业可真正自主分配的部分占利润总额的（　　）。

A. 47% B. 53.6%
C. 53% D. 80%

15. 发放股票股利后，每股市价将（　　）。
   A. 上长 B. 下降
   C. 不变 D. 可能出现以上三种情况的任一种

（二）多项选择题

1. 影响股利政策选择的因素包括（　　）。
   A. 法律因素 B. 契约因素
   C. 公司因素 D. 股东因素

2. 法律因素影响股利政策选择的表现（　　）。
   A. 股利的发放不能侵蚀资本
   B. 无力偿还到期债务时，不得发放现金股利
   C. 企业出现年度亏损时，不得发放股利
   D. 在发放股利之前应按一定的比例提取公积金

3. 股利政策分类包括（　　）。
   A. 剩余股利政策 B. 固定股利政策
   C. 固定股利支付率政策 D. 低正常股利加额外股利政策

4. 在以下股利政策中，被企业普遍采用，并为广大投资者所认可的基本政策有（　　）。
   A. 剩余股利政策 B. 固定股利政策
   C. 固定股利支付率政策 D. 低正常股利加额外股利政策

5. 资本保全约束要求意味着要求企业发放的股利或投资分红只能来源于企业的（　　）。
   A. 盈利 B. 净利润
   C. 当期利润 D. 留存收益

6. 下列项目中，不能用于支付股利的是（　　）。
   A. 原始投资 B. 实收资本
   C. 股本 D. 上年未分配利润

7. 影响股利政策选择的公司外部环境因素包括（　　）。
   A. 国家宏观经济环境 B. 企业的融资环境
   C. 市场的成熟程度 D. 企业所在的行业特征

8. 影响股利政策选择的公司外部环境因素包括（　　）。
   A. 变现能力 B. 筹资能力
   C. 盈余的稳定性 D. 投资机会

9. 发放股票股利的后果是（　　）。
   A. 发放股票股利后，股东持有的股票数增加，所以股东财富增加
   B. 不导致公司资产的流出
   C. 不导致负债发生变化

D. 会引起所有者权益内部项目的此增彼减

10. 下列股利支付方式中，目前实务中很少使用，但并非法律所禁止的有（   ）。
    A. 现金股利   B. 财产股利
    C. 负债股利   D. 股票股利
11. 恰当的股利分配政策有利于（   ）。
    A. 增强公司积累能力   B. 增强投资者对公司的投资信心
    C. 提高企业的市场价值   D. 提高企业的财务形象
12. 下列各项中，将会导致企业资本（股本）变动的股利形式是（   ）。
    A. 负债股利   B. 财产股利
    C. 股票回购   D. 股票股利
13. 股票回购会使（   ）。
    A. 公司流通在外的股份减少
    B. 不导致公司资产的流出
    C. 不导致负债发生变化
    D. 会引起所有者权益内部项目的此增彼减
14. 股利决策涉及的内容包括（   ）。
    A. 股利支付程序中各日期的确定   B. 股利支付比率的确定
    C. 股利支付方式的确定   D. 公司利润分配顺序的确定
15. 采用固定的股利政策对公司不利的方面表现在（   ）。
    A. 稀释了股权
    B. 股利支付与公司盈余脱节，资金难以保证
    C. 易造成公司不稳定的印象
    D. 无法保持较低的资金成本

（三）判断题

1. 发放股票股利后会使每股盈余和每股市价下降。（   ）
2. 发放股票股利不会对公司的资产总额、负债总额及所有者权益总额产生影响，但会发生资金在所有者权益项目间的再分配。（   ）
3. 发放股票股利对公司有利，因为发放股票股利可以降低每股市价，从而吸引更多的投资者。（   ）
4. 股票分割后对股东权益总额没有影响，这与发放股票股利有相同之处。（   ）
5. 股票分割后股东权益各项目的金额及相互间的比例并无改变，这与发放股票股利有相同之处。（   ）
6. 在公司股份剧涨且预期难以下降时，可采用股票分割的办法降低股价；而在公司股价上涨幅度不大时，往往通过发放股票股利将股价维持在理想的范围之内。（   ）
7. 股票回购后股东会得到纳税上的好处，因而股票回购肯定对股东有利。（   ）
8. 股票回购会使得公司流通在外的股份减少，并不改变公司的资本结构。（   ）
9. 除息日之后的股利权从属于股票。（   ）

10. 成长中的企业，一般采取低股利政策，处于经济收缩期的企业，一般采用高股利政策。（　　）

11. 从理论上说，债权人不得干预企业的资金投向和股利分配方案。（　　）

12. 公司不能用资本包括股本和资本公积发放股利。（　　）

13. 低正常股利加额外股利政策，能使股利与公司盈余紧密配合，以体现多盈多分，少盈少分的原则。（　　）

14. 固定或持续增长股利政策的主要目的是避免出现由于经营不善而削减股利的情况。（　　）

15. 公司发放股票股利后会使资产负债率下降。（　　）

四、技能实训案例

案例 13-1

（一）资料

某公司 1999 年（正常年度）提取公积金、公益金后的税后净利为 800 万元，分配现金股利 320 万元。2000 年提取了公积金、公益金后的税后净利润为 600 万元。2001 年无计划投资项目，股数无变化。试计算以下各种股利政策中，在 2000 年应分配的现金股利分别为多少？

（二）要求

（1）采取剩余股利政策。
（2）采取固定股利政策。
（3）采取固定股利支付率政策。
（4）采取低正常股利加额外股利政策，剩余部分的 30% 作为额外股利发放。

案例 13-2

作为财务经理的你请回答下列问题：

1. A 公司的产品销路稳定，拟投资 1 200 万元，扩大生产能力 50%。该公司想要维持目前 50% 的负债比率，并想继续执行 10% 的固定股利支付率政策。该公司在 1998 年的税后利润为 500 万元，那么该公司 1999 年为扩充上述生产能力必须从外部筹措多少权益资本？

2. 某公司年终利润分配前的股东权益项目资料如下：

股本—普通股（每股面值2元，200万股）400万元，资本公积160万元，未分配利润840万元，所有者权益合计1400万元。公司股票的每股现行市价为35元。

要求：计算回答（1）计划按每10股送1股的方案发放股票股利并按发放股票股利后的股数派发每股现金股利0.2元，股票股利的金额按现行市价计算。计算完成这一方案后的股东权益各项目数额。（2）如若按1股拆为2股的比例进行股票分割，计算股东权益各项目数额、普通股股数。

五、参考答案

（一）单项选择题

1. C 2. A 3. D 4. D 5. A 6. A 7. B 8. C 9. A
10. B 11. C 12. B 13. A 14. B 15. D

（二）多项选择题

1. ABCD 2. ACD 3. ABCD 4. BD 5. CD 6. ABC 7. ABCD
8. ABCD 9. BCD 10. BC 11. ABCD 12. CD 13. AB 14. ABC
15. BD

（三）判断题

1. × 2. √ 3. × 4. √ 5. × 6. √ 7. × 8. × 9. ×
10. √ 11. × 12. √ 13. × 14. √ 15. ×

（四）技能实训案例

案例 13-1

（1）采取剩余股利政策。因为无计划投资项目，投入资金为零。
2000年应分配的现金股利 = 600（万元）

（2）采取固定股利政策。因为上一年度分配现金股利320万元。若本年股数不发生变化，则2000年应分配的现金股利 = 320（万元）

（3）采取固定股利支付率政策。可以通过上年情形计算出股利支付率为：
320÷800 = 40%，则2000年应分配的现金股利 = 600×40% = 240（万元）

（4）采取低正常股利加额外股利政策。上年度为正常年度，分配现金股利320万元。可认为低正常股利为320（万元）。2000年应分配的现金股利 = 320（万元）
额外股利为
（600 - 320）×30% = 84（万元）
全部股利为 320 + 84 = 404（万元）

案例 13－2

1. 保留利润 = 500 × (1 − 10%) = 450（万元）
   权益融资需要 = 1200 × (1 − 60%) = 480（万元）
   外部权益融资 = 480 − 450 = 300（万元）

2. （1）发放股票股利后的普通股数 = 200 × (1 + 10%) = 220（万股）
   发放股票股利后的普通股股本 = 2 × 220 = 440（万元）
   发放股票股利后的资本公积 = 160 + (35 − 2) × 20 = 820（万元）
   现金股利 = 0.2 × 220 = 44（万元）
   利润分配后的未分配利润 = 840 − 35 × 20 − 44 = 96（万元）

   （2）股票分割后的普通股数 = 200 × 2 = 400（万股）
   股票分割后的普通股股本 = 1 × 400 = 400（万元）
   股票分割后的资本公积 = 160（万元）
   股票分割后的未分配利润 = 840（万元）

公司理财经典案例分析

案例一　蓝田股份

2001年3月1日，蓝田股份（代码：600709）就2000年的经营情况向全体股民交出了一份出色的答卷，从其年报中，我们看到了一家真正的绩优高成长的上市公司。蓝田股份作为一家从农业为主的综合性经营企业，自1996年6月上市以来一直保持了业绩优良高速成长的特性，其1996年至今的每股收益分别达到了0.61元、0.64元、0.82元、1.15元以及今年的0.97元。特别是国家把支持重点农业龙头企业作为推动农业产业化和现代化、开发西部、解决"三农"问题的重大措施后，作为首批的重点农业龙头企业，蓝田股份在近两年更是获得了长足的发展。从2000年的年报看，已步入稳定发展轨道的蓝田，目前含金量很高，其4.31亿元的净利润绝大部分均来自主营，并没有经常性损益，在主营业务收入基本持平的情况下，虽由于成本略有增加，使每股盈利下降了0.18元，但摊薄后19.81%的净资产收益率以及每股经营活动产生的1.76元的现金流量额都表现了蓝田通过大力开发高科技农业而产生了实实在在的稳定回报。从财务角度看，其流动比率为0.77，速动比率为0.27，资金运用较充分，短期偿债能力虽由于存贷较大而略有不足，但提了4 296万元的存货跌价准备还是比较稳健的，另外只有23.18%的资产负债率也说明了其稳定的财务结构。

从经营上说，该公司目前已形成了以饮品、食品、蛋类以及冷饮类为主的完整名优农产品结构，其生态农业旅游的综合开发已走上正轨，新年度里将大力建设洪湖绿色食品基地项目以及新建10万亩银杏采中圃基地项目和年产200吨银杏黄铜贰项目，预计，建成后可增加净利润2亿元。年报股东数为160 559户比上期又增加了42%，因此二级市场表现并不太好，市盈率按最新数据统计也只有18倍左右。仍处于沪市最低之列，正所谓"养在深闺人未知"，但就其发展来看，是金子总会闪光的，特别是该公司董事会提议，2001年度利润分配一次，分配比例不低于当期可供股东分配利润的50%，2000年度未分配利润用于分配的比例不低于50%，将采取送红股与派现相结合的形式，派现比例不少于20%，其2000年未分配利润在本次派2元后仍将达9.16亿元，加上4亿元以上的净利润，应该说分红潜力十分惊人。

2002年元月21日、22日，生态农业（原蓝田股份600709）的股票突然被停牌，市场目光再次聚焦到这只曾经备受关注的"绩优神话股"。

停牌也许仅仅是个开端。高管受到公安机关调查、资金链断裂以及受到中国证监会深入进行的稽查，似乎预示着这只绩优股的神话正走向终结。

"老总被抓，蓝田垮了"

在蓝田股票被停牌首日，记者立即赶到了公司办公及其主要生产基地所在地——湖北洪湖瞿家湾。一听说是找蓝田公司的人，一位40多岁的中年人马上说道："现在找蓝田有什么用，公司老总被抓了，蓝田垮了。"

生态农业（原蓝田股份）董事会今天发布公告说，早在一星期前，即2002年1月12日，该公司董事长保田、董事兼财务负责人黎洪福、董秘王意玲等三名高管，以及包括公司财务部长在内的七名中层管理人员共十人被公安部门拘传，接受调查。据知情人士介绍，公司的会计资料也被查封用于办案。

由于群龙无首，公司大部分员工已经提前放假。另据了解，公司的董事长职权现已授权其他人行使。

"资金链断了"

蓝田之事发生这么大的转折，很多人始料未及。

其实，早在2001年10月8日，蓝田股份董事会公告称："2001年9月21日本公司已接受中国证监会对本公司有关事项进行的调查，提请投资者注意投资风险。"

但是，调查结果未出，在这期间，蓝田股票却以"问题股"的面目被短炒了一把。

不过，在2001年10月26日下午召开的蓝田股份临时股东大会上，主动退出董事席位的瞿兆玉仍以大股东代表的身份在会上慷慨激昂，并向来自外地的几位股东拍胸脯表示"没有做假"，然而，这时的瞿兆玉似乎已经感受到银行的巨大压力。在会上，瞿兆玉坦言："由于北京某财经大学一位教授的一篇文章，银行已经停止对蓝田贷款，蓝田的资金链断了，蓝田到了最困难的时刻。"

这是蓝田高层第一次在公开场合表示公司的信用危机。"蓝田的资金链断了"的消息也在股东会后不胫而走。

"蓝田的资金链断了"源于一篇文章。2001年10月26日，北京某财经大学一位刘姓教授在一份内部刊物上发表文章，呼吁"应立即停止对蓝田股份发放贷款"，引起银行高层的关注。不久，相关银行即停止对蓝田发放新的贷款。

事实上，大家心里都很清楚，停止贷款对任何一家企业来说意味着什么。

随后，蓝田公司决定起诉刘氏。2001年12月13日，湖北省洪湖市人民法院向刘下达了《应诉通知书》，称"湖北蓝田股份公司诉刘姝威侵害名誉权案"将于2002年1月23日开庭，要求刘作为被告出庭。

然而，事情突然陡起波澜。2002年1月12日，蓝田三名高管和七名中层干部被抓。生态农业董事会在公告中说，他们是因为"涉嫌制造虚假利润"而被拘传的。

"造假污点一辈子都洗不清"

事实上，自从蓝田股份被查出在上市过程中弄虚作假被处罚后，公司在资本市场上的形象就一直没有好过。尽管这几年其报表一直显示每股盈利很高，但就是很难令人相信。

据中国证监会1999年10月公布的查处结果，蓝田股份在股票发行申报材料中，伪造有关批复和土地证，虚增公司无形资产1 100万元；伪造三个银行账户1995年12月的银行对账单,虚增银行存款 2 770 万元;将公司公开发行前的总股本的 8 370 万股改为 6 696 万股,对公司国家股、法人股和内部职工股的数额作相应缩减,隐瞒内部职工股在 1995 年 11 月 6 日至 1996 年 5 月 2 日在沈阳产权交易报价系统挂牌交易的事宜。据此,中国证监会当时对蓝田股份主要责任人处以警告并罚款 10 万元。

随后,从 1999 年到今年的 3 年间,蓝田股份三度申请配股,均未获得证券监管部门的核准。去年 9 月 21 日,证券监管部门再次到蓝田股份进行调查。

一位投资者在接受采访时很坦率地表示:"造假污点一辈子都洗不清,这就是市场经济中的信用问题,蓝田应该为此付出代价。"

"绩优神话我们根本不信"

实际上,绝大多数投资者根本不相信蓝田的业绩神话。"蓝田的绩优神话我们根本不信,也不会去买它的股票。试想,如果真有一块钱的业绩,几块钱的股价,基金公司和证券公司还不抢疯了?!"在闲聊中,一位投资者这样反思着蓝田的绩优神话与其一蹶不振的股价。

仅从历年资料判断,蓝田股份似乎是一支不折不扣的"老牌绩优股"。资料显示,蓝田股份 1996 年股本为 9 696 万股,2000 年底扩张到 4.46 亿股,股本扩张了 360%;主营业务收入从 4.68 亿元大幅增长到 18.4 亿元,净利润从 0.593 亿元快速增长到令人难以置信的 4.32 亿元。而且这些都是建立在蓝田股份只是一家主要从事水产品开发的农业企业!

但纸上的辉煌挡不住市场怀疑的目光。

市场质疑之一:看不到野藕汁卖,何来上亿元的利润。蓝田股份年报显示,公司的蓝田野藕汁、野莲汁饮料销售收入达 5 亿元之巨。在一般人的眼里,全国应该到处都卖蓝田野藕汁、野莲汁,而且很热销,但是全国很多地方的投资者表示,并没有看到这种热销场面,甚至在当地市场根本没有见到过野藕汁,看到的只是中央电视台连篇累牍的广告。

市场质疑之二:鱼塘放出来的是"高产卫星"。资料显示,蓝田股份有约 20 万亩大湖围养湖面及部分精养鱼池,仅水产品每年都卖几个亿,而且全都是现金交易。然而,鱼网围着的 20 万亩水面到底装了多少鱼?没有人能说清楚,也就没有人知道有多少存货了。再与同样地处湖北的武昌鱼以及相距不远的湖南洞庭水殖相比,其高出几倍的毛利率非常令人难以置信,而且蓝田股份从来也没有给投资者一个合理、详细的解释,只是以蓝田是高科技生态农业、利润就是高来解释。

市场质疑之三:部分财务数据为何如此偏离常规?对于蓝田股份的"业绩神话",近年来一直有很多投资者和研究人员在分析。比如,有人分析认为,2000 年蓝田股份的流动资产占资产百分比是同业平均值的约 1/3;而存货占流动资产百分比高于同业平均值约 3 倍;固定资产占资产百分比高于同业平均值 1 倍多;在产品占存货百分比高于同业平均值 1 倍。蓝田股份的在产品占存货百分比和固定资产占资产百分比异常高于同业平均水平,蓝田股份的在产品和固定资产的数据是虚假的。也有人分析认为,蓝田股份去年主营业务收入 18.4 亿元,而应收账款仅 857 万元,显然不合常理。

蓝田股份这只"绩优高成长股",给投资者的确留下太多太多的疑团。

蓝田股份可能的造假手法是多计存货价值、多计固定资产、虚增销售收入、虚减销售成本。主要疑点有:

(1) 应收账款之迷解释离奇。蓝田股份去年主营业务收入18.4亿元，而应收账款仅857万元。公司方面称，由于公司基地地处洪湖市瞿家湾镇，占公司产品70%的水产品在养殖基地现场成交，上门提货的客户中个体比重大，当地银行没有开通全国联行业务，客户办理银行电汇或银行汇票结算货款业务，必须绕道70公里去洪湖市区办理，故采用"钱货两清"方式结算成为惯例，造成应收账款数额极小。蓝田股份的这一解释引出新的疑问，该公司似乎在上市公司中又创一项奇迹，即近18亿元的主营业务收入主要靠现金交易完成。稍懂财会知识的人士，势必对蓝田股份"钱货两清"方式结算下的销售收入确认产生怀疑。另外，蓝田股份去年野藕汁、野莲汁等饮料销售收入达5.29亿元，难道饮料销售是因市场供不应求而未出现应收账款吗？

(2) 鱼塘里的业绩神话。蓝田股份上市后的业绩增长令人惊叹，该公司1995年净利润2 743.72万元，1996年上市当年翻番实现5 927万元，1997年至1999年三年分别为14 261.87万元、36 472.34万元和54 302.77万元。蓝田股份的业绩增长就似"放卫星"，几乎年年实现翻番增长，直到2000年后才出现萎缩，降至43 162.86万元。蓝田股份的业绩主要来自"神奇"的鱼塘效益，原总经理瞿兆玉曾在去年3月称，几年来产品始终处于不愁销的状态。瞿兆玉继而介绍，洪湖有100万亩水面可以开发，蓝田股份现在只开发了30万亩，而高产值的特种养殖鱼塘面积只有1万亩，这种精养鱼塘每亩产值可达3万元，是粗放经营的10倍。据有关报道称，蓝田股份在精养鱼塘推行高密度鱼鸭配套养殖技术，每亩平均产成鱼由350公斤提高到1 000公斤，加上养鸭收入，每亩平均收入由1 400元提高到近万元，养殖成本降低20%。另外，蓝田股份在洪湖饲养的红心野鸭蛋供不应求，实现原料自给后，每枚可增加毛利0.3元。而同样是在湖北养鱼，去年上市的武昌鱼在招股说明书中称，公司6.5万亩鱼塘的武昌鱼，养殖收入每年5 000至6 000万元，单亩产值不足1 000元。蓝田股份创造了武昌鱼30倍的鱼塘养殖业绩，其奇迹有多少可信度？如今已越来越遭怀疑。

(3) 饮料毛利不可思议，按照蓝田股份披露的和蓝田总公司的结算价格为46.8元/箱（24罐）（其中野莲汁为46.8元/箱，野藕汁为44.2元/箱）。按照市场上常见的蓝田野莲汁、野藕汁包装估算，假设每3罐野莲汁、野藕汁为1公斤（每罐蓝田饮料为350ML）大概每公斤饮料蓝田股份获得5.85元的销售额。按上述的计算，每公斤饮料实现利润2.42元。如果按照33%的所得税，蓝田股份每公斤饮料实现的2.42元净利润（税后）至少需要2.42/0.67 = 3.61元的所得，也就是说蓝田股份靠每公斤5.85元的销售额至少实现了3.61元的利润，利润率为61.71%，在竞争激烈的饮料行业能够实现这种利润吗？

蓝田股份几个可疑的会计科目，见表13-1。

表13-1　　　　　　　　　　　　　　　　　　　　　　　　　　　　　　　　　　　单位：万元

	1999年12月31日	2000年12月31日	2001年6月30日
应收账款	1 242	857	3 434
存货	26 614	27 934	44 715
其中：在产品	21 230	22 974	36 483
固定资产	131 438	214 254	215 335
在建工程	43 510	22 514	31 954
应交税金—营业税	15	4	10
应交税金—增殖税	22	28	48

应收账款的疑问前已述及，存货的疑问在于其主要构成是在产品，年报没有说明在产品的构成，但笔者怀疑主要是鱼塘里的鱼，由于在鱼塘里，我们根本不清楚其实际的品种、数量和重量；固定资产及在建工程的疑问与存货的疑问是一样的，蓝田股份主要固定资产和在建工程都在水里面，谁也搞不清楚水里面有多少宝贝。令人惊奇的是，华伦给蓝田股份 2000 年报出具了标准的无保留意见审计报告。作为同行，笔者实在不明白，秦凤英（签字会计师）什么有办法核实水里有多少鱼、又有多少的在建工程和固定资产？

蓝田股份 2000 年主营收入是 18 亿元，2001 年上半年是 8 亿元，也就是说每个月收入是 1.5 亿元，蓝田股份增殖税率是 13%—17%，营业税率是 5%，可是它一个月只要提 4 万元的营业税和 28 万元的增殖税，这样的纳税额比一家年收入 5 000 万元的企业还少，而蓝田是 18 亿元，这税是不是交得太少了，还是根本就没有那么多的收入？

蓝田股份主要资产和收入在一家叫"洪湖蓝田水产品开发公司"全资子公司账上，这家子公司创下神话般的利润，如果没有蓝田水产，蓝田股份不但不能成为沪市第一绩优股，还早已沦入 PT 行列。

蓝田股份与其全资子公司近年来的净利润，见表 13-2。

表 13-2   单位：万元

	1995	1996	1997	1998	1999	2000	2001（中）
蓝田水产	510	1 655	15 576	40 632	45 872	45 946	18 844
蓝田股份	2 743	5 927	14 262	36 259	51 303	43 163	16 861

经过研究发现，蓝田有一个奇怪的财务组合。无论是按渔业还是食品饮料业，蓝田股份的应收账款回收期明显低于同业平均水平，公司水产品收入异常高于渔业同行业平均水平，而短期偿债能力在两个行业中的同业企业中又都是最低的。从蓝田的资产结构来看，从 1997 年开始，其资产拼命往上涨，与之相对应的流动资产却逐年下降，这说明其整个资产规模是由固定资产来带动的，公司在产品占存货百分比和固定资产占资产百分比异常高于同业平均水平。这些对银行来说，并不是一个好现象。根据分析推断，蓝田股份的偿债能力会越来越恶化；扣除各项成本和费用后，蓝田股份没有净收入来源；蓝田股份不能创造足够的现金流量以便维持正常经营活动和保证按时偿还银行贷款的本金和利息；银行应该立即停止对蓝田股份发放贷款。据此全国银行都停止了对蓝田的贷款。

"蓝田的资金链都断了！"

（1）蓝田股份已无力还债。2000 年蓝田股份的流动比率是 0.77，这说明短期可转换成现金的流动资产，不足以偿还到期流动负债；速动比率是 0.35，这说明，扣除存货后，流动资产只能偿还 35% 的到期流动负债；净营运资金是 -1.3 亿元，这说明蓝田股份将不能按时偿还 1.3 亿元的到期流动负债。

（2）12.7 亿销售额有作假嫌疑。2000 年蓝田股份的农副水产品收入占主营业务收入的 69%，饮料收入占主营业务收入的 29%，二者合计占主营业务收入的 98%。

蓝田股份发布公告称：占公司产品 70% 的水产品在养殖基地现场成交，"钱货两清"成为惯例。

蓝田股份的生产基地位于湖北洪湖市，武昌鱼公司位于湖北鄂州市，洞庭水殖位于湖南常德市，距洪湖的直线距离 200 公里左右，主营业务都是淡水鱼类及其他水产品养殖。武昌鱼应收账款回收期是 577 天，洞庭水殖应收账款回收期是 178 天，但是其水产品收入只是蓝田股份水产品收入的 8% 和 4%。

在方圆 200 公里以内，它们的生产成本不会存在巨大差异，这不能支持蓝田股份水产品收入异常高于同业企业。

此外，如果此言当真，各家银行会争先恐后地在瞿家湾设立分支机构，绝不会让"12.7 亿元销售水产品收到的现金"游离于银行系统之外。

因此，蓝田股份不可能以"钱货两清"和客户上门提货的销售方式，一年销售 12.7 亿元水产品，2000 年蓝田股份的农副水产品收入 12.7 亿元的数据是虚假的。

（3）蓝田股份的资产结构是虚假的。2000 年蓝田股份的流动资产占资产百分比约为同业平均值的 1/3；而存货占流动资产百分比高于同业平均值约 3 倍；固定资产占资产百分比高于同业平均值 1 倍多；在产品占存货百分比高于同业平均值 1 倍；在产品绝对值高于同业平均值 3 倍；存货占流动资产百分比高于同业平均值 1 倍。

蓝田股份的在产品占存货百分比和固定资产占资产百分比异常高于同业平均水平，蓝田股份的在产品和固定资产的数据是虚假的。

（4）蓝田股份已经成为提款机。金农网称，中国蓝田总公司在全国建立了六大生产基地：湖北洪湖 30 万亩水产品种植、养殖和绿色食品加工基地，湖北随州 10 万亩银杏和 200 吨黄酮、500 公斤萜内酯生产加工基地，湖南临湘 10 万亩黄姜及 500 吨皂素生产基地，湖南常德奶牛、乳制品生产加工基地，广东珠海优化农业试验基地，北京昌平国际高科技农业基地。

2001 年 10 月 26 日湖北蓝田股份有限公司发布公告称："……蓝田园公司（即北京昌平国际高科技农业基地）成立时间较短，到目前为止未有盈利。"

《广东省 2001 年重点建设项目计划表》列示，项目建设时间为 2000—2005 年，也就是说，广东蓝田优化农业试验基地最早是 2000 年开始投资建设的。

随州 10 万亩银杏基地之说，与《随州信息港》网《中华银杏第一镇——洛阳》相违背。而三九健康网报道：2001 年 6 月 26 日，占地 500 亩的"湖北蓝田银杏高科技产业园"在随州奠基。

金农网没有介绍湖南临湘 10 万亩黄姜及 500 吨皂素生产基地。

在湖南省临湘市政府网站，也没有有关湖南临湘 10 万亩黄姜及 500 吨皂素生产基地的任何信息。

在湖南省常德市政府网站及相关网站，没有有关湖南常德奶牛、乳制品生产加工基地的任何信息。

根据以上分析可知：

第一，中国蓝田（集团）总公司没有净收入来源。蓝田股份的现金流量流向中国蓝田（集团）总公司；蓝田股份已经成为中国蓝田总公司的提款机。

第二，蓝田股份没有足以维持其正常经营和按时偿还银行贷款本息的现金流量来源。

资料来源：《南方周末》

讨论：

（1）专家是借助什么分析方法，发现"蓝田之谜"的？

（2）为什么同样利用比率分析，会产生对蓝田股份前后截然相反的判断？仅仅依靠孤立的比率分析所得出的结论可信吗？

（3）你眼中的蓝田股份，其财务状况如何？

（4）北京某财经大学的一位教授在媒体发表的文章，给蓝田公司和他自己带来了大麻烦。你认为这位教授的代价值得吗？

案例二 方太项目（空调部分）可行性研究报告
——（四）投资估算和财务评价

1. 投资回报期、现金流及收益率

假设第一阶段运营方式以 OEM 为主，资金投入以流动资金为主。该阶段年产 21 万台（每天单班 8 小时产量约为 900 万台，全年约 240 天），每台平均材料 1 400 元，两个月周转一次，则所需投入的营运资金为：

1 400 元 × 21 万台/6 次 = 4 900（万元）

考虑到大部分材料的采购可以采用月结半年承兑汇票的付款方式，因此，本项目只需要 2 450 万元启动资金就可周转起来。

经过半年的贴牌运营，就可就近收购或兼并运营良好的空调器企业。据从科龙、海尔等企业了解的情况，一条普通空调总装生产线（年产能 21 万台，进口加自制），剔除折旧及市场价格变动因素，其收购价格为 900 万元。相应的厂房面积应为 2.5 万平方米，新建厂房的收购价格为 2 500 万元，则该项目静态投资情况见表 13 - 3、表 13 - 4。

表 13 - 3　　　　　　　　　　静态投资表

总投资：5 500 万元			
生产线设备	新建厂房、宿舍	流动资金	其他投入
900 万 （单班年产 21 万台）	2 500 万 （25 000 平方米）	2 000 万	100 万

表 13 - 4　　　　　　　　　　损益及现金流估算表

项目	单位	2003 年	2004 年	2005 年	2006 年
产销量	万台	21	21	42	63
平均销售单价	元	2 200	2 100	2 000	1 900
销售收入	万元	46 200	44 100	84 000	119 700
单位成本	元	1 400	1 400	1 350	1 300
总成本	万元	29 400	29 400	56 700	81 900
毛利	万元	16 800	14 700	27 300	37 800
毛利率		36.36%	33.33%	32.50%	31.58%
销售费用	万元	5 082	4 851	9 240	13 167

续表

项目	单位	2003 年	2004 年	2005 年	2006 年
财务费用	万元	693	661.5	1 260	1 795.5
管理费用	万元	2 541	2 425.5	4 620	6 583.5
期间费用	万元	4 158	3 969	7 560	10 773
利润总额	万元	4 326	2 793	4 620	5 481
所得税	万元	1 427.58	921.69	1 524.6	1 808.7
净利润	万元	2 898.42	1 871.3	3 095.4	3 672.3
销售利润率		6.27%	4.24%	3.69%	3.07%
年折旧	万元	202.5	202.5	202.5	202.5
年现金净流量	万元	3 100.92	2 073.8	3 297.9	3 874.8

投资回收期：2 年 1 个月

* 注：固定资产折旧按固定资产分类折旧计算，其中建筑物按 20 年折旧，生产设备及公共设施按 10 年折旧，残值率平均为 10%。投资收益率为：

[（2 898.42 + 1 871.3 + 3 095.4 + 3 672.3）÷（48/12）] ÷ 5 500 = 52.44%

若单位成本减少 5%，计算期内年平均净利润为 4 537.58 万元，投资收益率为 82.50%，投资回收期为 1 年 6 个月，见表 13 – 5。

表 13 – 5

项目	单位	2003 年	2004 年	2005 年	2006 年
产销量	万台	21	21	42	63
单价	元	2 200	2 100	2 000	1 900
销售收入	万元	46 200	44 100	84 000	119 700
单位成本	元	1 330	1 330	1 282.5	1 235
总成本	万元	27 930	27 930	53 865	77 805
毛利	万元	18 270	16 170	30 135	41 895
毛利率		39.55%	36.67%	35.88%	35.00%
销售费用	万元	5 082	4 851	9 240	13 167
财务费用	万元	693	661.5	1 260	1 795.5
管理费用	万元	2 541	2 425.5	4 620	6 583.5
期间费用	万元	4 158	3 969	7 560	10 773
利润总额	万元	5 796	4 263	7 455	9 576
所得税	万元	1 912.68	1 406.8	2 460.2	3 160.1
净利润	万元	3 883.32	2 856.2	4 994.9	6 415.9
销售利润率		8.41%	6.48%	5.95%	5.36%
年折旧	万元	202.5	202.5	202.5	202.5
年现金净流量	万元	4 085.82	3 058.7	5 197.4	6 618.4

若单价减少 5%，计算期内年平均净利润为 1 086.91 万元，投资收益率为 19.76%，投资回收期为 4 年 4 个月，见表 13 – 6。

表 13-6

项目	单位	2003年	2004年	2005年	2006年
产销量	万台	21	21	42	63
单价	元	2 090	1 995	1 900	1 805
销售收入	万元	43 890	41 895	79 800	113 715
单位成本	元	1 400	1 400	1 350	1 300
总成本	万元	29 400	29 400	56 700	81 900
毛利	万元	14 490	12 495	23 100	31 815
毛利率		33.01%	29.82%	28.95%	27.98%
销售费用	万元	4 827.9	4 608.5	8 778	12 509
财务费用	万元	658.35	628.43	1 197	1 705.7
管理费用	万元	2 413.95	2 304.2	4 389	6 254.3
期间费用	万元	3 950.1	3 770.6	7 182	10 234
利润总额	万元	2 639.7	1 183.4	1 554	1 112
所得税	万元	871.101	390.51	512.82	366.94
净利润	万元	1 768.599	792.84	1 041.2	7 45.01
销售利润率		4.03%	1.89%	1.30%	0.66%
年折旧	万元	202.5	202.5	202.5	202.5
年现金净流量	万元	1 971.099	995.34	1 243.7	947.51

若销量增加 5%, 计算期内年平均净利润为 3 028.57 万元, 投资收益率为 55.06%, 投资回收期为两年, 见表 13-7。

表 13-7

项目	单位	2003年	2004年	2005年	2006年
产销量	万台	22.05	22.05	44.1	66.15
单价	元	2 200	2 100	2 000	1 900
销售收入	万元	48 510	46 305	88 200	125 685
单位成本	元	1 400	1 400	1 350	1 300
总成本	万元	30 870	30 870	59 535	85 995
毛利	万元	17 640	15 435	28 665	39 690
毛利率		36.36%	33.33%	32.50%	31.58%
销售费用	万元	5 336.1	5 093.6	9 702	13 825
财务费用	万元	727.65	694.58	1 323	1 885.3
管理费用	万元	2 668.05	2 546.8	4 851	6 912.7
期间费用	万元	4 365.9	4 167.5	7 938	11 312
利润总额	万元	4 542.3	2 932.7	4 851	5 755.1
所得税	万元	1 498.959	967.77	1 600.8	1 899.2
净利润	万元	3 043.341	1 964.9	3 250.2	3 855.9
销售利润率		6.27%	4.24%	3.69%	3.07%
年折旧	万元	202.5	202.5	202.5	202.5
年现金净流量	万元	3 245.841	2 167.4	3 452.7	4 058.4

若销量减少5%，计算期内年平均净利润为2 740.13万元，投资收益率为49.82%，投资回收期为2年2个月，见表13-8。

表13-8

项目	单位	2003年	2004年	2005年	2006年
产销量	万台	19.95	19.95	39.9	59.85
单价	元	2 200	2 100	2 000	1 900
销售收入	万元	43 890	41 895	79 800	11 3715
单位成本	元	1 400	1 400	1 350	1 300
总成本	万元	27 930	27 930	53 865	77 805
毛利	万元	15 960	13 965	25 935	35 910
毛利率		36.36%	33.33%	32.50%	31.58%
销售费用	万元	4 827.9	4 608.5	8 778	12 509
财务费用	万元	658.35	628.43	1 197	1 705.7
管理费用	万元	2 413.95	2 304.2	4 389	6 254.3
期间费用	万元	3 950.1	3 770.6	7 182	10 234
利润总额	万元	4 109.7	2 653.4	4 389	5 207
所得税	万元	1 356.201	875.61	1 448.4	1 718.3
净利润	万元	2 753.499	1 777.7	2 940.6	3 488.7
销售利润率		6.27%	4.24%	3.69%	3.07%
年折旧	万元	202.5	202.5	202.5	202.5
年现金净流量	万元	2 955.999	1 980.2	3 143.1	3 691.2

敏感性比较（见表13-9）

表13-9

因素	因素+5%	因素-5%
变动前的年均净利润（万元）	2 884.35	
产销量变动后的年均净利润（万元）	3 028.57	2 740.13
变动率	5.00%	-5.00%
单价变动后的年均净利润（万元）	4 681.79	1 086.91
变动率	62.32%	-62.32%
单位成本变动导致的年均净利润（万元）	1 231.13	4 537.58
变动率	-57.32%	57.32%

讨论：（1）此项目的财务评价结论是什么？
（2）此项目在进行财务评价时运用了哪些评价指标？是如何计算的？
（3）该分析报告对你有何启示？

案例三 网站商业计划书

中国陶瓷自它出现至今已有近万年的历史，且品种之丰实，制作之精美，形式之多样，影响之深远，是有口皆碑的。它既是物质的产品，又是精神的财富，同时又是科学与艺术的综合成果。历代的经济发展，科学技术的进步，文化艺术的演变，时代风格的变迁，审美观的嬗变，在陶瓷艺术中反映得十分突出，从而使得它既具有中华民族特有的民族风格，同时又具有强烈的时代性和鲜明的艺术个性，在这种意义上我们可以断言，中国陶瓷是中国文化的象征。但在网络时代来临的时候，在瓷都景德镇建镇千年的大好机遇的面前，网上的陶瓷商务专业网站是少之有少，针对于此，就陶瓷在线网站的商业化方案阐述如下。

（一）可行性

（1）技术方面：我们拥有资深的设计师和工程师，把时尚的界面与功能强大的后台程序完美地结合在一起，达到艺术与技术的完美融合，即运用 ASP 程序语言 + SQL 数据库动态建站技术，快捷、方便、简单地更新和管理网站；我们的高性能服务器和 100M 接入的带宽、24 小时监护完全可以保证网站的稳定性和浏览速度。

（2）内容更新方面：网站的 5 名新闻编辑、我们已有陶瓷精品图片（其中已经上网的有 1 000 张左右）、20 万陶瓷企业资料库、与国内外各大艺术类网站建立的资源合作关系以及和陶瓷杂志社建立的合作关系可以满足网站日常更新的需要。

（3）服务咨询方面：24 小时开通的咨询电话、每天的上网时间平均在 10 小时左右的我，可以及时地解决网站可能出现的各种问题及解答回复客户的问题。

（二）市场潜力

（1）陶瓷企业：目前国内陶瓷企业有 20 多万家，以瓷都景德镇为例，有 68.4% 的陶瓷企业建立了自己的网站，有 82.6% 的陶瓷企业有在网上做生意的需求。

（2）陶瓷艺术家：我国在进行陶瓷艺术创作的工作人员有 120 多万，其中青年陶瓷创作家有 80 多万，以瓷都景德镇为例，有 78.4% 的人有在网上展示自己作品的需求。

（3）陶瓷爱好者：拥有和鉴赏一件陶艺作品，是陶瓷爱好者的精神需求和精神享受，是许多人的梦想，他们都是我们的潜在客户（注：以上数据部分通过在景德镇地区调查得出）。

（三）商业计划

（略）

（四）服务项目

（1）企业 B2B 电子商务。

（2）陶瓷创作家上网。

（3）陶瓷商城。

（4）网络广告。

（五）创业步骤

（1）服务器升级。

(2) 网站程序完善,并制作 B2B 陶瓷商务栏目程序、B2C 网上商城。

(3) 宣传推广网站,详见网站策划——宣传推广。

(4) 开展陶瓷企业上网、陶瓷创作家上网服务。

(5) 重点推广网站广告服务。

(六) 赢利模式

(1) 为企业提供 B2B 电子商务服务(参考阿里巴巴网站赢利模式),收费分为 600 元/年 [诚信会员]、1 000 元/年 [金牌会员]、1 800 元/年 [钻石会员](赢利比例为全站的 36%)。

(2) 为陶瓷创作家提供上网服务,展示他们创作的作品,为他们提供销售陶瓷的机会,收费为 300 元/位,如果介绍的作品成功销售,则按成交额的 30% 收取(赢利比例为全站的 42%)。

(3) 为陶瓷企业、陶瓷创作者、陶瓷产品、需要宣传的网站提供网络广告服务,价格视我站流量和影响力而定(赢利比例为全站的 12%)。

(4) 建立网上陶瓷销售商城,为陶瓷爱好者和企业提供陶瓷产品,产品价格视具体产品而定(赢利比例为全站的 10%)。

(七) 资金规划

(1) 资金投入:先期投入不少于 20 万元,其中自备资金 3 万元,银行贷款 5 万元(假设贷款利率为 6%),风险资金 20 万元。

(2) 5 万用于网站系统程序完善、服务器升级。

(3) 3 万用于网站陶瓷商城开展。

(4) 5 万用于网站宣传。

(5) 5 万用于网站日常开支。

(6) 2 万为日常流动资金。

(八) 阶段目标

第一阶段(2004—2005 年):借助景德镇千年庆典的机会说服景德镇 200—260 家陶瓷企业(作坊)在陶瓷在线网站开展电子商务服务;吸取 240—300 位景德镇地区的陶瓷创作家加入网站陶瓷名人板块;把网站流量由现在的 1 200IP/天提高到 1 万 IP/天;扩大网站的影响力,做陶瓷专业网站;收回投入成本,达到收支平衡,并有部分赢利。

第二阶段(2005—2006 年):成立陶瓷生产销售子公司,垄断江西地区网上陶瓷市场;打入国内陶瓷商务市场,在佛山、唐山、淄博、德化、潮州等国内知名陶瓷生产基地开展网站服务项目;网站全面实现赢利,预计年收入为 200 万元;成为国内权威陶瓷评估机构,有举办大型陶瓷艺术展、陶瓷研讨会等一系列大型活动的能力;网站流量提高到 10 万 IP/天。

第三阶段:(2007—2010 年)网上商城推出奥运陶瓷系列产品,在国内知名陶瓷生产城市开分公司,网站全面进入国内陶瓷商务市场;并在国际开展陶瓷商业服务。

(九) 竞争对手

金瓷商城、中国陶瓷网、中国陶瓷企业网、21 世纪陶瓷网、陶瓷信息资源网、陶瓷世界、瓷贸网、景德镇陶瓷商务信息网、中艺网。

(十) 风险评估

目前，中国的电子商务产业还不是很成熟，做陶瓷产品的电子商务存在一定的难度和风险性，我们推出的网上 B2C 商城的成功率有 60%，而做 B2B 系列的话，在国内已经有比较成功的典范（像阿里巴巴、易趣），我相信我们做陶瓷产品的电子商务一定会比阿里巴巴做得更好，成功率在 85%。由于景德镇市场也有不少的竞争对手，做陶瓷企业 B2B 服务的成功率在 76%，陶瓷创作家的成功率在 90%。在市场经济的条件下，无论是做项目，还是办企业都会有一定风险性，但是我想在我们的奋勇拼搏、积极努力和不断创新下一定会成功！

（十一）网站策划

（略）

（十二）栏目设置

（略）

（十三）宣传推广

（略）

（十四）口号

"了解 china，从这里开始""弘扬陶瓷文化，展示陶瓷精品"。

（十五）免费部分

（1）邮件推广：通过邮件推广，以我们特有的 50 万陶瓷企业和陶瓷爱好者邮件地址发送陶瓷信息以及相关陶瓷知识，利用闻名天下的瓷器吸引大家来访问我们的网站。进而达到提高网站浏览量和增加我们的客户。

（2）论坛宣传：BBS 由于它独特的形式和强大的功能，受到广大网友的欢迎，并成为全世界计算机用户交流信息的园地。通过在网上各大论坛（BBS）、新闻组进行宣传，给大家介绍陶瓷方面的信息，发布国内外的最新陶瓷资讯，发表一些陶瓷精品图片，并放些具有特色的精品陶瓷图片，来吸引大家对我们网站的兴趣，以达到提高流量目的，进而宣传我们的服务。

（3）网站合作：继续和国内外大型陶瓷艺术相关网站建立合作关系，到广告推广网站登记做交换链接，以达到宣传我们网站目的，以便我们更好地进行宣传工作，增加网站人气，吸引人们来浏览，进而增加网站的知名度。

（4）聊天推广：利用我们现在最流行的聊天软件群发网站的信息，并发动网友宣传推广我们的网站和我们的服务，就这样一传十、十传百，让更多的人了解陶瓷和我们的服务，引导人们产生对瓷器的制作过程、陶瓷文化、陶瓷历史等的兴趣，进而购买瓷器。

（十六）收费部分

（1）网络广告：通过在浏览量高的艺术、电子商务网站，做网络广告，宣传我们的网站，以及介绍我们的陶瓷信息和我们的服务，通过广告进入我们的网站，在网上介绍陶瓷信息，让人们在网上通过陶瓷在线网站就可以看到精美的瓷器，了解到陶瓷信息，达到提高网站的浏览量，吸引人们来我们这购买陶瓷的目的。

（2）搜索引擎：CNNIC 调查显示，搜索引擎是网民最常用的网络服务，而 80% 的网民习惯通过搜索引擎输入"关键词"的方式查询感兴趣的信息。对于我们的网站来说，登录搜索引擎无疑是网站宣传推广最经济、最有效的途径，也是最常用的网络营销方法之一，通过在新浪、搜狐、雅虎、百度、GOOGLE、网易、中华、LYCOS等国内外搜索引擎中可以找到我们的网站，利用我们的信息资源，把已经有购买陶瓷打算的人群吸引到我们网站，观看相关的陶瓷，了解陶瓷信息，购买满意的瓷器。

（3）通用网址（网络实名）：注册通用网址，直接输入企业、产品、网站的名称，即可直达我们的网站而无须记忆复杂的域名、网址，无须输入www、com或net等前后缀，是继IP、域名之后，最先进、最快捷、最方便的第三代互联网访问标准，可以让人们快速访问网站。注册网络实名并可自由转让，商机无限！

（4）注册推广：商务网站注册推广将是一个很不错的推广方法，我们可以在上千家国内国际大型商务网站进行注册，实时向企业潜在客户展示自己的网站。

其他：

线下的宣传广告要注意推广网站，企业材料纸、名片、产品说明书、包装纸（箱）等都要印上网站域名。

讨论：你认为该商业计划的财务可行性如何？（假设投资人要求的报酬率为10%）

案例四　四川长虹电器股份有限公司财务分析

1988年7月18日，在四川绵阳，由国营长虹机器厂独家发起并控股成立了四川长虹电器股份有限公司（以下简称长虹公司），当时总股本不足2亿元，且试验的成分相当浓厚。而在将近10年的时间里，该企业却以惊人的成长令人瞩目，一跃而成为中国彩电的龙头企业。

一、四川长虹电器股份公司近两年的发展状况

1995年和1996年是四川长虹公司取得飞速发展的两年。

在1995年，全体长虹人紧紧围绕"二重点、一落实、促销售、抓效益"的方针，在风云变幻的市场中，以质量为上，服务配套为宗旨，调整产品结构，全年共生产各种型号的长虹牌电视机3 259 888台。1995年度，长虹牌彩电的国内市场占有率已由1994年的17%上升到22%。在1995年的第50届国际统计大会上，该公司荣获"中国彩电大王"、"中国最大彩电基地"的殊荣。在全国电子行业排名中，长虹公司的销售收入、利润总额、税后利润均居同行业第一名。

根据该公司1994年度股东大会审议并通过的1995年度工作计划，1995年计划完成彩电生产2 600 000台，实现销售收入555 600万元（不含税），实现税后利润76 500万元。1995年度实际生产各型彩电共3 051 888台，实现销售收入676 400万元（不含税），实现税后利润115 100万元，分别比上年同期增长55.87%、58.27%、62.71%，分别为计划的117.38%、121.74%、150.46%，全面超额完成上届股东大会制定的目标。另外，公司在1995年积极开发新产品，在数字彩电、卫星接收机、印刷板、高频器件、彩电技改等项目上投入资金2 494.3万元。

与1995年初相比，总资产年末共增加330 179.35万元。其中流动资产增长较快，共增加307 911.8万元，占总资产变动额的93.25%。总负债年末比年初增加171 906.69万元。其中，短期借款、应付票据、应付账款、预收账款等流动负债分别增长355.84%、623.33%、175.88%、193.89%，变动幅度较大。按国家税法的有关规

定，长虹公司的所得税税率为15%。

1995年长虹公司实现净利润 1 150 713 998.10 元，加上 1994 年未分配利润 14 846 562.54元，本年度可供股东分配利润合计 1 165 560 560.64 元，公司按10%的比例分别提取法定公积金和法定公益金，按税后利润的62% 提取任意盈余公积金。董事会经过认真分析，向社会全体普通股东每10 股派现金 1.00 元，送红股3 股。

1996年是我国"九五计划"的第一年，也是长虹公司抓住市场机遇、奋斗拼搏、取得丰硕成果的一年，更是中国彩电工业的"长虹年"。全年共生产各种型号的长虹牌电视机 4 935 458 台，其中彩色电视机 4 806 469 台、黑白电视机 128 989 台；共销售彩色电视机 4 771 494 台、黑白电视机 126 222 台；实现主营业务收入 1 058 700 万元，实现利润总额 196 300 万元，净利润 167 500 万元。1996年底，长虹牌彩电市场占有率已由 1995 年的22%上升到27%左右，公司在全国电子行业排名中，其主营业务收入、税后利润、利润总额均位居行业第一位。1996年，公司紧紧抓住大屏幕彩电这个市场，敢于向国内外名牌挑战，开发出 C2993、C3419 等 30 余种高质量、高技术含量的新产品投放市场，新产品占总产量的72%。公司以贯彻 GB/T1900 质量管理标准为核心，以市场为导向开展产品质量监督工作，继续牢固树立"质量是企业永恒主题"的观念，完善质量保证体系，顺利通过了 ISO9001 两次复审。1996年，长虹彩电开箱合格率达99.5%以上，早期返修率在 0.2%以下，达到并超过了世界名品的质量水准。长虹公司在 1996年实行"以人为本"的管理模式，充实了一大批人才到生产制造、技术开发、经营管理队伍中去，实行以"纵向升迁淘汰，横向合理流动"为主的新的人事制度。在分配制度上，公司根据员工岗位、风险、技能要求的不同，分别实行年薪制、计时计件工资制、部门承包制等多种分配形式，把收入直接同技术复杂程度、风险大小及公司的经营状况相结合，充分体现按劳分配的原则。另外，长虹公司以资本增值为中心，实施膨胀战略，在 1996年完成了控股江苏、吉林两家电视机生产厂的可行性论证准备工作，准备于 1997 年开始实施。

根据该公司 1995 年度股东大会审议并通过的 1996 年度工作计划，1996 年计划完成彩色电视机生产 4 000 000 台，实现主营业务收入 855 000 万元，实现利润为 143 800 万元。1996 年实际生产各型彩色电视机 4 806 469 台，实现主营业务收入 1 058 700 万元，实现利润 196 300 万元，分别为计划的 120.16%、123.82%、136.51%，分别比 1995 年同期增长 57.49%、56.52%、44.98%。实际经营成果之所以比预测有较大增长，主要是因为：

(1) 由于配股募集资金成效显著，使彩电产量比计划增长 20.16%。1996 年公司紧紧抓住大屏幕彩电市场，充分利用配股募集资金，先后将 8 条中小屏幕彩电生产线做了大屏幕生产的适应性改造，使生产能力大幅度提高。同时，加大了新产品开发投入的力量，1996 年公司先后开发投产的电视机有 C3419PN、C2919PK 等 35 个新品种，新产品产量占全年彩电总产量的 72%。由于新产品在技术性能和价格成本方面的优势，大大提高了产品市场竞争力，直接促进了公司彩电销量和利润的增长。

(2) 主营业务收入比计划增长 23.82%，主要是因为采取了正确的市场营销策略，即 1996 年 3 月 26 日的主动降价销售，使市场占有率由 1995 年的22%提高到 1996 年的27%左右，公司彩电销量比 1995 年同期增长 61.96%。

(3) 由于长虹公司开发出三十几种高附加值新产品,并增强成本意识,脚踏实地"学邯钢、降成本、增效益",大大降低了生产制造及物资采购、流通环节的成本,使得公司利润率仍然保持在与 1995 年相当的水平,净利润与主营业务收入基本上同步增长。

二、对我国彩电行业的分析及长虹公司的发展前景

有人说:"中国城市彩电已经普及,而且彩电产业供大于销,生产能力远远超过市场容量,彩电是夕阳工业。""长虹不能保持长期增长。""国际上有不少名牌产品,长虹还得靠别人的技术和关键元器件,长远看不可能有前途。"那么,情况到底怎样呢?

(一) 彩电行业分析

"命系彩电"是中国电子行业 10 年来的现状。这深刻说明了彩电在中国电子业中的地位和作用。

(1) 彩电市场的容量。彩电正逐渐成为中国人的必需品。中国有 13 亿人口,约 4 亿个家庭,若以每台彩电 2 000 元~5 000 元的价格来计算,即使不考虑更新换代,按 20 年内中国国内彩电普及率达到 60% 计算,这个市场的总容量也在 4 800 亿元至 6 000 亿元左右。若再加上城市从 1995 年开始进入更新换代的因素,中国城市 1 000 万个家庭在 10 年内更新换代 60%,则另外可增加 1 200 亿元至 3 000 亿元。

由此,可以推算出,从 1985 年到 2005 年,中国彩电市场总容量为 6 000 亿元至 15 000 亿元。彩电价格若取 2 000 元~5 000 元的中间值,即每台 3 500 元,那么每年的中国彩电市场的平均容量为 52.5 亿元。

对于具有统一制式、统一制造的单一产品而言,年均 52.5 亿元可能已是最大的市场容量了。在 1995 年至 2005 年这段时间内,空调、洗衣机、冰箱、音响甚至家用电脑,可能都无法与之相比。

(2) 彩电市场的时间结构。虽然年均有 52.5 亿元的市场容量,但彩电市场销售量并不是在平均水平上持续,而有一个随时间的变化。

1985 年至 1994 年,是城市彩电普及阶段,以 36 厘米、46 厘米、54 厘米为主,这一阶段彩电均价为 2 500 元左右,1988 年为普及高峰时间,因此,彩电的销售额以较快速度增长至 1988 年高峰,以后平稳增加。1995 年以后,为大屏幕换代时期和农村普及时期,彩电均价大幅度提高(因为大屏幕的比例增加)。市场总销售金额再次以较快的速度增长。

(3) 彩电产业的特点。彩电已作为城市人的必需品,并正在逐步变为农村人的必需品。因此,彩电可以有一个较高的普及率。

彩电是一种信息终端,或者说是不可替代的声像信息终端,其未来还将长期存在。十年后模拟彩电可能被数字彩电逐步取代,但彩电终端将永远是人们需要的。

作为大家电,人们要求彩电的可信任质量和方便的售后服务,因此一方面崇尚名牌,另一方面又为维修方便的国产货提供了独特的竞争优势。

模拟彩电的技术含量虽高,但已是成熟技术,因此,中国企业可以掌握较全面的技术,而不会被国外企业所限制。

彩电是最终产品,直接与用户见面,因此,彩电生产企业投入产出比很高,固定资产与产值之比更高,这一特点为良性发展的企业提供了加速膨胀的条件。

(4) 中国彩电行业的前景。中国彩电的市场是世界上最大的彩电市场，是中国家电业的最大市场。中国模拟彩电市场将还有 5 年至 7 年的持续增长的宝贵时间，7 年之后则可能被数字化彩电的增长所取代，而出现下降的趋势。数字彩电从此可能重新形成一个巨大的新市场。

中国彩电市场的竞争格局，以国际名牌产品、国货精品为主要角逐者。从国际各名牌与国内名牌之争看，1988 年以前以进口产品为主导，1988 年以后国货在小屏幕普及中成为主角。1994 年以前，大屏幕由进口产品垄断，1994 年以后国货开始上升，1996 年国货已挤占了一部分进口产品市场。预计以后的年份中，国货精品中的份额将占主导地位，并在 2000 年以前在国内市场上占据较大优势。

从国内企业之间的竞争来看：1996 年我国彩电产量为 2 109 万台，比上年增加 2.5%，其中出口 460 万台，比上年增长 16%。我国现今共有彩电企业 95 家，年生产能力达到 4 000 多万台，而每年的需求量大约为 2 000 万台，生产能力利用率不足 50%。同时国内市场已进入成熟期，人们对电视机的需求处于相对稳定的状态。这必然造成行业市场的激烈竞争。据统计，1997 年 7 月份，54 厘米彩电平均价格为 2 315 元，比年初下降 4.5%，64 厘米彩电平均价格为 2 760 元，比去年同期下降 15%。一大批企业在市场竞争中出现产品积压，财务亏损，而四川长虹、康佳、TCL 等大集团则继续保持领先地位，市场占有率逐步提高，三家的市场占有率已接近 50%，表明目前彩电行业正在加速规模化、集中化进程。

（二）长虹公司的竞争优势

经过近十年的持续高速增长，长虹公司在彩电市场上已经积累了很大的竞争优势。

(1) 品牌优势。据有关专业机构评估，长虹品牌价值约为 122 亿元，仅次于"红塔山"，居全国第二位。"长虹以产业报国，民族昌盛为己任……"这句广告词已经深入国人心；另外，"四川长虹"股票在沪市的非凡表现在社会上造成巨大的公众反响，胜过任何一笔巨额广告费用支出所带来的经济效益。现在，长虹彩电已开始与国际名牌相抗衡，与国内各名牌相比，优势就更加明显。

(2) 营销网络优势。长虹公司从四川走向全国，从中小城市走向中心城市，已在全国形成了强大的销售、售后服务的网络。这个营销和服务网络是长虹未来增长的基础。

(3) 技术优势。长虹公司每年投入 2 亿元左右进行技术改造，形成了强大的技术优势。主要有下述三个方面：①生产工艺。②自产 50% 以上的元件、器件、包装物。③新产品开发。这三个方面的技术优势，长虹公司在国内同行业中是非常明显的。

(4) 成本优势。长虹公司敢于大幅降价，关键在于成本低、有降价的基础。1996 年 3 月 26 日长虹彩电大幅降价，使彩电行业大多数同行已感到难以承受，而进口彩电由于关税等方面的因素，其价格大幅下降至目前国产彩电价格水平的可能性不大。因此，彩电市场价格再次大幅下降的可能性不是很大。应该说，彩电市场价格的主动权已经操纵在长虹公司手中。若长虹公司愿意再次降价，市场被迫跟从，长虹彩电的销量将进一步上升，降价所造成的利润减少可以从销量增加和成本降低上加以弥补。

(5) 资本扩张和国家扶持的优势。中央领导多次肯定长虹公司的发展，四川省政府更给长虹公司以特别支持。1996 年，长虹公司获得工商银行 10 亿元的贷款，各家银行争相与长虹公司建立伙伴关系。

从1988年开始试点股份制，1992年和1995年配股后，长虹公司获得了5亿元的资本金。1997年长虹公司实施配股，仅从二级市场就可获配股资金10亿元。据悉，国有股也将参加配股，因此，长虹公司将获配股总资金达10亿元～30亿元。配股之后，长虹公司的净资产将增长20%～60%。这一资本扩张的优势是同行业其他企业远远不能比拟的。

由于存在这些优势，长虹公司的发展前景比较广阔。但是，由于多方面条件的变化，长虹公司的发展并不是没有问题。

三、长虹公司的隐忧

长虹财务状况中存在的问题，具体如下：

1996年底，长虹公司总资产为11 539 458 896.82元，净资产为49.3亿元。流动资产共计10 461 076 012.76元，固定资产965 207 279.34元。在长虹公司的资产中，流动资产的比重很大，约占总资产的90.65%。而流动资产中，应收票据为6 889 074 674.39元，约占流动资产的65.84%，比重较大。据了解，应收票据主要是期限为3个月的银行承兑汇票。长虹公司1996年广泛使用此方法与分销商进行货款清算。由于采用这种结算方法，长虹公司货款回笼需有3个月的拖后，潜伏着营运资金周转方面的风险。

从负债结构看，长虹公司在1996年末的流动负债占全部负债的99%左右，虽然长期负担较少，但同样存在营运资金周转方面的问题。

讨论：如果你是财务经理，你将怎样对长虹进行财务分析？

案例五 默多克的债务危机

常言道，大有大的难处，小有小的难处。世界级的亿万富翁，也有被"一文钱逼死英雄汉"的时候。有个债务危机的惊险故事就出在全球第一号新闻出版商鲁伯特·默多克身上。

默多克控制着世界上最大的新闻出版集团，在报业出版界，他的资格比英国出版业大王麦克斯韦尔老得多。罗伯特·麦克斯韦尔驾着豪华游艇在西班牙大加那利岛海面神秘地落水而死，享年68岁。死后爆出他非法挪用7亿多英磅以弥补债务亏空的丑闻。

默多克出生于澳洲。加入美国国籍后，他的总部仍设在澳大利亚，企业遍布全球。麦克斯韦尔生前主要控制《镜报》报业集团和美国的《纽约每日新闻》。默多克的触角比麦克斯韦尔伸得更广，在全世界有100多个新闻事业，包括闻名于世的英国《泰晤士报》。

世上豪富，大都肥头大耳，粗粗壮壮，有一副大亨的体态。可对默多克不能作如是观，压根儿是个不起眼的糟老头。尽管他的资格比麦克斯韦尔老，很早出道，但年岁比麦克斯韦尔要小12岁，今年才60岁。他毫无福相，瘦削干瘪，皱纹满脸，十分见老。若是以貌取人，谁都不能相信，他是拥有25亿美元资产的大富豪。

默多克不像麦克斯韦尔是个白手起家的暴发户，他从事的新闻出版业庇荫于父亲。老默多克在墨尔本创办了《导报》公司，取得成功。在儿子继承父业时，年收入已达400万美元了。默多克经营导报公司以后，筹划经营，多有建树，最终建成了一个每年营业收入达 60 亿美元的报业王国。它控制了澳大利亚 70% 的新闻业和英国 45% 的报业，又把美国相当一部分电视网络置于他的王国统治之下。

1988 年，他施展铁腕，一举集资 20 多亿美元，把美国极有影响力的一家电视网买到了手。默多克和他的家族对他们的报业王国有绝对控制权，掌握了 45% 的股份。

西方的商界大亨无不举债立业，向资本市场融资。像滚雪球一样，债务越滚越大，事业也越滚越大。

默多克报业背了多少债呢？24 亿美元。他的债权遍于全世界，美国、英国、瑞士、荷兰，连印度和中国香港的钱他都借去花了。那些大大小小的银行也乐于给他贷款，他的报业王国的财务架构里共有 146 家债主。

正因为债务大，债主多，默多克对付起来也实在不容易，一发牵动全身，投资风险特高。若是碰到一个财务管理上的失误，或是一种始料未及的灾难，就可能像多米诺骨牌一样，把整个事业搞垮。但多年来默多克经营得法，一路顺风。

殊不知，1990 年西方经济衰退刚露苗头，默多克报业王国就像中了邪似的，险些在阴沟里翻船，而且令人难以置信的是，问题出在一笔 1 000 万美元的小债务上。

对默多克来说，年收入达 60 亿美元的报业王国，区区 1 000 万美元算不了什么，对付它轻而易举。谁知正是这区区 1 000 万美元，弄得默多克焦头烂额，应了"一文钱逼死英雄汉"的这句古话。

原来美国匹兹堡有家小银行，前些时候巴巴结结地贷款给默多克 1 000 万美元。原以为这笔短期贷款，到期可以付息转期，延长贷款期限。也不知哪里听来的风言风语，这家银行认为默多克的支付能力不佳，通知默多克这笔贷款到期必须收回，而且规定必须全额偿付现金。

默多克毫不在意，筹集 1 000 万美元现款对他而言轻而易举。他在澳洲资金市场上享有短期融资的特权，期限一周到一个月，金额可以高到上亿美元。他派代表去融资，结果出乎意料，银行方面称默多克的特权已被冻结。为什么？银行称日本大银行在澳大利亚资金市场上投入的资金抽了回去，头寸很紧张。默多克得知被拒绝融资后很不愉快，东边不亮西边亮，他决定亲自带财务顾问飞往美国去贷款。

到了美国，却始料未及，那些跟他打过半辈子交道的银行家，这回像是联手存心跟他过不去，都婉言推辞，一个子儿都不给。默多克又是气恼又是焦急，悔不当初也去当上个大银行家，不受这份罪。他和财务顾问在美洲大陆兜来兜去，弄到了求爷爷告奶奶的程度，还是没有借到 1 000 万美元。而还贷期限一天一天临近商业信誉可开不得玩笑。若是还不了这笔贷款，引发了连锁反应，就不是匹兹堡一家银行上诉法庭，而是另外 145 家银行也会像狼群一般，成群结队的前来索要贷款，具有最佳支付能力的大企业都经受不了债权人联手要钱。这样一来，默多克的报业王国就得清盘，被 24 亿美元债务压垮，而默多克也就完了。

默多克有点手足无措，一筹莫展。但他毕竟是个大企业家，经历过多少风风雨雨。他强迫自己镇定下来冷静思考，他决定去找花旗银行。花旗银行是默多克报业集团的最大债主，投入资金最多，如果默多克无法偿债，花旗银行的损失最大。债主与债户原本同乘一条船，只可相帮不能拆台。花旗银行权衡利弊，同意对他的报业王国进行一番财务调查，将资产负债状况做出全面评估，取得结论后采取对策行动。花旗派出一位经验丰富的女副经理，带领一个工作组前往默多克的报业集团着手调查。

花旗银行的调查工作组每天工作20小时，把默多克掌管的一百多家企业逐个评估，最后完成了一份调查研究报告，这份报告的内容详细，篇幅之多，竟有一本词典那么厚。

报告递交给花旗银行总部，女副经理写下这样一个结论：支持默多克！

原来这位女银行专家观察默多克报业王国的全盘状况后，对默多克的雄才大略，对他发展事业的企业家精神由衷敬佩，决心要帮助他渡过难关。

她向总部提出一个解救方案：由花旗银行牵头，所有贷款银行都必须待在原地不动，谁也不许退出贷款团。以免一家银行退出，采取收回贷款的行动，引起连锁反应，匹兹堡那家小银行，由花旗出面，对它施加影响和压力，要它到期续贷，不得收回贷款。

已经到了关键时刻，报告提交到花旗总部时距离还贷最后时限只剩下10个小时。默多克带着助手飞到伦敦，花旗银行的女副经理也在伦敦等候纽约总部进一步的指示。真是千钧一发，默多克报业王国的安危命运此时取决于花旗银行的一项裁决了。

女副经理所承受的压力也很大，她所做出的结论关系到一个报业王国的存亡，关系到14亿贷款的安全，也关系到她自身的命运。她所提出的对策，要对花旗银行总部直接承担责任。如果146家银行中任何一家或几家不接受原地不动这项对策的约束，那么花旗银行在财务与信誉上都会蒙受严重损失，而她个人的前程也要受到重大挫折。

她虽然感到风险很大，内心忐忑不安，可她保持镇静，谈笑自若，她的模样使屋子里的所有人都能够放松一些。

时间在一小时一小时地过去，最后的10小时已所剩无几，已经到了读秒的紧要关头！

花旗银行纽约总部的电话终于在最后时刻前来了：总部同意女副经理的建议，已经与匹兹堡的那家小银行谈过了，现在应由默多克自己与对方经理直接接触。

默多克松了一口气，迫不及待地拨通越洋电话到匹兹堡，不料对方经理避而不接电话，事件一下又紧张了起来。

默多克再次拨通电话，电话在银行里转来转去，最终落到贷款部主任那里。

默多克听到匹兹银行贷款部主任的话音，他发觉这位先生一改先前拒人于千里之外的冷淡口气，忽而和悦客气起来："你是默多克先生啊，我很高兴听到你的声音呀，我们已决定向你继续贷款……"

一屋子的人都变得轻松，气氛顿时活跃起来。只有默多克搁下电话后像是要瘫了，他招了一下手，说道：我已经精疲力尽了！侍者递给他一杯香槟，他一饮而尽。

默多克渡过了这一关，但他在支付能力上的弱点已暴露在资金市场上。此后半年，他仍然处在生死攸关的困境之中。最终由于得到了花旗银行牵头的支持，146家银行决定都不退出贷款团的保证，使默多克有了充分时间调整与改善报业集团的支付能力，半年后，他终于摆脱了财务困境。

亿万富豪和一文不名的穷人，同样都有穷困和危难的时候，但其产生的原因与解困的途径截然不同。

渡过难关以后，默多克又恢复了最佳状态，进一步开拓自己报业王国的领地，因为他明白只有不断开拓才是保护事业的最佳手段。

1992年，默多克打入好莱坞市场，买下地皮盖起摄影棚，拍摄了第一部惊险科幻片《孤家寡人》，电影上映后票房收入很高，大获成功。电影后期拍摄的续集同样赢得了观众的认可。

今年，已有192年历史的《纽约邮报》因严重的财政问题面临倒闭。《纽约邮报》曾是美国发行量最大的10家报纸之一，由于近年来经营不善，每年亏损1 200万—1 500万美元。在美国破产法庭保护下才勉强维持。

像当年收购垂危的伦敦《泰晤士报》一般，默多克在今年3月下达指示给他的美国新闻出版公司总裁琅塞尔，向美国破产法庭申请收购，法庭准许并授权默多克控制《纽约邮报》。他派琅塞尔出任邮报出版人，与工会谈判希望取得雇用与解雇人员的权力，改组管理层，减少了邮报600万美元的亏损。

从此，默多克报业王国的旗帜上又多了一颗新星。澳大利亚最近公布的富豪名单上显示，默多克已名列榜首，拥有的资产已上升至45亿美元。

讨论：

（1）为什么在这次财务危机中默多克有惊无险，他凭借的是什么？

（2）"从这次事件可以看出，默多克支付能力很差"这个观点正确吗？如果正确为什么很多银行还愿意贷款给他？

（3）请分析高负债经营的优缺点。

案例六　吉星公司股息分配案例

吉星公司是何享利于1938年创立的一家石油公司。该公司通过购买及自行勘探两种方式，积极寻求新原油的储存。何享利一向以主动进取的态度经营公司，他所采用的政策使得公司的销售与资产迅速增长；但这种快速成长，又产生了一些严重的财务问题。如资产负债率在过去20年间由30%增加到50%，流动比率由5∶1下跌到1986年12月31日的1.6∶1，速动比率由1966年1.5∶1下跌到1986年12月31日的0.14∶1。

何享利及其家庭成员在1966年拥有吉星公司75%的股票，由于发行股票购买新公司，出售普通股筹集资金等，何享利的所有权地位到1986年仅拥有35%的股票。

吉星公司未曾发放现金股利，亦未宣布过股票股利或股票分割。何享利一向采取保留公司所有盈余，融通公司扩充计划，根据这项原则，他遵循不发放现金的股利政策。他认为股息及股票分割是无意义的。

在1987年4月的股东大会上，许多有力量的股东不赞成公司过去的股利政策。有股东指出在1986年公司盈余折合每股为156美元，每股权益的账面价值超过2 100美元，公司总经理的薪水及其他福利在1986年高达225 000美元以上时，公司股东49年来未收到半分股利。股东还说明其他大众拥有的石油公司在过去10年到15年内，盈余中40%皆作为股利发放给股东。当其他股东都同声附和时，董事会主席何享利及总经理史多承认他们无法控制股东。由于谣言在华尔街迅速传播，有两家集团考虑出价收购吉星公司股票，故公司管理人员忧虑如何使股东尽可能满意。最后，何享利对大众宣布他要在下个月内，召集董事会的特别会议来讨论股利政策，而且他也要在下季度的新闻报道中，对股东宣布会议结果。

当特别董事会召开时，董事们立刻分成四派。第一派由何享利领导，认为现金股利使某些股东感到满足。第二派以投资银行家雷礼为代表，代表许多小股东，认为应有明确的现金股利及股票分割。第三派的董事们赞同雷礼的看法，现金股利有其必要，但是他们建议发放股票股利而不是股票分割。第四派的董事们同意现金股利应尽快发放，他们赞同应立刻宣布股票分割或股票股利。最后，由于许多董事普遍相信何享利想避免支付现金股利的所得税，而影响其决策，第四派的旁系又做了额外提议，作为现金股利的替代方案，公司或许可以考虑股票回购计划，在此计划下，采取资本利得形式来分配，由股东自行决定是否要实现。经过广泛的讨论后，由于董事们明显的分裂无法达成决议，故下个星期又得召开另一次会议。财务副总经理伍尔克奉命评估会议的五种意见，并于下星期董事会中提出股利政策，就在伍尔克开始拟定其报告的研究策略时，他从董事兼销售经理史吉理手中收到一份备忘录。史吉理提供给伍尔克一份资料（见表13-10、表13-11），并要求伍尔克考虑公司的股利政策及股票分割的情况，对公司的股票价格与其他股票的价格是否有什么影响。

表 13-10　　　　　　　　　　　　　吉星公司财务资料

年份	每股净利（美元）	每股账面价值（美元）	每股平均市价（美元）	平均市盈率	市价与账面价值比率
1986	156	2 182	1 880	16	2.5
1981	118	1 852	1 534	19	2.9
1976	112	1 458	1 332	18	2.6
1971	102	1 242	1 212	17	2.5
1966	70	972	700	10	1.2

表 13-11　　　　　　　　　　　　　盈余的每年复利增加率

期间（年）	产业平均（%）
1981—1986	8
1976—1981	7
1971—1976	6
1966—1971	7

讨论：

（1）评价股利政策的优缺点。

（2）股利发放政策对每股盈余成长率有何影响？

（3）该公司的债务情况如何影响股利决策？

（4）评价四派董事不同的意见，并考虑这些政策适用于吉星公司的哪些情况。

（5）提出有关吉星公司理想的现金股利、股票股利及股票分割政策之建议，并说明反对其他提议的理由。

案例七　高教园区快餐连锁经营店

梦园公司是一家位于西北某市高教园区的快餐连锁经营店，赵睿刚被梦园公司聘任为财务经理。梦园公司去年的息税前利润为 50 万元，由于高校扩招，预期公司的息税前利润将会持续稳定。由于公司不需要扩张资金，公司以后的盈余准备全部用来发放股利。

梦园公司现有的资金全部都是自有资金，它有 10 万股股票流通在外，每股面值为 20 元。赵睿知道企业所有者可以举债经营受益，于是赵睿向他的公司总裁建议采用负债筹资，并得到认可，总裁要求赵睿提出一份报告。赵睿从公司的投资银行得到以下不同债务水平下有关债务成本和权益成本的资料，见表 13-12。

表 13-12

总负债	0	25 万元	50 万元	75 万元	100 万元
债务成本	—	10%	11%	13%	16%
股票成本	15%	15.5%	16.5%	18%	20%

如果公司准备筹资，将会举借债务，并用于回购公司股票。公司适用的所得税税率为 33%。

讨论：

(1) 什么是经营风险？影响一个公司的经营风险的因素有哪些？

(2) 什么是经营杠杆？经营杠杆如何影响一个公司的经营风险？

(3) 什么是财务风险？影响一个公司的财务风险的因素有哪些？什么是财务杠杆？财务杠杆如何影响一个公司的财务风险？

(4) 如何衡量公司的经营风险与财务风险？

(5) 请你设计一个关于财务杠杆利益的例子给公司董事会，以两种企业模式为例：甲公司，没有负债；乙公司，有债务 10 万元，债务利率为 12%。两个公司的总资产都是 20 万元，所得税税率都是 33%。

表 13-13　　　　　　两个公司未来一年内相同的息税前利润预测

概率	息税前利润（元）
0.2	20 000
0.5	30 000
0.3	40 000

要求：

①分别编制两个公司的部分利润表，从息税前利润开始。

②分别计算两个公司的期望投资收益率、净值报酬率、利息保障倍数。

③这个例子说明了财务杠杆对风险和预期报酬率会产生什么影响？

(6) 不要用数据，简要说明如果公司重新筹资后会产生什么结果？并考虑：

①当公司重新筹资,负债总额分别达到 25 万元、50 万元、75 万元时,公司的股价将是多少?

②在不同负债水平下,公司流通在外的股票股数分别是多少?

③哪一种负债水平是公司的最佳资本结构?

(7) 计算公司在不同负债水平下的每股收益。假设公司最初是以零负债开始,然后逐次改变资本结构,当每股收益最大时是否公司股价也最高?

(8) 计算公司在不同负债水平下的加权平均资金成本。加权平均资金成本与股价有什么关系?

(9) 假设你发现公司比原来预期的经营风险要大得多,说明这会如何影响以上分析?如果比预期的经营风险要更小时,结论又会如何?

(10) 是否大多数公司都能采取相同的分析方法?为什么?你认为哪一种分析方法更适合公司最佳资本结构决策?公司经理在资本结构决策时,还应考虑哪些因素?

案例八　天华公司分散证券投资风险的策略与方法

天华公司是一家大型家电企业。2000 年初,公司领导召开会议,集体通过了利用手中多余资金 1 500 万元对外投资,以获投资收益的决定。经分析、整理调研资料,拟定可供公司选择的投资对象如下:

(1) 国家发行 7 年期国债,每年付息一次,且实行浮动利率。第一年利率为 2.63%,以后每年按当年银行存款利率加利率差 0.38% 计算支付利息。

(2) 汽车集团发行 5 年期重点企业债券,票面利率为 10%,每半年付息一次。

(3) 春兰股份,代码 600854,中期预测每股收益为 0.45 元,股票市场价格 22.50 元/股。总股本 30 631 万股,流通股 7 979 万股。公司主营:设计制造空调制冷产品,空调使用红外遥控。财务状况十分稳定,公司业绩良好,但成长性不佳。近 3 年财务数据及市场表现见表 13 – 14。

表 13 – 14

财务指标及年份	1999 年	1998 年	1997 年
主营收入(万元)	194 737		16 215
净利润(万元)	26 494		24 966
扣除后净利润(万元)	26 290	27 204	24 966
总资产(万元)	232 372	194 198	136 493
股东权益(万元)	153 660	141 690	80 310
每股收益(元)	0.865	1.15	1.57
扣除后每股收益(元)	0.86	1.24	1.65
每股净资产(元)	5.02	6.01	5.07
每股现金流量	0.11	0.51	
净资产收益率(%)	17.24	19.20	31.09

(4) 格力电器，代码 0615，中期预测每股收益为 0.40 元，股票市场价格为 17.00 元/股。总股本 29 617 万股，流通股 21 676 万股。公司主营：家用电器、电风扇、清洁卫生器具。公司空调产销量居国内第一位，有行业领先优势，尤其是出口增长迅速，比去年出口增长 70.7%，经营业绩稳定增长。近 3 年财务数据及市场表现见表 13 - 15。

表 13 - 15

财务指标及年份	1999 年	1998 年	1997 年
主营业务收入（万元）	516 564	429 814	345 166
净利润（万元）	22 916	21 508	21 025
扣除后净利润（万元）	22 916	21 508	21 025
总资产（万元）	342 368	292 591	198 158
股东权益（万元）	105 724	95 814	60 225
每股收益（元）	0.705	0.66	1.40
每股净资产（元）	3.25	2.94	4.01
每股现金流量	1.08	1.75	
净资产收益率（%）	21.68	22.45	34.91

(5) 华工科技，代码 0988，中期预测每股收益为 0.10 元，股票市场价格为 68 元/股。总股本 11 500 万股，流通股 3 000 万股。公司主营：激光器、激光加工设备及成套设备、激光医疗设备等。该股科技含量高，成长性好，公积金也高。近三年财务数据及市场表现见表 13 - 16。

表 13 - 16

财务指标及年份	1999 年	1998 年	1997 年
主营业务收入（万元）	9 340	8 133	5 798
净利润（万元）	3 056	2 221	1 845
总资产（万元）	18 501	13 515	11 878
股东权益（万元）	14 152	10 625	9 573
每股收益（元）	0.27	0.26	0.22
每股净资产（元）	1.67	1.25	1.13
净资产收益率（%）	21.59	20.91	19.27

讨论：(1) 如果企业为了扩大经营规模，实现规模效应，面对上述可供选择的投资方案，应如何进行投资组合，且分散或避免投资风险？

(2) 如果企业仅为获得投资收益，面对上述可供选择的投资方案，应如何进行投资组合，且分散或避免投资风险？

（本案例引自吴安平等：《财务管理学教学案例》，中国审计出版社，2001 年版。）

案例九 仕奇实业股票筹资

1998 年，"仕奇"在引进 445 万美元的基础上组建起内蒙古青松制衣有限公司的时候，就瞄准了当时世界制衣先进水平。公司建成投产当年，就实现外销50万套服装的设计能力。1997年，集团公司兼并了破产的内蒙古毛条厂及几家国有中小型相关企业，使集团公司拥有了从羊毛加工到精纺面料、服装辅料，再到服装成衣的一长龙产业链条，通过一系列资产重组和技术改造，大大提高了产品质量，并降低了产品成本，为企业的发展奠定了基础。1998年后，集团公司又以青松制衣为核心，通过募集方式正式组成了内蒙古仕奇股份有限公司，并进行包装上市，融资1.38亿元人民币。2000年，为进一步扩大公司经营规模，提高市场占有率，进行设备的技术改造，公司于2000年6月决定拟通过发行股票方式募集所需资金。

公司拟发行股票的有关情况如下：

（1）股票名称：内蒙古仕奇实业有限公司，简称为"仕奇"实业。

（2）股票种类：人民币普通股（A）股。

（3）发行价格：8.00元/股。

（4）发行时间：2000年6月28日。

（5）发行范围及对象：向法人、个人投资者发行普通股4 000万股。

　　　　　　　　　　向公司原股东配售普通股2 000万股。

　　　　　　　　　　向证券投资基金配售普通股750万股。

（6）发行人近3年财务情况见表13-17。

表13-17　　　　　　　　　　　　　　　　　　　　　　　　　　　　　　　　　　　　　单位：万元

财务指标	2000年中期	1999年末	1998年末
总资产	989 280.63	394 011.14	373 863.29
流动资产	885 787.25	286 368.46	273 998.63
长期投资	4 323.08	0	0
固定资产	98 867.94	107 323.67	99 703.54
无形资产	302.36	319.02	161.11
流动负债	198 040.02	215 775.50	205 722.14
长期负债	17 918.38	9 196.29	5 874.63
股东权益	745 122.97	139 725.09	130 439.37
资本公积金	537 840.62	30 048.85	30 048.85
主营业务收入	110 464.72	201 900.14	201 868.93
主营业务利润	40 881.25	75 285.32	73 949.17
利润总额	30 975.94	47 330.03	36 175.77
净利润	22 606.11	43 946.41	29 989.90
未分配利润	23 875.91	1 269.80	-1 158.78

（7）发行地区：与上海证券交易所交易系统联网的各地区。

（8）主承销商：海通证券有限公司。

（9）发行人：内蒙古仕奇实业股份有限公司，法人代表：于志辉。

（10）公司股本结构。

公司总股本为17 500万股；其中：国有法人股为10 000万股，法人配售2 750万股，本次公开上网发行普通A股4 750万股（含基金配售额的50%：750万股）。内蒙古仕奇集团有限公司所持股份为 9 846.2116 万股，持股比例为 56.2611%。

讨论：分析确定与仕奇股份筹资决策有关的相关指标，并据以判断其发行股票筹资决策是否可行。

（本案例引自吴安平等：《财务管理学教学案例》，中国审计出版社，2001 年版。）

案例十 华基公司应收账款及存货管理案例

华基公司是一家销售小型及微处理电脑的公司，其市场目标是针对小规模的公司，这些公司只需要使用电脑而不需要购买像 IBM 所供的大型电脑设备。公司所生产之产品极佳，销路很好，而扩张迅速。关于该公司 1999 年至 2001 年的资产负债表与损益表见表 13-18、13-19。

表 13-18　　　　　　　　　　　资产负债表　　　　　　　　　　　单位：万元

	1999 年	2000 年	2001 年
现金	100	150	200
应收账款	1 000	2 000	3 000
存货	900	1 800	2 800
流动资产净值	2 000	3 950	6 000
固定资产净值	3 000	3 550	4 000
资产合计	5 000	7 500	10 000
应付账款	300	400	500
应付银行票据（10%）	300	1 280	2 350
应付费用	100	120	150
流动负债合计	700	1 800	3 000
长期负债（10%）	1 000	2 100	3 200
普通权益	3 300	3 600	3 800
负债与净值总额	5 000	7 500	10 000

表 13-19　　　　　　　　　　　损益表（年底）　　　　　　　　　　单位：万元

	1999	2000	2001
销货毛收入	7 500	8 750	10 000
折让	80	90	100
销货净额	7 420	8 660	9 900
销货成本（销货毛收入的 80%）	6 000	7 000	8 000
毛利	1 420	1 660	1 900
减：利息费用	90	250	500
信用部门及收款费用	20	30	50
呆账费用	210	330	450
课税所得	1 100	1 050	900
税款（40%）	440	420	360
净利	660	630	540

利息费用是根据每年的平均货款余额得出的。负债的利率为10%，因此，平均负债余额，1999年为900万元，2000年为2 500万元，2001年为5 000万元。

2002年初，该公司有些问题开始呈现出来。该公司过去的成长一向利用保留盈余、长期负债融资。不过，主要的放款人开始不同意进一步扩大债务而不增加自有资金。公司最初的创建人王强和李汉两人没有资金投资到公司，由于担心失掉公司控制权，又不愿意出售额外股份给外人（他们两人目前拥有60%的股份，其余之股份为一机构投资人持有）。该公司的长期负债利率为10%，王先生及李先生非常忧虑继续保有其信用额度。该公司的销货条件为"2/10，n/60"，约半数的顾客享受折扣，但有许多未享受折扣的顾客，延迟付款。2001年的呆账损失共计450万元，信贷部门的成本（分析及收款费用）总计为50万元。该公司制造几种不同形式的电脑，但售价均为5 000元，销货成本约为4 000元。2001年销售总计20 000部。销售情况在该年相当平稳，没有显著的季节变动。从生产一种电脑形式转变为另一种形式之设置成本为5 000元，此项数值可视为"订货成本"。储存存货的成本估计为30%；这么高的比率，是由于高技术产品如电脑陈旧的耗费很大。试分析该公司的财状况，特别是其信用存货政策，并提出改善建议。

假设该公司在2001年营运之信用政策改变如下：

（1）信用条件为"2/10，n/30"而非"2/10，n/60"。
（2）该公司可利用较高的信用标准。
（3）该公司应加强努力收回欠款。

如果这些改变措施，在2001年实施，那么很可能引起下列的变化：

销售额仅为9 800万元，而非10 000万元；呆账损失减为150 000元；信用部门成本增加至100万元；平均收款期间减少至30天；享受折扣顾客之百分比由50%增加到80%。

讨论：这样净利、普通股之报酬率、负债比率、流动情况分别会受到什么样的影响？（有些因素或许会使得事情不如你分析所预测得那么进行，列出这些主要因素并加以讨论。）

（本案例引自王化成主编：《财务管理教学案例》，中国人民大学出版社，2001年版。）

综合自测试卷

自测试卷一

一、单项选择题

1. 与每股利润最大化目标相比,企业价值最大化目标的缺点是(   )。
   A. 不能直接反映企业当前的获利水平   B. 没有考虑投资的风险价值
   C. 不能反映企业潜在的获利能力   D. 没有考虑资金的时间价值

2. 下列等式中不正确的是(   )。
   A. (F/P,i,n) = 1/(P/F,i,n)   B. (A/P,i,n) = 1/(P/A,i,n)
   C. (A/F,i,n) = 1/(F/A,i,n)   D. (A/P,i,n) = 1/(A/F,i,n)

3. 按利率形成机制不同,利率可以分为(   )。
   A. 基准利率和套算利率   B. 固定利率和浮动利率
   C. 市场利率和法定利率   D. 纯利率和风险收益率

4. A企业按年利率7%向银行借款150万元,银行要求保留20%的补偿性余额,企业实际可以动用的借款只有120万元。该项借款的实际利率为(   )。
   A. 7%   B. 8%
   C. 8.25%   D. 8.75%

5. 融资租赁设备的主要缺点是(   )。
   A. 筹资速度较慢   B. 融资成本较高
   C. 到期还本负担重   D. 设备淘汰风险大

6. 要进行企业的追加筹资决策,应使用(   )。
   A. 权益资金成本   B. 债务资金成本
   C. 边际资金成本   D. 加权平均资金成本

7. 红光公司的财务杠杆系数为1.4,经营杠杆系数为1.5,则该公司销售额每增长

1倍，就会造成每股收益增加（　　）。
    A. 1.9倍　　　　　　　　　　　　B. 1.5倍
    C. 2.1倍　　　　　　　　　　　　D. 0.1倍
8. 若某企业目标资金结构中普通股的比重为60%，在普通股筹资方式下，资金增加额在0~3 000元范围内的资金成本为15%，超过3 000元，资金成本为16%，则该企业筹资总额分界点为（　　）。
    A. 2 000元　　　　　　　　　　　B. 5 000元
    C. 6 000元　　　　　　　　　　　D. 15 000元
9. 下列关于β系数的说法不正确的是（　　）。
    A. β系数可用来衡量可分散风险的大小
    B. 某种股票的β系数越大，风险收益率越高，必要收益率也越大
    C. β系数反映个别股票的市场风险，β系数为0，说明该股票的市场风险为零
    D. 某种股票β系数为1，说明该种股票的风险与整个市场风险一致
10. 某企业投资于A、B两项资产，投资比重各占50%，A、B资产的标准离差均为0.09，相关系数为1，则两种资产组合的标准离差为（　　）。
    A. 0　　　　　　　　　　　　　　B. 0.09
    C. 0.0081　　　　　　　　　　　　D. 0.00405
11. 星海公司年末正在考虑卖掉现有的一台闲置设备。该设备是8年前以80 000元的价格购入的，税法规定的折旧年限为10年，按直线法计提折旧，预计残值率为10%，已提折旧57 600元；目前可以按20 000元的价格卖出。若该公司适用的所得税税率为30%，则该公司卖出该设备对本期现金流量的影响为（　　）。
    A. 增加20 720元　　　　　　　　　B. 增加19 280元
    C. 减少2 400元　　　　　　　　　D. 减少720元
12. 某股票为固定成长股票，其成长率为3%，预期第一年后的股利为4元，假定目前国库券收益率为13%，平均风险股票必要收益率为18%，而该股票的贝塔系数为1.2，那么该股票的价值为（　　）元。
    A. 25　　　　　　　　　　　　　　B. 23
    C. 20　　　　　　　　　　　　　　D. 4.8
13. 成本分析模式下的最佳现金持有量是使以下各项成本之和最小的现金持有量（　　）。
    A. 机会成本和转换成本　　　　　B. 机会成本和短缺成本
    C. 持有成本和转换成本　　　　　D. 持有成本、短缺成本和转换成本
14. 信用条件为"2/10，n/30"时，预计有20%的客户选择现金折扣优惠，则平均收账期为（　　）天。
    A. 16　　　　　　　　　　　　　　B. 28
    C. 26　　　　　　　　　　　　　　D. 22
15. 下面关于股票回购的说法错误的是（　　）。
    A. 可能使发起人忽视企业的长远发展　　　B. 易造成资金短缺
    C. 容易导致内部操纵股价　　　　　　　　D. 会使股票的市场价值降低

16. 股份有限公司为了使已发行的可转换债券尽快地实现转换，或者为了达到反兼并、反收购的目的，应采用的策略是（   ）。
    A. 不支付股利 B. 支付较低的股利
    C. 支付固定股利 D. 支付较高的股利

17. 某公司 2004 年主营业务净利润率为 15%，总资产周转率为 1 次，资产负债率为 30%，平均每股净资产为 1.5 元，则每股收益为（   ）元。
    A. 0.32 B. 0.34
    C. 0.3 D. 0.2

18. 既是企业盈利能力指标的核心，又是整个财务指标体系核心的指标是（   ）。
    A. 资本保值增值率 B. 总资产报酬率
    C. 营业净利率 D. 净资产收益率

二、多项选择题

1. 下列关于资金时间价值的表述中错误的是（   ）。
    A. 资金只有在周转使用中才会产生时间价值
    B. 资金时间价值与利率不同
    C. 不同时点的货币价值是可以直接进行运算或比较的
    D. 国库券是一种几乎没有风险的有价证券，其利率可以代表资金时间价值

2. 下列各项中属于杠杆收购特点的是（   ）。
    A. 财务杠杆比率非常高 B. 企业有时可以得到意外的收益
    C. 银行贷款的安全性保障程度高 D. 可以充分调动参股人的积极性

3. 根据资本资产定价模型，一项投资组合的风险收益率（   ）。
    A. 与组合中个别品种的 β 系数有关 B. 与国库券利率有关
    C. 与投资者的要求有关 D. 与投资者的投资金额有关

4. 净现值与获利指数的共同之处是（   ）。
    A. 都考虑了资金时间价值因素
    B. 都以设定的折现率为计算基础
    C. 都可以对独立或互斥方案进行评价
    D. 都不能反映投资方案的实际投资报酬率

5. 证券投资的系统性风险包括（   ）。
    A. 利率风险 B. 再投资风险
    C. 流动性风险 D. 购买力风险

6. 企业在制定或选择信用标准时应考虑以下因素（   ）。
    A. 同行业竞争对手的情况 B. 企业承担违约风险的能力
    C. 企业承担流动性风险的能力 D. 客户的资信程度

7. 下列表述正确的是（   ）。
    A. 在股息日前，股利权从属于股票
    B. 在股息日前，持有股票者不享有领取股利的权利
    C. 除息日开始，股票权从属于股票

D. 除息日开始，新购入股票的投资者不能分享股利

8. 产权比率与资产负债率相比较（　　）。
A. 两个比率对评价偿债能力的作用基本相同
B. 资产负债率侧重于分析债务偿付安全性的物质保障程度
C. 产权比率侧重于揭示财务结构的稳健程度
D. 产权比率侧重于揭示自有资金对偿债风险的承受能力

三、判断题

1. 存在风险因素的投资项目必有风险损失发生，所以企业要选择没有风险因素的项目作为可行方案。　　　　　　　　　　　　　　　　　　　　　　（　　）
2. 通常银行提供的非抵押借款的资金成本要低于抵押借款的资金成本。（　　）
3. 当企业的经营杠杆系数等于1时，企业的固定成本为零，此时企业仍然存在经营风险。　　　　　　　　　　　　　　　　　　　　　　　　　　　　（　　）
4. 证券市场线反映股票的必要收益率与β值（系统性风险）线性相关；而且证券市场线无论对单个证券还是投资组合都是成立的。　　　　　　　　　　　（　　）
5. 如果某一投资项目所有正指标小于或等于相应的基准指标，反指标大于或等于基准指标，则可以断定该投资项目完全具备财务可行性。　　　　　　　（　　）
6. 当通货膨胀发生时，变动收益证券如普通股股票劣于固定收益证券如公司债券。　　　　　　　　　　　　　　　　　　　　　　　　　　　　　　（　　）
7. 一般而言，企业存货需要量与企业生产及销售的规模成正比，与存货周转一次所需天数成反比。　　　　　　　　　　　　　　　　　　　　　　　　（　　）
8. 一般来说，市盈率高，说明投资者对该公司的发展前景看好，愿意出较高的价格购买该公司股票，但是市盈率也不能说越高越好。　　　　　　　　　（　　）

四、计算题

资料一

某企业计划进行某项投资活动，有甲、乙两个方案，有关资料为：（1）甲方案固定资产投资200万元，资金来源为银行借款，年利率8%，建设期1年，建设期不归还利息，转入借款本金，投产后每年计算并支付利息，项目结束时一次还本。该项目经营期10年，到期残值为8万元，预计投产后增加营业收入140万元，年增加经营成本60万元。（2）乙方案原始投资210万元，其中固定资产投资120万元，无形资产投资25万元，流动资金投资65万元，全部资金于建设期一次投入。建设期2年，经营期5年，到期残值为8万元，无形资产投产年份起分5年摊销，该项目投产后预计年营业收入为170万元，年经营成本为80万元，该企业按直线法折旧，所得税税率为33%，折现率为10%。

要求：
(1) 计算甲、乙方案的静态投资回收期与净现值。
(2) 计算甲、乙方案年等额净回收额并确定应选择的投资方案。
(3) 用最短计算期选择投资方案。

资料二

首创公司目前的股东权益合计数为1 200万元，其中股本（面值1元，200万股）200万元，资本公积400万元，未分配利润600万元。

要求：

（1）假设公司宣布发放10%的股票股利，若当时该公司股票市价为6元，计算发放股票股利后的股东权益情况。

（2）如果按1股换2股的比例进行股票分割，计算股东权益各项目数额、普通股股数。

五、综合题

资料一

某投资者准备购买股票和债券进行投资，经过调查，获得的资料如下：关于股票的情况：现有甲、乙两家公司可供选择，从甲、乙公司2004年12月31日的有关会计报表及补充资料中获知，2004年甲公司发放的每股股利为10元，股票每股市价为40元；2004年乙公司发放的每股股利为3元，股票每股市价为30元。预期甲公司未来年度内股利恒定；预期乙公司股利将持续增长，年增长率为6%，假定目前无风险收益率为10%，市场上所有股票的平均收益率为16%，甲公司股票的β系数为3，乙公司股票的β系数为2。关于债券的情况：现有A企业即将以每张1 020元的价格发行企业债券。该债券的面值为1 000元，期限为3年，票面年利率为10%，市场年利率为8%。（不考虑所得税）

要求：

（1）计算甲公司股票的必要收益率为多少？

（2）计算乙公司股票的必要收益率为多少？

（3）通过计算股票价值并与股票市价相比较，判断两公司股票是否应当购买。

（4）若投资购买两种股票各100股，该投资组合的综合β系数为多长？

（5）若投资购买两种股票各100股，该投资组合投资人要求的必要收益率为多少？

（6）若打算长期持有甲公司股票，则持有期收益率为多少？

（7）若打算长期持有乙公司股票，则持有期收益率为多少？

（8）若以每股40元买入甲公司股票并打算持有半年，半年后以45元的价格卖出，持有期间获得了5元股利，则持有期收益率为多少？

（9）假设A企业债券一次还本付息，按单利计息，利用债券估价模型评价购买此债券是否合算？

（10）假设A企业债券每年支付一次利息，按复利计算，评价该投资者是否可以购买此债券？

（11）假设该债券一次还本付息，并且该投资者会在一年后以1 130元的市价出售，计算该债券的持有收益率。

资料二

某企业全年需耗用乙材料6 000公斤，该材料采购成本为20元/公斤。

（1）假设年度储存成本为5元/公斤，平均每次进货费用为150元。

要求：

①计算本年度乙材料的经济进货批量。

②计算本年度乙材料经济进货批量下的相关总成本。

③计算本年度乙材料经济进货批量下的平均资金占用额。

④计算本年度乙材料最佳进货批次。

⑤假设允许缺货，单位缺货成本为8元/公斤，计算允许缺货时的经济进货批量和平均缺货量。（结果四舍五入，并且取整）

（2）假设目前企业每次订货量和每次进货费用分别为500公斤和100元/次，计算该企业每年存货的进货费用为多少？

（3）若企业存货的储存成本为5元/公斤，企业存货管理相关最低总成本控制目标为3 300元，则企业每次进货费用限额为多少？

（4）若企业通过测试可达到第（3）问的限额，其他条件不变，则该企业的订货批量为多少？此时存货占用资金为多少？

（5）假设同第（1）问的条件，年储存成本为5元/公斤，平均每次进货费用为150元，但销售方规定如果一次订货量在1 000件以上（包括1 000件）可获得2%的折扣，在2 000件以上（包括2 000件）可获5%的折扣，问公司每次采购量应为多少？

自测试卷一参考答案

一、单项选择题

1. A   2. D   3. C   4. D   5. B   6. C   7. C   8. B   9. A
10. B 11. A 12. A 13. B 14. C 15. D 16. D 17. A 18. D

二、多项选择题

1. CD   2. ABCD   3. AB   4. ABD   5. ABD
6. ABD 7. AD   8. ABCD

三、判断题

1. ×   2. √   3. √   4. √   5. ×   6. ×   7. ×   8. √

四、计算题

资料一

（1）计算甲方案的静态回收期和净现值：

甲方案投资总额 = 200 × (1 + 8%) = 216（万元）

固定资产原值 = 216（万元）

每年的固定资产折旧额 =（216 - 8）/10 = 20.8（万元）

每年应付的利息 = 216 × 8% = 17.28（万元）

经营期每年总成本 = 60 + 17.28 + 20.8 = 98.08（万元）

经营期的净利润 =（140 - 98.08）×（1 - 33%）= 28.09（万元）

各时点净现金流量分别为：

NCF0 = -200 万元

NCF1 = 0

NCF2 ~ 10 = 28.09 + 20.8 + 17.28 = 66.17（万元）

NCF11 = 66.17 + 8 = 74.17（万元）

静态投资回收期 = 1 + 200/66.17 = 4.02（年）

NPV 甲 = -200 + 66.17 × [（P/A,10%,10）-（P/A,10%,1）] + 74.17 ×（P/F,10%,11）= 172.43（万元）

计算乙方案的静态回收期和净现值：

乙方案年折旧额 =（120 - 8）/5 = 22.4（万元）

无形资产年摊销额 = 25/5 = 5（万元）

经营期每年总成本 = 80 + 22.4 + 5 = 107.4（万元）

经营期年净利润 =（170 - 107.4）×（1 - 33%）= 41.94（万元）

各时点净现金流量分别为：

NCF0 = -210（万元）

NCF1 - 2 = 0

NCF3 - 6 = 41.94 + 22.4 + 5 = 69.34（万元）

NCF7 = 69.34 + 8 + 65 = 142.34（万元）

静态投资回收期 = 2 + 210/69.34 = 5.03（年）

NPV 乙 = -210 + 69.34 × [（P/A,10%,6）-（P/A,10%,2）] + 142.34 ×（P/F,10%,7）= 44.71（万元）

(2) 计算两方案等额净回收额：

甲：NA = 172.43/（P/A,10%,11）= 26.55（万元）

乙：NA = 44.71/（P/A,10%,7）= 9.18（万元）

(3) 由于乙方案计算期短，所以，将乙方案作为参照对象。

调整后甲方案的净现值 = NPV 甲/（P/A,10%,11）×（P/A,10%,7）= 129.24（万元）

所以应该选择甲方案。

资料二

(1) 发放股票股利后增加的普通股股数 = 200 × 10% = 20（万股）

发放股票股利后增加的普通股股本 = 20 × 1 = 20（万元）

增加的资本公积 = 20 × 6 - 20 = 100（万元）

发放股票股利后的股本 = 200 + 20 = 220（万股）

发放股票股利的资本公积 = 400 + 100 = 500（万元）

从未分配利润账户划出：20×6=120（万元）

发放股票股利后的未分配利润=600-120=480（万元）

发放股票股利后股东权益合计=220+500+480=1200（万元）

(2) 股票分割后的普通股股数=200×2=400（万股）

股票分割后的普通股股本=400×0.5=200（万元）

股票分割后的资本公积=400万元

股票分割后的留存收益=600万元

五、综合题

资料一

(1) 利用资本资产定价模型计算甲公司的必要收益率为：$K_i=10\%+3\times(16\%-10\%)=28\%$

(2) 利用资本资产定价模型计算乙公司的必要收益率为：$K_i=10\%+2\times(16\%-10\%)=22\%$

(3) 甲公司的股票价值=10/28%=35.71（元/股）

乙公司的股票价值=19.875元/股

由于甲公司股票价值小于其市价，所以不应该购买；乙公司的股票价值也小于其市价，所以也不应该购买。

(4) $\beta=3\times100\times40/(100\times40+100\times30)+2\times100\times30/(100\times40+100\times30)=2.57$

(5) 投资组合的必要收益率=$10\%+2.57\times(16\%-10\%)=25.42\%$

(6) 设长期持有收益率为K_A则：$40=10/K_A$，$K_A=10/40=25\%$

(7) 设长期持有收益率为K，则 $K=\dfrac{3\times(1+6\%)}{30}+6\%=16.6\%$

(8) 持有期收益率=50%

(9) P=1 031.98（元）

由于其投资价格（1031.98元）大于购买价格（1 020元），故购买此债券合算。

(10) $P=1\,000\times10\%\times(P/A,8\%,3)+1\,000\times(P/F,8\%,3)=100\times2.5771+1\,000\times0.7938=1\,051.51$（元）>购买价格1 020元，所以可以购买。

(11) 计算债券持有期收益率 $K=(1\,130-1\,020)/1\,020\times100\%=10.78\%$。

资料二

(1) 假设年度储存成本为5元/公斤，平均每次进货费用为150元。

①本年度乙材料的经济进货批量=600（公斤）

②本年度乙材料经济进货批量下的相关总成本=3 000（元）

③本年度乙材料经济进货批量下的平均资金占用额=$20\times600\div2=6\,000$（元）

④本年度乙材料最佳进货批次=$6\,000\div600=10$（次）

⑤允许缺货时的经济进货批量=765（公斤）

平均缺货量=294（公斤）

(2) 年进货费用=$6\,000/500\times100=1\,200$（元）

(3) 每次进货费用 = 181.5（元/次）

(4) Q = 660（公斤）

存货占用资金 = (Q/2) × P = 660/2 × 20 = 6 600（元）

(5) 若不享受折扣：Q = 600（公斤），相关总成本 = 6 000 × 20 + 3 000 = 123 000（元）

以 1 000 公斤为订货量时：

相关总成本 = 6 000 × 20 × (1 - 2%) + (6 000/1 000) × 150 + (1 000/2) × 5 = 121 000（元）

以 2 000 公斤为订货量时：

相关总成本 = 6 000 × 20 × (1 - 5%) + (6 000/2 000) × 150 + (2 000/2) × 5 = 119 450

自测试卷二

一、单项选择题

1. 在下列经济活动中，能够体现企业与其投资者之间财务关系的是（　　）。
   A. 企业向国有资产投资公司交付利润　　B. 企业向国家税务机关缴纳税款
   C. 企业向其他企业支付货款　　　　　　D. 企业向职工支付工资

2. 如果投资项目预计收益的概率分布相同，则（　　）。
   A. 预计收益额越小，其标准离差越大　　B. 预计收益额越大，其期望值越小
   C. 预计收益额越小，其标准离差率越小　D. 预计收益额越大，其标准离差越大

3. 已知(F/A,10%,9) = 13.579，(F/A,10%,11) = 18.531。则 10 年、10% 的即付年金终值系数为（　　）。
   A. 17.531　　　　　　　　　　　　　　B. 15.937
   C. 14.579　　　　　　　　　　　　　　D. 12.579

4. 以下各项中，普通股股东拥有的公司管理权不包括（　　）。
   A. 查账权　　　　　　　　　　　　　　B. 投票权
   C. 分享盈余权　　　　　　　　　　　　D. 阻止越权经营的权利

5. 企业按"2/10，1/20，n/30"的条件购入商品 10 万元，若超过 10 天，在 20 天内付款，放弃现金折扣的机会成本为（　　）。
   A. 36.73%　　　　　　　　　　　　　　B. 28.62%
   C. 36.36%　　　　　　　　　　　　　　D. 18.64%

6. 某公司年营业收入为 500 万元，变动成本率为 40%，经营杠杆系数为 1.5，财务杠杆系数为 2。如果固定成本增加 50 万元，那么，复合杠杆系数将变为（　　）。
   A. 2.4　　　　　　　　　　　　　　　　B. 3
   C. 6　　　　　　　　　　　　　　　　　D. 8

7. 企业以增发新股来偿还债务属于资金结构的（   ）。
   A. 动态调整
   B. 增量调整
   C. 减量调整
   D. 存量调整

8. 下列有关通过协方差反映投资项目之间收益率变动的关系的正确表述为（   ）。
   A. 不论协方差为正值还是负值，其绝对值越大，表示这两种资产收益率的关系越密切
   B. 协方差的值为负，表示这两种资产收益率的关系越疏远
   C. 协方差的值为正，表示这两种资产收益率的关系越密切
   D. 协方差的值越小，表示这两种资产收益率的关系越疏远

9. 年末 ABC 公司正在考虑卖掉现有的一台闲置设备购买一台新设备，该旧设备 8 年前以 40 000 元购入，规定的使用年限为 10 年，按直线法计提折旧，预计残值率为 10%，已提折旧 28 800 元，目前可以按 10 000 元价格卖出，假设所得税税率为 30%，建设期为零，则卖出现有设备对更新改造方案经营期第 1 年净现金流量的影响是（   ）。
   A. 减少 360 元
   B. 减少 1 200 元
   C. 增加 360 元
   D. 增加 1 200 元

10. 在下列评价指标中，属于非折现正指标的是（   ）。
    A. 静态投资回收期
    B. 投资利润率
    C. 内部收益率
    D. 净现值

11. 持有过量现金可能导致的不利后果是（   ）。
    A. 财务风险过大
    B. 收益水平下降
    C. 偿债能力下降
    D. 资产流动性下降

12. 下列各项中，不属于运用存货模式确定最佳现金持有量时的假设前提的是（   ）。
    A. 企业所需要的现金可通过证券变现取得
    B. 企业预算期内现金需要总量可以预测
    C. 现金的支出过程比较稳定，波动较小
    D. 证券变现的不确定性比较大

13. 一般来说，如果一个公司举债能力较弱，则有可能采取的利润分配政策是（   ）。
    A. 宽松
    B. 固定
    C. 较紧
    D. 变动

14. 发行股票股利后（   ）。
    A. 股东权益内部结构不变
    B. 每股市价不变
    C. 每股利润不变
    D. 每位股东所持股票的市场价值总额不变

15. 在财务分析信息的需求者中，对于企业长期利益的持续、稳定增长最为关心的是（   ）。
    A. 企业债权人
    B. 拥有控制权的投资者
    C. 企业经营决策者
    D. 一般投资者

16. 基本条件不变的情况下，下列经济业务可能导致总资产报酬率下降的是（　）。
   A. 接受现金捐赠
   B. 用银行存款购入一台设备
   C. 企业的债权人将可转换债券转换为优先股
   D. 用银行存款归还银行借款

二、多项选择题

1. 下列说法不正确的有（　）。
   A. 在不考虑其他条件的情况下，利率与年金终值反方向变化
   B. 在不考虑其他条件的情况下，利率与年金现值同方向变化
   C. 在不考虑其他条件的情况下，利率与一次性收付款终值同方向变化
   D. 在不考虑其他条件的情况下，利率与一次性收付款现值同方向变化
2. 下列有关资金结构理论的说法中正确的是（　）。
   A. 等级筹资理论认为企业偏好内部筹资，如果需要外部筹资偏好债务筹资
   B. 代理理论认为边际负债税额庇护利益等于边际财务危机成本时，资金结构最优
   C. 净营业收益理论认为企业不存在最佳资金结构
   D. 平衡理论认为股权代理成本和债权代理成本的平衡关系决定最佳资金结构
3. 以下关于投资组合风险的表述，正确的有（　）。
   A. 一种股票的风险由两部分组成，它们是系统风险和非系统风险
   B. 公司特别风险又称为不可分散风险
   C. 股票的系统风险不能通过证券组合来消除
   D. 可分散风险可通过 β 系数来测量
4. 下列各项中，会影响内含报酬率的有（　）。
   A. 原始投资额　　　　　　　　B. 投资项目有效年限
   C. 银行贷款利率　　　　　　　D. 投资项目的现金流量
5. 在考察客户的资信程度时，通常会考虑（　）。
   A. 信用品质
   B. 客户的流动资产的数量和质量
   C. 客户提供可作为资信安全保证的资产
   D. 经济状况
6. 上市公司发放现金股利主要出于以下哪些原因（　）。
   A. 投资者偏好　　　　　　　　B. 减少代理成本
   C. 传递公司的未来信息　　　　D. 降低资金成本

三、判断题

1. 使用内插法时，如果用5%测试所得的终值大于目标终值，则所求折现率必然小于5%。　　　　　　　　　　　　　　　　　　　　　　　　　　　　　（　）
2. 在偿还贷款时，企业通常希望采用定期等额偿还方式，但银行希望采用到期一

次偿还方式。   （ ）

3. 证券市场线反映股票的必要收益率与 β 值（系统性风险）线性相关；而且证券市场线无论对单个证券还是投资组合都是成立的。   （ ）

4. 如果某一投资项目所有正指标小于或等于相应的基准指标，反指标大于或等于基准指标，则可以断定该投资项目完全具备财务可行性。   （ ）

5. 在保证日常生产经营业务的现金需求的前提下，企业应将闲置资金投入到流动性高、风险性高、交通期限短的金融工具中，以期获得较多的收入。   （ ）

6. 固定股利支付率政策使公司股利支付与公司盈余相脱离，造成投资的风险与投资的收益不对称。   （ ）

7. 每股收益越高，意味着股东可以从公司分得越高的股利。   （ ）

四、计算题

资料一

已知 A 公司拟购买某公司债券作为长期投资（打算持有至到期日），要求的必要收益率为6%。现有三家公司同时发行5年期，面值均为1 000元的债券。其中：甲公司债券的票面利率为8%，每年付息一次，到期还本，债券发行价格为1 041元；乙公司债券的票面利率为8%，单利计算，到期一次还本付息，债券发行价格为1 050元；丙公司债券的票面利率为零，债券发行价格为750元，到期按面值还本。

要求：

（1）计算 A 公司购入甲公司债券的价值和到期收益率。

（2）计算 A 公司购入乙公司债券的价值和到期收益率。

（3）计算 A 公司购入丙公司债券的价值。

（4）根据上述计算结果，评价甲、乙、丙三公司债券是否具有投资价值，并为 A 公司做出购买何种债券的决策。

（5）若 A 公司购买并持有甲公司债券，1年后将其以1 050元的价格出售，计算该项投资的到期收益率。

资料二

某企业计划年度销售收入为6 000万元，信用条件是（2/10，1/20，n/60），其变动成本率为65%，资金成本率为8%，收账费用为70万元，坏账损失率为4%。预计占赊销额70%的客户会利用2%的现金折扣，占赊销额10%的客户会利用1%的现金折扣。一年按360天计算。

要求：

（1）计算年赊销净额。

（2）计算信用成本前收益。

（3）计算平均收账期。

（4）计算应收账款机会成本。

（5）计算信用成本后收益。

资料三

某企业去年主营业务收入净额为7 900万元，全部资产平均余额为3 950万元，流动资产平均余额为 1 580 万元；本年主营业务收入净额为 12 000 万元，全部资产平均余额为 4 000 万元，流动资产平均余额为 1 800 万元。

要求：（1）计算去年与本年的全部资产周转率（次）、流动资产周转率（次）和资产结构（流动资产占全部资产的百分比）。

（2）运用差额分析法计算流动资产周转率与资产结构变动对全部资产周转率的影响。

五、综合题

资料

天利公司五年前购入了一台设备，价值 80 000 元，现在的市价为 20 000 元。该设备采用直线法计提折旧，没有残值，现在账面价值为 40 000 元。公司计划购买一台同样的新设备，价值为 125 000 元，使用年限为 5 年，预计残值为 10 000 元。由于采用新设备后，产量增加，每年可增加现金收入 50 000 元。新设备使用的变动成本约为现金收入的 60%。生产效率的提高，使现金经营费用，尤其是人工成本，每年可节约 25 000 元。新设备使用初期需投入营运资本 5 000 元，另外还要为新设备安装底架，价值 45 000 元，也按直线法计提折旧，5 年后其残值约为 30 000 元（仍可继续使用）。假设在下一年年初购入新设备，卖掉旧设备。营运资本 5 年后全部收回。天利公司的目标资金结构为负债占 30%。公司可从银行获得利率为 10% 的贷款购买设备。贷款于每年年末按 5 年分期偿还，每年的偿还额为 32 974 元。该项贷款不会改变公司的资金结构。公司从所有者的投资中取得营运资金和安装底架所需的资金。公司所得税税率为 30%。

要求：

（1）若无风险收益率为 6%，市场平均收益率为 15.04%，公司的股票 β 值为 0.9，计算所有者权益的资金成本。

（2）计算加权平均资金成本，并说明在何种条件下可以使用。

（3）这项更新计划是否可以实施？（假设此处不考虑利息支出）

（4）求该新设备的借款成本。

自测试卷二参考答案

一、单项选择题

1. A 2. D 3. A 4. C 5. C 6. C 7. D 8. A 9. C
10. B 11. B 12. D 13. C 14. D 15. B 16. A

二、多项选择题

1. ABD 2. AC 3. AC 4. ABD 5. ABCD 6. ABC

三、判断题

1. √ 2. × 3. √ 4. × 5. × 6. × 7. ×

四、计算题

资料一

（1）甲公司债券的价值 $= 1\,000 \times (P/F, 6\%, 5) + 1\,000 \times 8\% \times (P/A, 6\%, 5)$
$= 1\,000 \times 0.7473 + 1\,000 \times 8\% \times 4.2124 = 1\,084.29$（元）

因为发行价格 $1\,041$ 元 < 债券价值 $1\,084.29$，所以甲债券收益率 > 6%
下面用 7% 再测试一次，其现值计算如下：
$P = 1\,000 \times (P/F, 7\%, 5) + 1\,000 \times 7\% \times (P/A, 6\%, 5)$
$= 1\,000 \times 0.7130 + 1\,000 \times 8\% \times 4.1000 = 1\,041$（元）

计算数据为 $1\,041$ 元，等于债券发行价格，说明甲债券收益率为 7%。

（2）乙公司债券的价值 $= (1\,000 + 1\,000 \times 8\% \times 5) \times (P/F, 6\%, 5)$
$= 1\,400 \times 0.7473 = 1\,046.22$（元）

因为发行价格 $1\,050$ 元 > 债券价值 $1\,046.22$ 元，所以乙债券收益率 < 6%
下面用 5% 再测试一次，其现值计算如下：
$P = (1\,000 + 1\,000 \times 8\% \times 5) \times (P/F, 5\%, 5) = 1\,400 \times 0.7835 = 1\,096.90$（元）

应用内插法，乙债券收益率 $= 5\% + (6\% - 5\%) \dfrac{1\,096.9 - 1\,050}{1\,096.9 - 1\,046.22} = 5.93\%$

（3）丙公司债券的价值 $P = 1\,000 \times (P/F, 6\%, 5) = 1\,000 \times 0.7473 = 747.3$（元）

（4）因为：甲公司债券收益率高于A公司的必要收益率，发行价格低于债券价值。
所以：甲公司债券具有投资价值。
因为：乙公司债券收益率低于A公司的必要收益率，发行价格高于债券价值。
所以：乙公司债券不具有投资价值。
因为：丙公司债券的发行价格高于债券价值。
所以：丙公司债券不具有投资价值。
决策结论：A公司应当选择购买甲公司债券。

（5）A公司的投资收益率 $= (1\,050 - 1\,041 + 1\,000 \times 8\%)/1\,041 = 8.55\%$

资料二

（1）年赊销净额 $= 6\,000 - 6\,000 \times (70\% \times 2\% + 10\% \times 1\%) = 5\,910$（万元）

（2）信用成本前收益 $= 5\,910 - 6\,000 \times 65\% = 2\,010$（万元）

（3）平均收账期 $= 70\% \times 10 + 10\% \times 20 + 20\% \times 60 = 21$（天）

（4）应收账款机会成本 $= 6\,000/360 \times 21 \times 65\% \times 8\% = 18.2$（万元）

（5）信用成本后收益 $= 2\,010 - (18.2 + 70 + 6\,000 \times 4\%) = 1\,681.8$（万元）

资料三

（1）有关指标计算如下：
上年全部资产周转率 $= 7\,900/3\,950 = 2$（次）
本年全部资产周转率 $= 12\,000/4\,000 = 3$（次）

上年流动资产周转率 = 7 900/1 580 = 5（次）
本年流动资产周转率 = 12 000/1 800 = 6.67（次）
上年流动资产占全部资产的百分比 = 1 580/3 950 × 100% = 40%
本年流动资产占全部资产的百分比 = 1 800/4 000 × 100% = 45%

(2) 流动资产周转率与资产结构变动对全部资产周转率的影响计算如下：
流动资产周转率变动的影响 =（6.67 − 5）× 40% = 0.67（次）
资产结构变动影响 = 6.67 ×（45% − 40%）= 0.33（次）
两者共同作用使全部资产周转率上升了 1 次。
全部资产周转率 = 流动资产周转率 × 流动资产占全部资产的百分比
在使用因素分析法时要依次替换：
$A = B \times C$
先替换 B：$(B1 - B0) \times C0$
再替换 C：$B1 \times (C1 - C0)$
确定替换顺序时，要按题目要求的顺序。

五、综合题

(1) 根据资本资产定价模型计算所有者权益的资金成本：
所有者权益资金成本 = 6% + 0.9 ×（15.04% − 6%）= 14.136%

(2) 计算加权平均资金成本：
加权平均资金成本 = 10% ×（1 − 30%）× 30% + 14.136% × 70% = 12%
由于新设备购入不影响公司的资本结构，所以加权平均资金成本代表了公司原有资产的风险水平，公司可以据此对新设备的购入进行评价。

(3) 计算购入新设备的净现值：
旧设备变现损失减税额 =（40 000 − 20 000）× 30% = 6 000（元）
新设备增加的折旧 =（125 000 − 10 000）/5 − 20 000/5 = 19 000（元）
底架折旧 =（45 000 − 30 000）/5 = 3 000（元）
增加的净利润 = [50 000 ×（1 − 60%）+ 25 000 − 19 000 − 3 000] ×（1 − 30%）
= 16 100（元）
NCF_0 = −（125 000 + 45 000 + 5 000 − 20 000）= −155 000（元）
NCF_1 = 16 100 + 19 000 + 3 000 + 6 000 = 44 100（元）
NCF_{2-4} = 16 100 + 19 000 + 3 000 = 38 100（元）
NCF_5 = 38 100 + 10 000 + 30 000 + 5 000 = 83 100（元）
净现值 = −155 000 + 44 100 ×（P/F,12%,1）+ 38 100 ×（P/A,12%,3）×
（P/F,12%,1）+ 83 100 ×（P/F,12%,5）
= −155 000 + 44 100 × 0.8929 + 38 100 × 2.4018 × 0.8929 + 83 100 × 0.5674
= 13 235.84（元）
因为购入新设备净现值大于零，所以应购入新设备。

(4) 由于借款利率为 10%，所得税税率为 30%，利息可以在税前扣除，故企业实际承担的资金成本为 10% ×（1 − 30%）= 7%。

贷款额现值 = 32 974 × (P/A,7%,5) = 32 974 × 4.1002 = 135 200（元）
残值收入现值 = 10 000 × (P/F,7%,5) = 10 000 × 0.713 = 7 130（元）
折旧抵税现值 = (125 000/5) × 30% × 4.1002 = 30 751.5（元）
举债成本现值 = 135 200 − 30 751.5 − 7 130 = 97 318.5（元）

参考文献

1. ［美］David F. Scott、John D. Martin 等著，金马译：《现代财务管理基础》（第8版），清华大学出版社，2004年9月版。
2. ［美］Aswath Damodaran 著，郑振龙等译：《应用公司理财》（第1版），机械工业出版社，2000年5月版。
3. 陈德萍主编：《公司理财》（第1版），东北财经大学出版社，2006年1月版。
4. 吴安平等主编：《财务管理学教学案例》（第1版），中国审计出版社，2001年2月版。
5. 田民主编：《财务成本管理应试指导》（第1版），中国科学技术出版社，2003年4月版。